实训系列

21st CENTURY
实用规划教材

21世纪高等院校财经管理系列实用规划教材

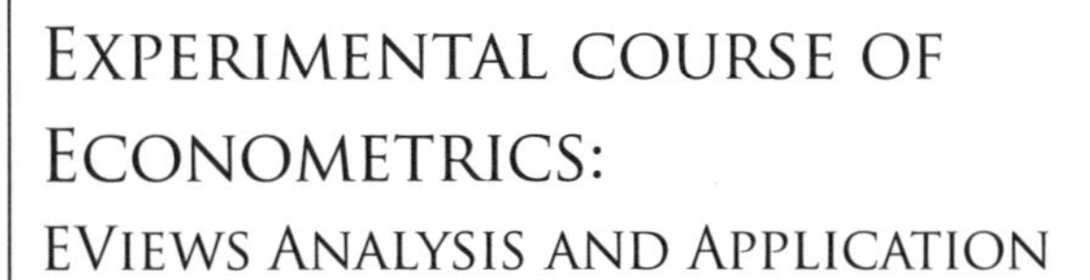
EXPERIMENTAL COURSE OF ECONOMETRICS: EVIEWS ANALYSIS AND APPLICATION

计量经济学实验教程

——EViews分析与应用

王爱民 ◎编著
李锦生 ◎主审

北京大学出版社
PEKING UNIVERSITY PRESS

内容简介

本书以EViews 7.2为依据，运用较新的数据，结合案例分析，突出EViews的操作方法，为学生运用经济计量模型提供指导。全书共分三大部分：第一部分，EViews基础，主要介绍了EViews的基本概念、功能、操作和界面，以及基本数据分析；第二部分，经典回归模型，主要介绍最基本的经济计量模型与应用，包括一元线性模型回归与预测、多元线性模型回归与预测、非线性模型的估计、模型的计量检验及处理等内容；第三部分，扩展计量模型，主要介绍一些现代经济计量模型及其估计方法，包括虚拟变量模型、滞后变量模型、时间序列分析、联立方程模型、面板数据以及二元选择模型。

本书适合作为各类高等院校经济、管理学科的实验教材或教学参考书，也可供具有一定数学、经济学、统计学和计算机基础的经济管理人员阅读和参考。

图书在版编目(CIP)数据

计量经济学实验教程：EViews分析与应用 / 王爱民编著．—北京：北京大学出版社，2018.5
（21世纪高等院校财经管理系列实用规划教材）
ISBN 978-7-301-29498-7

Ⅰ.①计…　Ⅱ.①王…　Ⅲ.①计量经济学—实验—高等学校—教材　Ⅳ.①F224.0—33

中国版本图书馆CIP数据核字(2018)第084505号

书　　名	计量经济学实验教程——EViews分析与应用 JILIANG JINGJIXUE SHIYAN JIAOCHENG
著作责任者	王爱民　编著
策划编辑	王显超
责任编辑	李瑞芳
标准书号	ISBN 978-7-301-29498-7
出版发行	北京大学出版社
地　　址	北京市海淀区成府路205号　100871
网　　址	http://www.pup.cn　　新浪微博：@北京大学出版社
电子信箱	pup_6@163.com
电　　话	邮购部010－62752015　发行部010－62750672　编辑部010－62750667
印 刷 者	北京宏伟双华印刷有限公司
经 销 者	新华书店
	787毫米×1092毫米　16开本　13.25印张　312千字
	2018年5月第1版　2023年3月第4次印刷
定　　价	38.00元

前　　言

实证分析是现代经济学研究的普遍趋势。作为定量分析的主要工具，计量经济学已成为经济学门类各专业本科生、研究生的核心课程。计量经济学不仅具有理论性，更具有实践性，这就要求学生在学习中既要有扎实的经济理论基础，还要掌握定量分析技术。所以，计量经济学的学习包括理论和实验两大部分，两者相辅相成：学好理论，为设定经济计量模型、实证结果分析奠定基础；通过实验，使定量分析具体化，可以更有效地理解和掌握经济理论。

随着计算机技术的快速发展，出现了很多计量应用分析软件，为计量实验提供了便利。EViews 是其中应用较为广泛的计量分析软件之一，因为它与我们熟悉的 Word、Excel 具有很大的相似性，菜单丰富、操作简便、界面友好、功能强大，与 Excel 之间具有很好的兼容性，可以方便地进行数据复制、粘贴或导入等。

本书以 EViews 7.2 为依据，运用较新的数据，结合案例分析，突出出 EViews 的操作方法，为本科生运用经济计量模型提供指导。全书内容共分三大部分：

第一部分，EViews 基础。主要介绍了 EViews 的基本概念、功能、操作界面和基本数据分析。

第二部分，经典回归模型。主要介绍最基本的经济计量模型与应用，包括一元线性模型回归与预测、多元线性模型回归与预测、非线性模型的估计、模型的计量检验及处理等。

第三部分，扩展计量模型。逐步介绍一些现代经济计量模型及其估计方法，包括虚拟变量模型、滞后变量模型、时间序列分析、联立方程模型、面板数据以及二元选择模型。

基于计量经济学的学科要求，我们在编写过程中力求系统地介绍计量经济学建模的基本原理，突出计量经济学的应用，适应对社会经济进行定量分析的要求。

本书的特点如下。

基础性：计量经济学是经济类专业的核心课程。基础理论、基础知识是进一步学好这门课程的关键。实验部分增加了基础知识准备，重点对该章所要求掌握的基本理论知识进行归纳和总结，特别是对模型的应用条件、范围以及主要解决的问题进行了阐述。

实用性：计量经济学要求学生具有较强的实践能力。为了使学生能够更好地运用经济计量模型进行实证研究，我们选择功能比较强大、操作较为简便的软件 EViews。在介绍该软件的基本功能和操作的基础上，选择最新的数据（教材中所有涉及中国、全国、我国的数据均未包括香港、澳门特别行政区和台湾省的数据），在实验中对每一个操作涉及的相关参数的含义和设置进行了详细讲解，将操作对话框全部截屏显示，使学生能够清晰地学习具体操作（设置对话框和相关参数），从而可举一反三。

扩展性：本书在详细讲解了常用计量模型应用的基础上，吸收了现代计量经济学的新内容，特别是增加了多元时间序列的协整检验、动态面板及二元选择模型，为学生进一步学习奠定基础。

本书由王爱民负责撰写，同时也得到了李锦生教授、杨晓丽教授、江南老师及江苏师范

大学商学院实验教材建设小组的支持和帮助，李子联副教授、蒋涛副教授、孙勇老师、董梅老师等对教材的框架提出了有益的修改建议，江苏师范大学商学院研究生张培、王俊昌、李欣欣做了认真的校对工作，在此向他们表示深深的谢意。

在本书的编写过程中，借鉴了国内外一些计量经济学教程和实验教材，在此对这些教材的作者表示衷心的感谢。在本书的编写和出版过程中，北京大学出版社给予了大力支持，在此一并致谢！

由于编者水平有限，书中难免有一些不当甚至错误之处，恳请读者及专家提出批评意见和宝贵建议。

编　者

2017 年 10 月

目　　录

第一部分　EViews 基础

第二部分　经典回归模型

第三部分　扩展计量模型

第一部分　EViews 基础

第一章　EViews 入门

第一节　EViews 简介

计量经济学应用软件有多个，EViews 是其中之一。EViews 提供了基于 Windows 平台的复杂数据分析、回归和预测的工具，主要应用于经济学领域的回归与分析、时间序列、横截面数据分析等。它与我们平常所用的办公软件 Office 具有较强的相似性和兼容性，使用方法较为简便，分析功能比较强大，所以在计量经济分析中应用比较广泛。

一、EViews 概述

EViews 是 Econometrics Views 的缩写，直译为“计量经济学观察”，又称计量经济学软件包。EViews 是美国 QMS（Quantitative Micro Software）公司在 Micro TSP 基础上直接开发的，基于 Windows 平台的专门从事数据分析、回归与预测的计量分析软件，主要用于经济学领域的定量分析，如数据处理、实证分析和预测等，还可应用于管理学、社会学等其他人文社科领域。自 1994 年 EViews 投入使用以来，已经推出多个版本，目前最新版本为 9.0 版，本书以 7.2 版为基础介绍 EViews 的主要功能和操作。

二、EViews 的特点和主要功能

EViews 具有界面友好、可视程度高、功能强大的特点。利用 EViews 可以方便地从磁盘文件得到数据，操作菜单丰富简便，能够便捷地进行数据序列的统计分析和相关分析；EViews 通过标准的 Windows 菜单和对话框，用鼠标选择操作，并且能通过 Windows 技术来使用显示于窗口中的结果；EViews 还提供了强大的命令功能和程序处理语言，从而可以通过直接运行程序来完成复杂的计算工作。

EViews 通过对象、视图和过程实现数据的各种操作，可以进行图形和数据分析；对计量模型进行参数估计和检验；对序列进行平稳性检验及协整分析；还可以进行预测分析，进一步进行模拟以及数据库管理。

三、启动和运行 EViews

与一般软件相同，EViews 可以通过光盘安装，为了使用方便，可以在桌面上创建快捷方式。在 Windows 系统下，有下列几种启动 EViews 的方法（图 1–1）。

（1）单击 Windows 的“开始”按钮，执行【程序】→【EViews】→【EViews7.2】命令。

（2）双击桌面上的 EViews 图标。

（3）如果已经保存了 EViews 的文件，可以通过打开该工作文件（Workfile）、数据文件（Database）、程序文件（Program）启动 EViews。

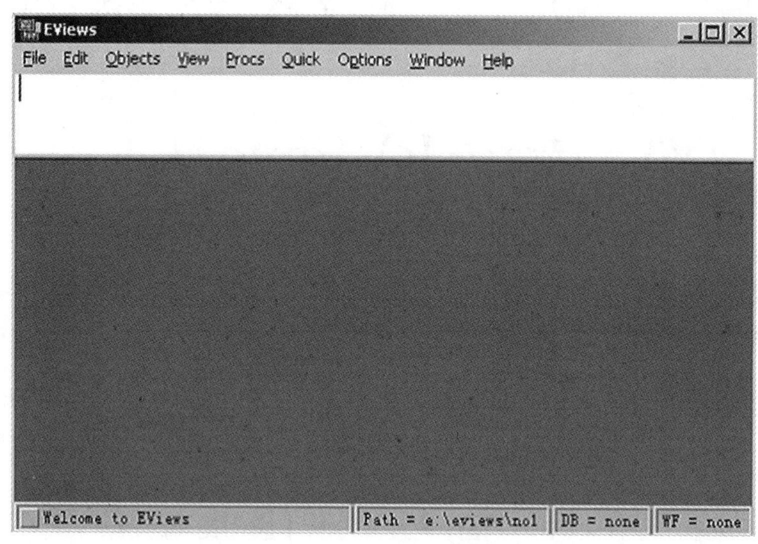

图 1–1 EViews 界面

四、关闭 EViews

关闭 EViews 的方法有以下几种。

（1）执行【File】→【Close】菜单命令。

（2）按 Alt+F4 键来关闭 EViews。

（3）如果正在运行，可单击 EViews 窗口右上角的“关闭”按钮。

（4）双击 EViews 窗口左上角的 EViews 符号来关闭窗口。

（5）单击 EViews 窗口左上角的 EViews 图标→【关闭】。

在关闭时，如果工作文件没有保存，系统将提示用户保存文件。

第二节 EViews 窗口

启动 EViews 后，屏幕上出现 EViews 的窗口，包括五个部分：标题栏、菜单栏、命令窗口、工作区、状态栏（图 1–2）。

一、标题栏

标题栏位于主窗口的最上方。当 EViews 工作区窗口处于活动状态时，工作区窗口的标题栏的颜色是偏蓝色的，当其他窗口处于活动状态时，它的颜色会变成灰色。可以单击 EViews 工作区窗口的任何位置，使 EViews 工作区窗口回到活动状态。标题栏左边是控制框；右边是控制按钮，有“最小化”“最大化（或还原）”“关闭”三个按钮。

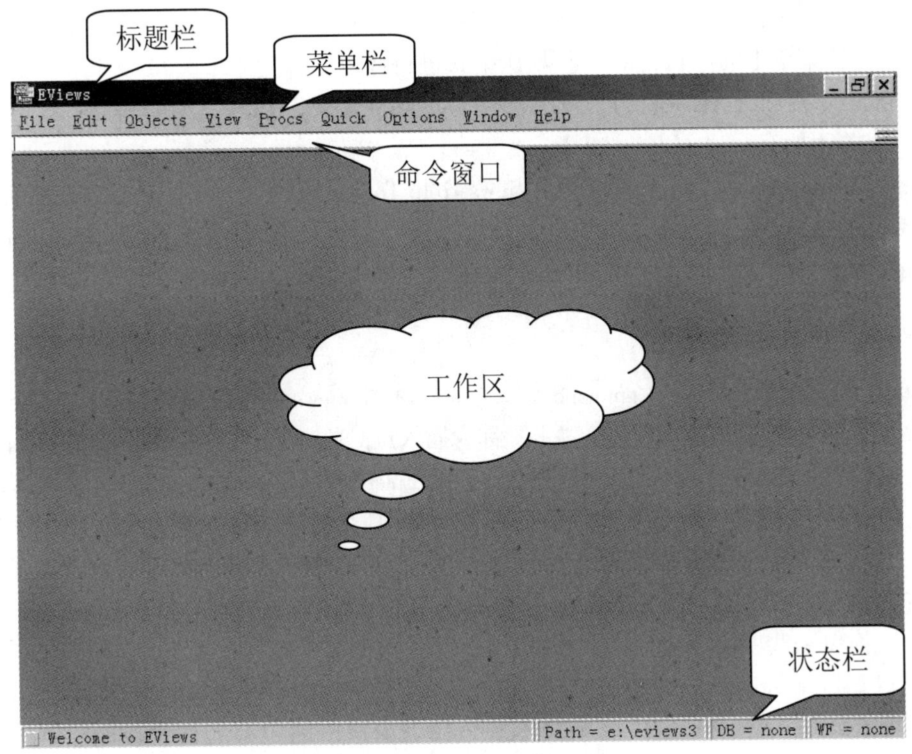

图 1–2　EViews 窗口

二、菜单栏

标题栏下面是主菜单。移动光标至主菜单上的某个项目并单击，会出现一个下拉菜单，在下拉菜单中可以单击选择所需的菜单选项，对其进行访问。菜单栏中排列着八个主菜单选项，单击任意选项，会出现不同的下拉菜单，来显示该部分的具体功能。

【File】包括有关文件（工作文件、数据库、EViews 程序等）的常规操作，如文件的建立（New）、打开（Open）、保存（Save/Save As）、关闭（Close）、读入（Import）、读出（Export）、打印（Print）、运行程序（Run）等；选择下拉菜单中的 Exit 将退出 EViews 软件。

【Edit】通常情况下只提供复制功能（下拉菜单中只有 Copy 项被激活），应与粘贴（Paste）配合使用；对某些特定窗口，如查看模型估计结果的表达式时，可对窗口中的内容进行剪切（Cut）、删除（Delete）、查找（Find）、替换（Replace）等操作，选择 Undo 表示撤销上步操作。

【Objects】提供关于对象的基本操作。包括建立新对象（New Objects）、从数据库获取/更新对象（Fetch/Update from DB）、重命名（Rename）、删除（Delete）。

【View】和【Procs】二者的下拉菜单项目随当前窗口的不同而改变，功能也随之变化，主要涉及变量的多种查看方式和运算过程。本书将在以后的实验中针对具体问题进行具体介绍。

【Quick】提供快速操作方式，包括改变样本范围（Sample）、生成新序列（Generate Series）、显示对象（Show）、作图（Graph）、生成新组（Empty Group）及序列和组的描述统计量、新建方程和 VAR。

【Options】系统参数设定选项。与一般应用软件相同，EViews 运行过程中的各种状态，

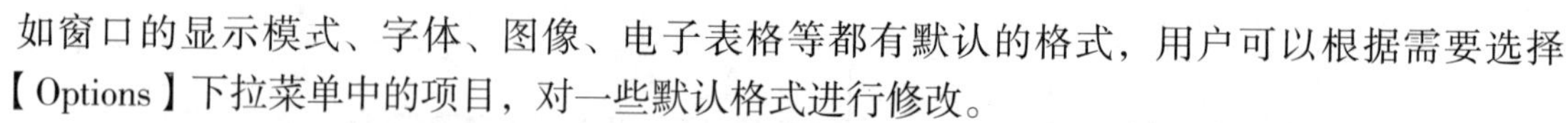

如窗口的显示模式、字体、图像、电子表格等都有默认的格式，用户可以根据需要选择【Options】下拉菜单中的项目，对一些默认格式进行修改。

【Windows】提供多种在打开窗口中进行切换的方式，以及关闭所有对象（Close All Objects）或关闭所有窗口（Close All）。

【Help】EViews 的帮助选项。选择 EViews Help Topics 按照索引或目录方式在所有帮助信息中查找所需项目。下拉菜单还提供分类查询方式，包括对象（Object）、命令（Command）、函数（Function）、矩阵与字符串（Matrix&String）、程序（Programming）五个方面。

三、命令窗口

菜单栏下面是命令窗口（Command Windows）。把 EViews 命令输入该窗口，按 Enter 键即执行该命令。命令窗口中闪烁的竖条“|”称为插入点（光标），它指示键盘键入字符的位置。用户可在此位置用键盘输入各种 EViews 命令，并按 Enter 键执行该命令。如果想执行或修改前面已经执行的命令，只需将光标移至该行按 Enter 键或修改后按 Enter 键，将立即执行该行命令。

如果输入的命令超过了命令窗口显示的大小，窗口右侧或下侧会自动出现滚动条，通过上下或左右调节，可浏览已经执行命令的各部分。可把光标放在命令窗口的最底端，按着鼠标按钮上下拖曳来改变命令窗口的大小。

该窗口支持 Windows 下的剪切和粘贴功能，因此可以在命令窗口、其他的 EViews 文本窗口及其他的 Windows 窗口之间转换文本。该命令窗口中的内容能被直接保存到一个文本文件中：通过单击窗口的任何位置确定命令窗口当前处于活动状态，然后从主菜单上执行【File】→【Save As】命令。

四、工作区

命令窗口下面是 EViews 的工作区窗口。操作过程中打开的各子窗口将在工作区内显示。EViews 可显示多个目标窗口，这些窗口会相互重叠且当前活动窗口处于最上方，这时活动窗口的标题栏是深色的。当需要的窗口被部分覆盖时，可单击该窗口的标题栏或该窗口的任何可见部分，使该窗口处于最上方。此外，还可通过单击【Window】菜单、选择需要的窗口名称来直接选择窗口。移动窗口可通过单击标题栏并拖曳窗口来完成。单击窗口右端底部的直角并拖曳即可改变窗口的大小。

五、状态栏

EViews 主窗口的底部是状态栏，从左到右分别为信息框、路径框、当前数据库框和当前工作文件框。左边部分有时提供 EViews 发送的状态信息；往右接下来的部分是 EViews 寻找数据和程序的预设目录；最后两部分显示预设数据库和工作文件的名称。

第三节　EViews 基本概念

一、对象

EViews 的核心就是对象。简而言之，对象是相关信息和操作的集合体，它被捆绑成一个容易使用的单元。实际上，应用 EViews 的所有工作都会涉及不同的对象。

EViews 中所有的数据信息都储存在对象中，可以把对象集合认为是各种各样数据的档案柜或者是组织者，对数据的操作，都可以通过查看其属性或使用方法来实现。

（一）对象容器

用于存放和组织对象的对象集合称为对象容器，其本身也是一个对象。在 EViews 中，最重要的对象集合是工作文件和数据库。

（二）对象类型

EViews 中的信息是储存在对象中的，每个对象都包含与一个特定分析领域有关的信息。与一个特定概念相关的对象被称为一种类型，一个类型名称用来表示一类分析。比如说，序列对象是指与一系列特定变量观测值相关的信息集；方程对象是指含有变量之间相互关系的信息集。

对象可以包含不止一种信息，比如方程对象，不仅包含预测方程的参数还包括一些特定的说明、参数估计的方差协方差矩阵以及相应的一系列统计说明。

与每类对象相关联的是一系列视图（Views）和过程（Procedure），它们和对象中的信息一起使用。这种视图、过程与对象中的数据的关联被称为是面向对象的 EViews 设计。

方程对象中包含各种与预测有关的信息，可以检测结果、假设检验或预测，所有的这些工作只需对一个方程对象操作即可实现。

除了序列对象和方程对象外还有许多其他类型的对象，每种对象在对象集合中都有一个特定的图标表示。对象集合虽然也是对象，但对象集合没有图标，因此工作文件和数据库不能放在其他的工作文件或数据库中。

EViews 中常用的内置对象见表 1–1。

表 1–1　EViews 7.2 中的对象图标和含义

Cofficient Vector（系数向量）	Model（模型）	SSpace（状态空间）
Equation（方程）	Pool（面板数据）	System（系统）
Factor（因子）	Sample（样本）	Table（表格）
Graph（图形）	Scalar（标量）	Text（文本）
Group（序列组）	Series（序列）	ValMap（数值映射）
Logl（对数似然函数）	Series Link（序列链接）	VAR（向量自回归）
Matrix–Vector–Coef（矢量系数矩阵）	Series Alpha（Alpha 序列）	—

二、工作文件

工作文件是 EViews 对象的集合。EViews 中的大多数工作都涉及对象，它们包含在工作文件中，因此使用 EViews 工作的第一步是创建一个新的工作文件或调用一个已有的工作文件。

三、序列

从数据与时间的关系看，通常分析应用的数据分为：横截面数据、时间序列数据和面板数据。在 EViews 中，横截面数据和时间序列数据都称为“序列”。从数据频率看，数据分为日期频率和非日期频率两类，不规则的日期频率数据归入非日期频率类，即按横截面数据处理，必须指明：起始序号为“1”，终止序号为“序列数据的最大个数”。

四、组

组（Group）是一个或多个序列构成的，相当于一张电子表格。通过它可以实现很多针对群序列的整体操作。组是研究序列之间关系的有效工具。

五、视图

视图是表格和图像的窗口，它可以提供不同的方式来观察对象中的数据。在 EViews 中，视图指的是对象可视的一些属性，是对应数据对象属性的表现，如图形、表格或者描述性统计指标。对象的视图被显示在对象的窗口上。每次每个对象只能打开一个窗口，而且每个窗口只能显示一个对象的视图。可以用 EViews 工作文件窗口菜单上的“View”或对象窗口工具栏上的“View”来改变对象的视图。一个对象视图的变化并不改变对象中的数据，仅仅是显示形式改变了。当然，当序列中的数据发生改变，该对象的视图自动随之变化。

六、数据库文件

在 EViews 应用中，每个对象都可以形成数据库文件，通过相应窗口工具栏的操作，可以进行数据库文件的磁盘操作与管理，包括储存、读取、删除、重命名等。常见的数据库文件见表 1–2。

表 1–2 常见的数据库文件

扩 展 名	类 型
.db	Series
.dbe	Equation
.dbm	Matrix、vector、coefficient
.dbg	Graph
.dbr	Group
.dbt	Table
.dbl	Model
.dbs	System
.dbv	Vector autoregression

利用各个窗口的工具栏菜单，可对数据库文件进行磁盘操作与管理，例如储存（Store）、读取（Fetch）、删除（Delete）、重命名（Rename）等操作。

小　　结

EViews 是经济计量模型回归分析所用的专门软件，功能强大，界面友好，与常用的办公软件具有较好的兼容性。本章主要介绍了 EViews 的基本功能和特点、启动和运行，以及 EViews 的窗口和对象、工作文件、序列等基本概念，对 EViews 有了初步的认识。

思　考　题

1. EViews 具有哪些特点和功能?
2. 简述 EViews 的主要窗口及其主要作用。
3. 如何理解 EViews 中的对象?

第二章　EViews 操作入门

第一节　工作文件操作

一、工作文件基础

（一）工作文件

EViews 中的大多数工作都涉及对象，它们包含在工作文件中，因此使用 EViews 工作的第一步是创建一个新的工作文件或调用一个已有的工作文件。

每个工作文件包括一个或多个工作文件页，每页都有它自己的对象。一个工作文件页可以被认为是子工作文件或子目录，这些子工作文件或子目录允许我们在工作文件内组织数据。

（二）工作文件的特点

工作文件和工作文件页可以容纳一系列 EViews 对象，如方程、图表和矩阵等，主要目的是容纳数据集合的内容。数据集合是包含一个或多个变量的一组观测值，例如，变量 GDP、投资、利率的观测值的时间序列，也可能是一个包含个体收入和税率的观测值的随机样本。

数据集合中每个观测值均有唯一的标识符（或简称 ID）。标识符通常包含观测值的重要信息，例如日期、名字，也可能是识别代码。例如，年度时间序列数据最典型的是用年份标识符（“1990”“1991”…），而相交叉的地区数据一般使用该地区的名称或缩写（“AL”“AK”…“WY”）。

（三）工作文件窗口

工作文件窗口是各种类型数据的集中显示区域，拥有很多功能。

1. 标题栏

工作文件窗口顶部是标题栏，显示【Workfile：工作文件名】，如图 2-1 所示是尚未保存的新创建工作文件，显示为【Workfile：Unititled】。

2. 工具栏

标题栏下面是工具栏，它提供常用操作的快捷方式。工具栏左边的三个菜单按钮 View、Procs 和 Objects 与主菜单栏上的同名菜单功能完全一样（图 2-1）。

3. 信息栏

“Range”显示工作文件的范围，可以双击“Range”来修改工作文件范围。

“Sample”当前样本区间，指用于统计操作的样本观测点范围，它小于等于工作文件的范围，可以通过双击“Sample”来修改当前样本区间的范围。

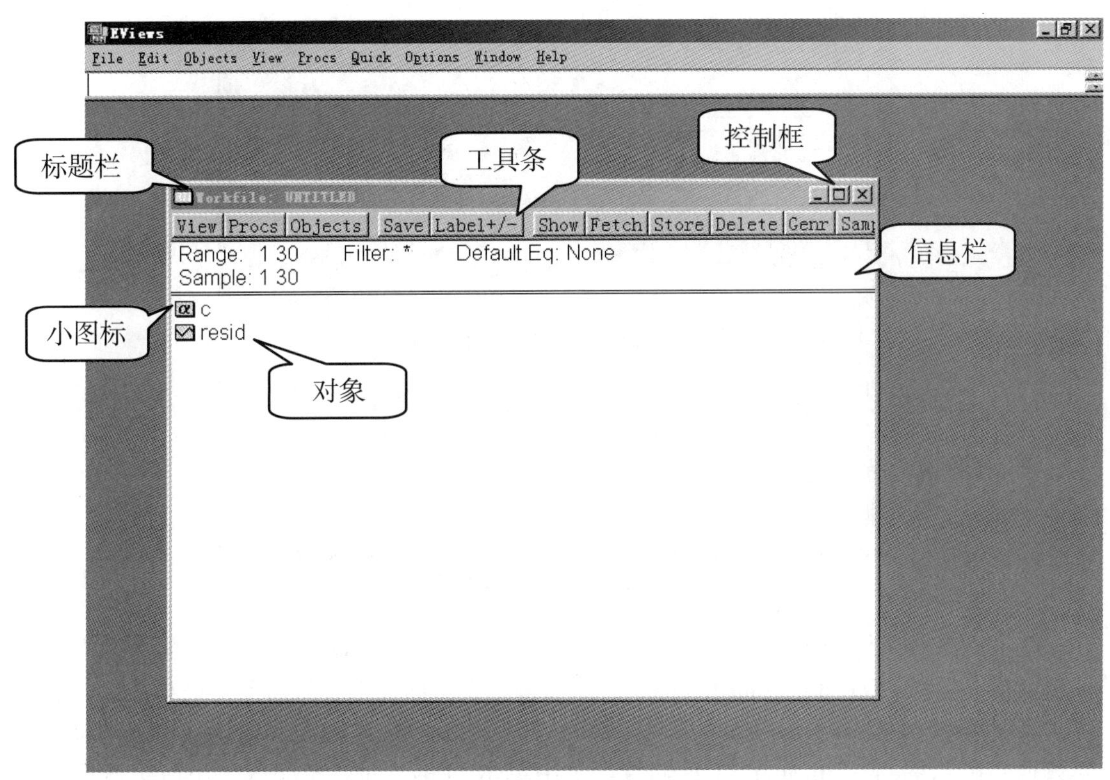

图 2-1　工作文件界面

“Filter”过滤器，用于选择一些对象显示在工作文件窗口中的规则，默认为“*”，表示选择全部对象。可以通过双击“Filter”来调整过滤范围。如选择“f*”，则表示显示所有以 f 开头的对象。

“Default Eq.”默认方程，表示最近估计过的方程，如果在工作文件没有创建过方程则显示“None”。

4. 对象栏

任何新创建的工作文件中都有两个自动生成的对象。图标为：β c 和 resid 。C 表示系数向量，Resid 表示残差序列。

二、工作文件的创建

EViews 要求数据的分析处理过程必须在特定的工作文件（Workfile）中进行，工作文件在创建和打开之后便一直保存在内存中，这使得对工作文件中的对象进行存取的速度更快。所以在录入和分析数据之前，应创建一个工作文件。每个工作文件都具有特定的样本数据频率（Frequency）和范围（Range）。

（一）创建方式

1. 菜单方式

启动 EViews，执行【File】→【New】→【Workfile】命令，弹出“Workfile Create”对话框，要求用户指定序列观测数据的频率和样本范围，如图 2-2 所示。

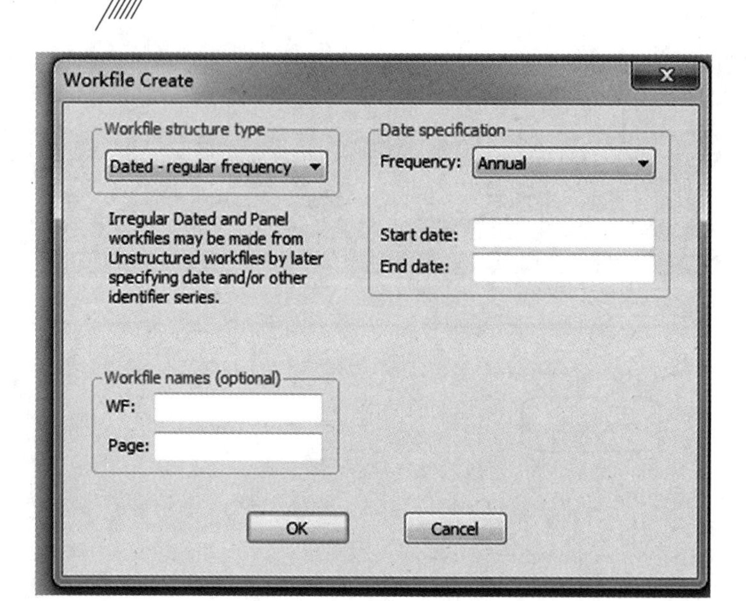

图 2–2 “Workfile Create”对话框

首先，在对话框中选择工作文件结构“Workfile structure type”，默认情况下为规则的日期型频率数据“Dated–regular frequency”。如果是横截面数据，只需单击该小箭头，会出现非日期频率“Unstructured/Undated”；其次，选择和输入样本范围等信息。如果是时间序列数据，在“Date specification”（日期特性）中单击“Frequency”（频率）小箭头选择合适的频率，默认的为 Annual（年度）数据，然后在下方的“Start Date”中输入数据的起始期，在“End Date”中输入终止期，如图 2–3 所示。对于横截面数据，在右端的数据范围“Data range”框中输入观察值个数(样本个数)，如图 2–4 所示。

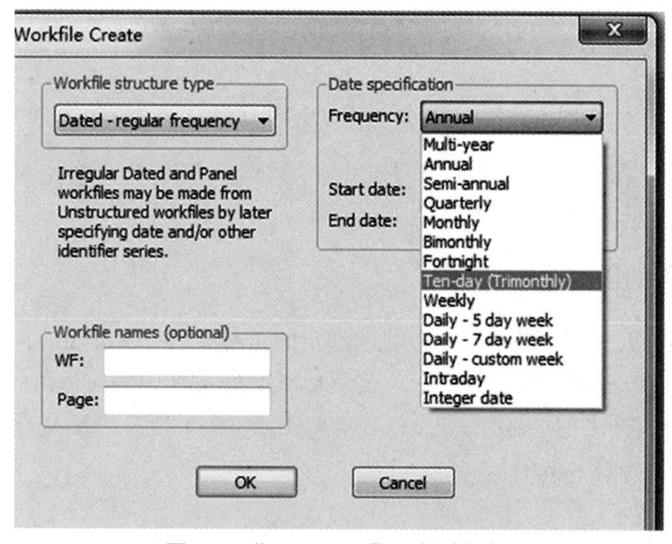

图 2–3 “Frequency”下拉选择框

2. 命令方式

时间序列数据：create 数据频率 起始期 终止期

数据频率类型分为年度 A（Annual）、半年 S（Semi–annual）、季度 Q（Quarterly）、月

度 M（Monthly）、星期 W（Weekly）、日期 D（每星期 5 天：Daily–5 day weeks 和每星期 7 天：Daily–7 day weeks）和整序数的横截面数据 U（Integer date）。执行命令时，只需输入数据频率的首写字母，如：create　a　2000　2015，该命令表示创建了一个 2000—2015 年的年度时间序列工作文件。

横截面数据：create　u　样本个数。如全国 31 个省级单位的人均 GDP 数据，建立工作文件时应输入以下命令：create　u　31 。

输入命令时，命令与参数之间需用空格分开，且不区分大小写。

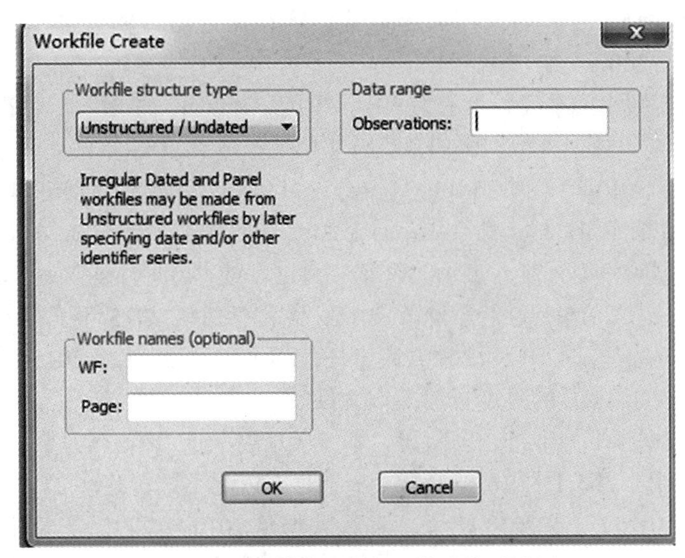

图 2–4　新建横截面数据工作文件对话框

（二）时间数据频率选择

“Multi–year”表示多年数据，EViews 7.2 新增加了这一频率选择。如果选择该项，则还需要在其下方的框中选择间隔的年数，如图 2–5 所示。

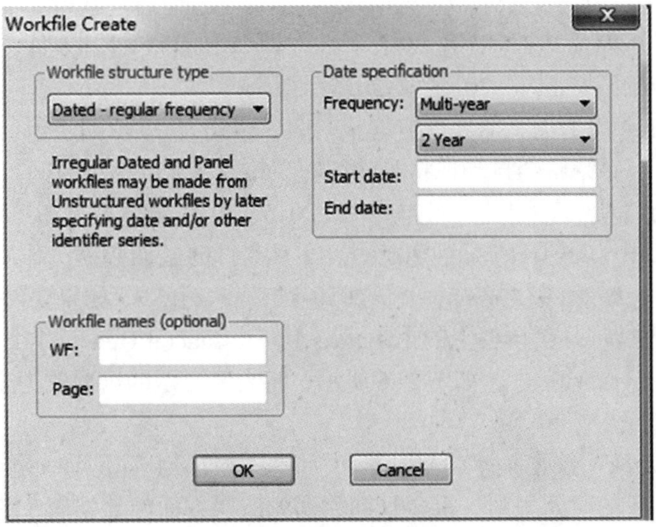

图 2–5　时间频率选择框

“Annual”用四位数表示年度，如 1980、1999、2004 年等。“Start Date”后输入起始年份，“End Date”后输入终止年份。如果只有两位数，那么系统将默认为 20 世纪的年份，如 98 默认为 1998（注意：EViews 无法识别 100 年以前的年份）。所以，谨慎起见，时间序列数据一般按四位数输入年份。

“Semi-annual”数据频率为半年，表示为“年：上半年（下半年）”；或“年 . 上半年（下半年）”，上半年用 1 表示，下半年用 2 表示。如起始日期为 2000 年下半年，结束日期为 2015 年上半年，那么在“Start Date”后输入 2000：2（或 2000.2），在“End Date”后输入“2015：1（或 2015.1）”。如果用命令方式，则在命令窗口输入命令：create s 2000：2 2015：1 或 create s 2000.2 2015.1。

“Quarterly”数据频率为季度，表示为“年：季度”或“年 . 季度”，1、2、3、4，分别代表四个季度，输入同半年数据类似。例如，2010 年第三季度到 2015 年第四季度的季度数据，在“Start Date”后输入“2010：3（或 2010.3）”，在“End Date”后输入“2015：4（或 2015.4）”。如果用命令方式，则在命令窗口输入命令：create q 2010：3 2015：4 或 create q 2010.3 2015.4。

“Monthly”数据频率为月度，表示为“年：月度”或“年 . 月度”。例如“2010：12”表示“2012 年 12 月”；“2015：09（等价于 2015：9）”表示“2015 年 9 月”。如果用命令方式，则以下命令：create m 2011：2 2015：11 或 create m 2011.2 2015.11 表示建立了一个 2011 年 2 月至 2015 年 11 月的月度资料工作文件。

“Bimonthly”数据频率为半月，表示为“年：半月数”或“年 . 半月数”。软件默认为每年的 1 月 1 日为第一个半月，1 月 16 日为第二个半月，依此类推，共计 24 个半月。如在“Start Date”中输入“2010：12（或 2010.12）”，表示数据从 2010 年第 12 个半月开始，即 2010 年 6 月 16 日。在“End Date”后输入“2010：20”，表示数据终止期为 2010 年第 20 个半月，即 2010 年 10 月 16 日。如果用命令方式，则在命令区输入命令：create bm 2010：12 2010：20。

“Ten-day（Trimonthly）”数据频率为十天，表示为“年：十天数”或“年 . 十天数”。软件默认为每年的 1 月 1 日为第一个十天，1 月 11 日为第二个十天，1 月 21 日为第三个十天，依此类推，共计 36 个十天。如在“Start Date”中输入“2015：2（或 2010.2）”，表示数据从 2015 年第二个 10 天开始，即 2015 年 1 月 11 日。在“End Date”后输入“2015：32”，表示数据终止期为 2015 年第 32 个十天，即 2015 年 11 月 11 日。如果用命令方式，则在命令区输入命令：create td 2015：2 2015：32。

“Weekly”数据频率为周，需要界定起止时间，格式为“月 / 日 / 年（月，日，年）”。在输入起止时间以后，系统将会自动地将时间调整为相隔 7 天的整周时间（注意：EViews 默认的时间表示方式为“月 / 日 / 年”，例如“7/23/2015”表示 2015 年 7 月 23 日）。如果用命令方式，如建立从 2010 年 5 月 15 日到 2015 年 12 月 8 日的星期数据工作文件，输入命令为：create w 5/15/2010 12/8/2015（或 w 5，15，2010 12，8，2015）。如果要修改为“日 / 月 / 年”的表示方法，执行 EViews 菜单栏上的【Options】→【General Options】命令，在弹出的对话框中单击“Date representation”，如图 2-6 所示，将右侧显示的选项改为【Day/Month/Year】，那么格式就变为“日 / 月 / 年”）。

“Daily-5 day week”数据频率为日，表示为“月 / 日 / 年”表示一周 5 天工作日，系统将自动生成每周 5 天的时间序列。很多日期数据如股票方面的数据属于这一类，其格式为：10/26/2010 表示 2010 年 10 月 26 日。如果用命令方式，必须限定每周为 5 天的范围，如建立 2010 年 10 月 26 日至 2015 年 12 月 6 日的日期数据（每周 5 天）的工作文件，则命令为：create d（1,5）10/26/2010 12/6/2015。

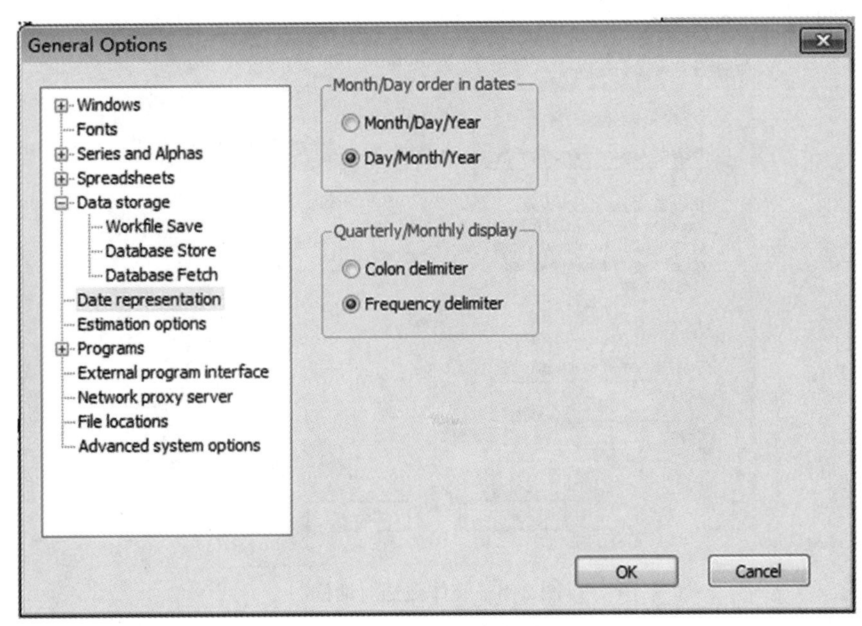

图 2–6　月日格式修改对话框

"Daily–7 day week"数据频率为日，格式同上，表示为"月 / 日 / 年"，但代表一周 7 天工作日，即每天都有数据，系统将自动生成每周 7 天的时间序列。命令方式与前面类似，也需限定范围，如上例的命令为：create d（1,7）10/26/2010 12/6/ 2015 就表示 2010 年 10 月 26 日至 2015 年 12 月 6 日的日期数据（每周 7 天）的工作文件。

"Intrday"一天内数据，EViews 7.2 新增加选项。可以根据需要，选择数据间隔，从半天开始，到几小时、几分，可以精确到几秒（图 2–7）。

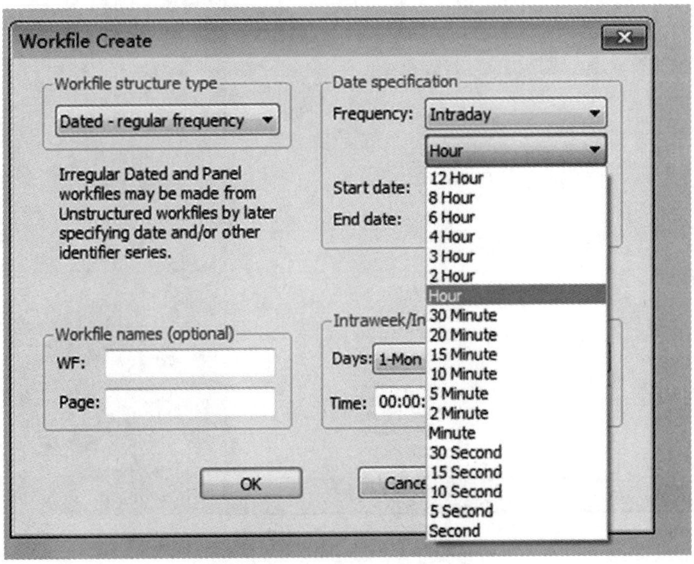

图 2–7　一天内数据选择框

"Integer date"整天数据，EViews 7.2 新增加选项，是指可以输入任何等差数列的天数。在"Start Date"和"End Date"分别输入数字编号，即可生成一个区间在起始数字到终止数字之间的序列（图 2-8）。

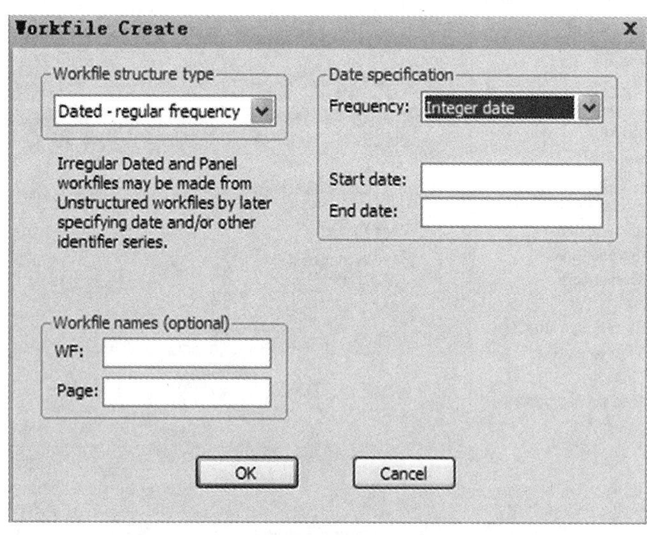

图 2-8 整体数据对话框

以上选择输入完毕以后，单击 OK 按钮，工作文件创建完毕，工作文件窗口（图 2-9）同时打开。这时工作文件的文件名为"Untitled"，表示该工作文件未保存和命名。

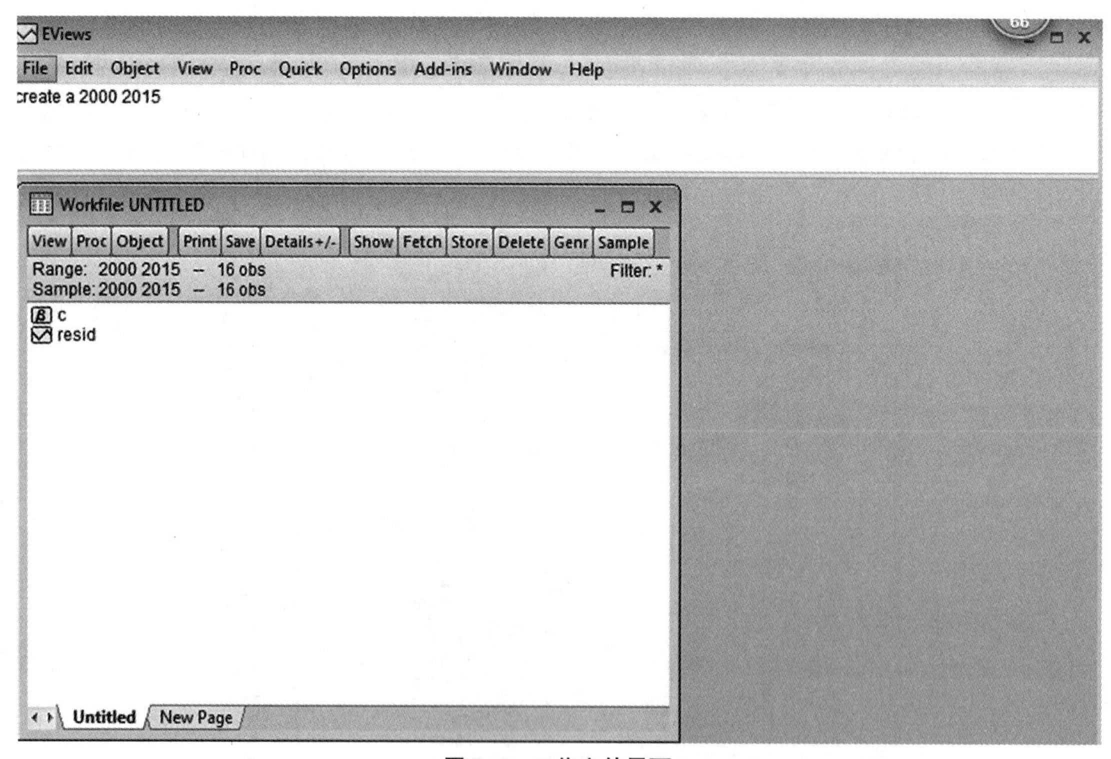

图 2-9 工作文件界面

三、工作文件的存储与调用

（一）工作文件的存储

工作文件的存储主要有两种方式：一种是在主窗口中执行【File】→【Save】或【Save As】命令；另一种是在工作文件窗口工具栏中单击 Save 按钮。保存文件时，用户需要给出保存目录位置以及文件名。当用户在对话框中输入文件名（文件名不能超过八个字符，且文件名中不能用空格、逗号、句号）后单击【保存】，系统会自动将其存储为扩展名为 .wf1 的工作文件。同时在需要时，也可以将工作文件存储为更低版本的格式。此外还可以在命令窗口中输入命令：save name。

（二）工作文件的调用

调用以前建立的工作文件，在主窗口菜单中执行【File】→【Open】→【Workfile】命令，在出现的对话框中给出相应的路径与文件名，便可显示所调用的工作文件。

为了方便起见，EViews 在 File 菜单的底部保存最近所使用的工作文件，用鼠标单击所要用的工作文件，就可以在 EViews 中将它打开。

第二节　对象操作

一、建立对象

在建立对象之前必须打开工作文件而且工作文件窗口必须是激活的。然后执行主菜单上的【Object】→【New Object】命令。在创建或者加载工作文件之前，这个选项是不可用的。执行【Object】→【New Object】命令，出现“New Object”对话框（图 2-10）。

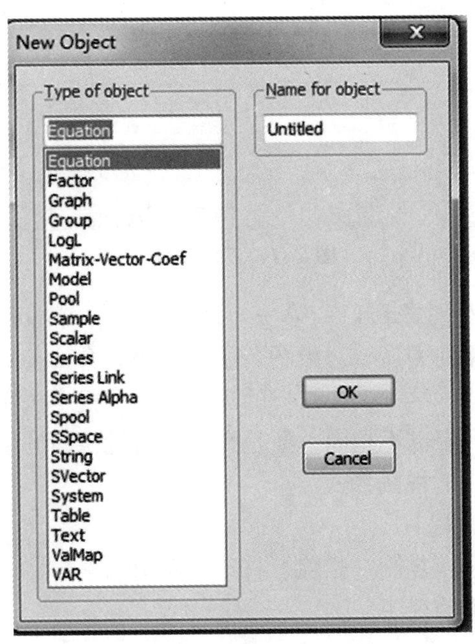

图 2-10　新建对象对话框

在“Type of object”中选择新建对象的类型，在“Name for object”中输入对象名，单击OK按钮。

例如，若选择Equation，可以看到一个对话框，它要求输入更详细的信息。相应地，若选择“Series”，然后单击OK按钮，可以看到一个对象窗口（序列窗口），它将显示一个UNTITLED序列的电子数据表格图。

对象也可以通过应用其他对象过程或者可以通过固化对象视图的方法来创建。

二、对象窗口

当打开一个对象或者对象集合时，对象窗口即被显示。对象窗口或者是对象的视图，或者是对象过程的结果。如我们通过执行【Object】→【New Object】→【Series】命令，建立一个新的关于国内生产总值的序列，命名为GDP，双击打开工作文件窗口中序列GDP的图标即可打开该序列的窗口（图2–11）。

Series: GDP Workfile: UNTITLED::Untitled\

View | Proc | Object | Properties | Print | Name | Freeze | Default | Sort | Edit+/- | Smpl+

GDP

Last updated: 03/05/17 - 16:06

	GDP
2000	NA
2001	NA
2002	NA
2003	NA
2004	NA
2005	NA
2006	NA
2007	NA
2008	NA
2009	NA
2010	NA
2011	NA
2012	NA
2013	NA
2014	NA
2015	NA

图2–11 对象窗口

这是一个最常用的典型对象窗口：第一，这是标准的Windows窗口；第二，从对象窗口的标题栏能够辨认出对象的类型，对象的名字和对象集合。若对象本身就是对象集合，则集合信息被目录信息所代替；第三，在窗口的顶端有一个很多按钮的工具栏。

不同对象的工具栏的内容也不相同，但是有些按钮是相同的：

“View”：改变对象窗口的视图形式。

“Procs”：执行对象的过程。

“Objects”：储存、命名、复制、删除、打印对象。

“Print”：打印当前对象的视图。

"Name"：对象命名或名字更改。

"Freeze"：以当前视图为对象建立新的图形对象、表格对象或文本对象。

三、对象的选择和打开

（一）选择对象

单击工作文件窗口中的对象图标即可选定对象，也可通过 EViews 主窗口或工作文件窗口上的【View】菜单来选定对象，该菜单包括【Deselect All】（取消所有选定），【Select All】（选定所有对象），【Select by Filter】（限制条件选定）。

（二）打开对象

可以通过双击操作或通过执行菜单【View】→【Open Selected】→【One Window】命令或【View】→【Open Selected】→【Separate Windows】打开选定的对象。打开单个对象会出现对象窗口，打开选定的多个对象，则会建立新的工作文件或把各个对象在各自相应的窗口打开。

还可用主菜单上的【Quick】→【Show】或工作文件窗口中的【Show】打开对象（图 2–12）。在对话框中输入单个对象名字打开该对象窗口；如果输入多个对象名字，EViews 会打开一个或多个窗口显示结果，在必要的时候还会创建一个新的工作文件。

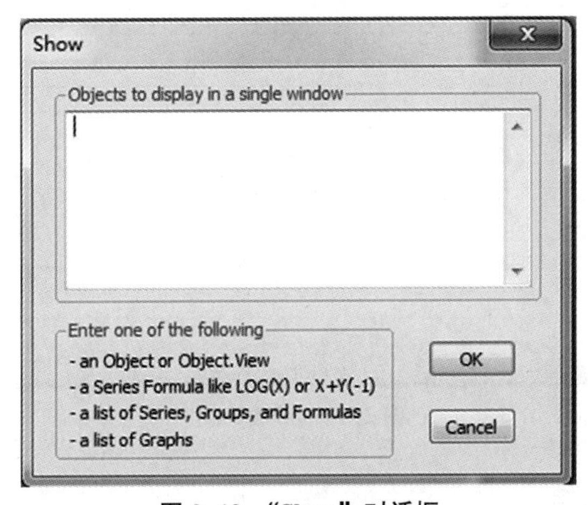

图 2–12　"Show"对话框

四、对象命名和对象标签

（一）对象命名

可以在创建对象"New Object"对话框的"Name for object"中，输入名字为对象命名。如果要重命名对象，可在工作文件中单击选中对象序列，单击工作文件或主菜单上的【Objects】→【Rename selected】命令，在弹出的对话框中输入新名字。序列对象命名一般用英文字母构成，为了方便联想和更好地理解序列对象的含义，常常以英文的缩写或前面 3~4 个字母为序列名，但 EViews 中内部的一些内置运算符用英文字母表示，所以序列对象名不应和这些相同，否则易引起冲突，具体来说，以下不能作为序列名出现：ABS，ACOS，

AR，ASIN，C，CON，CNORM，COEF，COS，D，DLOG，DNORM，ELSE，ENDIF，EXP，LOG，LOGIT，LPT1，LPT2，MA，NA，NRND，PDL，RESID，RND，SAR，SIN，SMA，SQR，THEN。

对象可以被命名，也可以不被命名。当给对象命名时，这个名字将出现在工作文件的目录中，当工作文件被保存时，对象将作为工作文件的一部分被保存。

（二）对象标签

对象标签可以显示更详细的对象信息，可通过对象窗口中的【View】→【Label】命令打开标签窗口（图 2-13）。

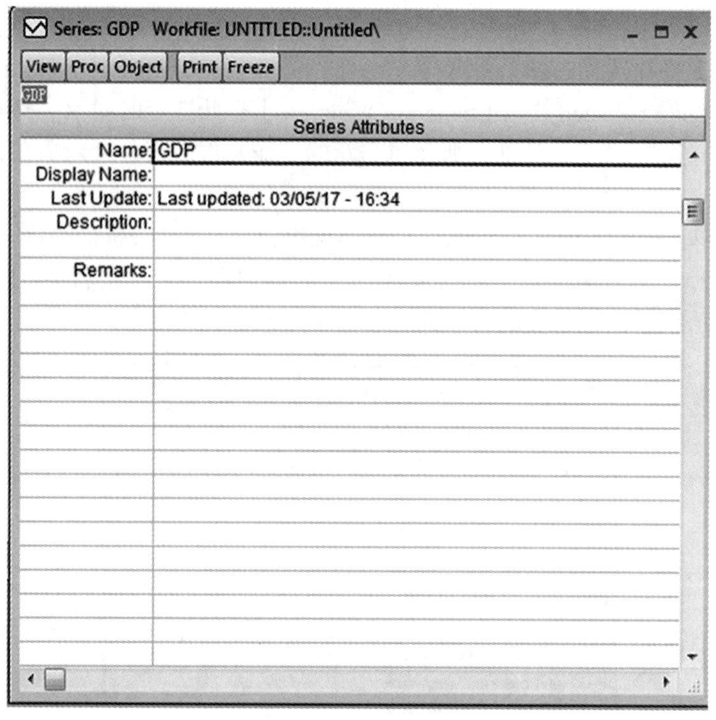

图 2-13 对象标签

五、对象的其他操作

（一）复制和粘贴对象

可以把选定的对象复制到需要的工作文件中，如将某工作文件中的对象“z”复制到另一工作文件中，可以先复制“z”，然后打开需要的工作文件，单击“Workfile”菜单上的【Object】→【Copy Selected】命令，弹出“Object Copy”对话框如图 2-14 所示，在“Source”中粘贴或输入“z”，在“Destination”中输入新对象名称“ss”，单击 OK 按钮即可。如不需要改变该对象名称，可以直接在需要的工作文件窗口直接粘贴“Paste”，完成对象的复制。

实现不同工作文件之间对象的复制，可执行主菜单上的【Edit】→【Copy】命令，从源工作文件中复制对象，然后打开目标工作文件，选择主菜单上的【Edit】→【Paste】命令，也可以通过单击右键（简称“右击”）执行【Copy】→【Paste】完成工作文件的复制。

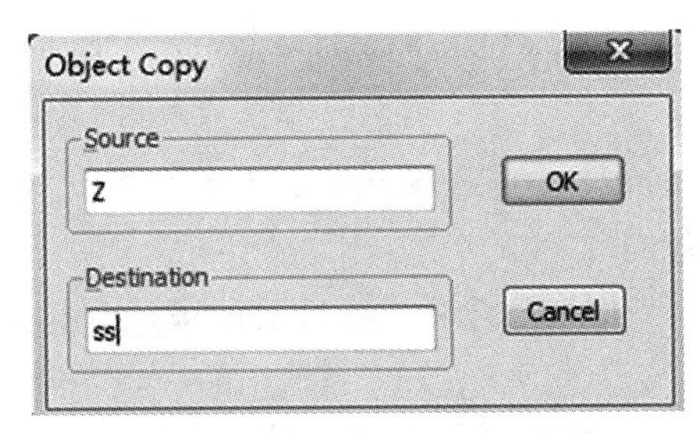

图 2–14　“Object Copy”对话框

（二）固化对象

从对象中复制对象的第二种方法是固化对象的视图。执行【Object】→【Freeze Output】命令，或者在对象的工具栏中单击 Freeze 按钮，表示对象或视图对象被创建，它复制了源对象的当前视图。

在单击 Freeze 按钮之前，可以在对象窗口观察对象的视图。固化视图，相当于制作了源视图的副本，是一个独立的对象，删除了源对象，但它仍旧存在。一个固化视图相当于源对象的快照。

固化对象的主要特点是通过固化形成的表和图可以被编辑，当工作文件的样本或数据改变时，固化视图并不改变。

（三）删除对象

选择要删除的一个或多个对象，在工作文件的工具栏中单击 Delete 按钮或者执行【Object】→【Delete Selected】命令。

（四）打印对象

在对象窗口的工具栏单击 Print 按钮或从 EViews 的主菜单中执行【File】→【Print】命令或者【Object】→【Print】命令。

（五）保存、提取和更新对象

可以通过执行工作文件窗口中的【Objects】→【Store selected to DB】命令或对象窗口中的【Objects】→【Store to DB】命令，保存选定的对象到对象文件（扩展名为 *.db）或数据库中（图 2–15）。

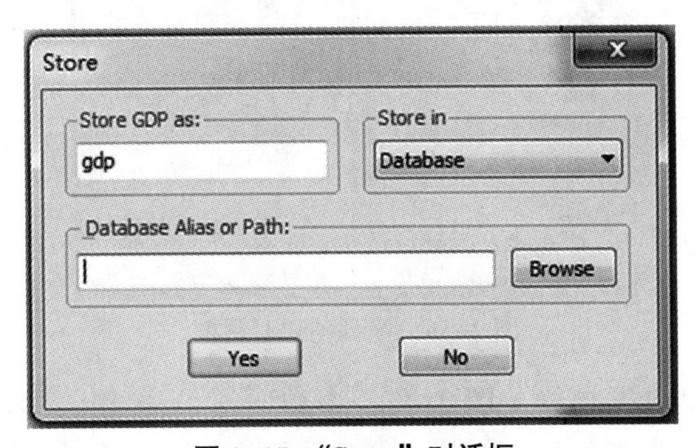

图 2–15　“Store”对话框

执行工作文件窗口中的【Objects】→【Fetch from DB】命令，从对象文件或数据库中提取存储的对象。

执行对象窗口中的【Objects】→【Update from DB】命令，从对象文件或数据库中提取存储的对象用以更新当前对象。

每次修改对象，EViews 会在历史记录区域自动记录这个说明，它将被添加在标签视图的底部。

除了 Last Update 区域，可以编辑任何区域。除了 Remarks 和 History 区域之外，所有的区域都仅仅包含一行。Remarks 和 History 区域包含多行。

第三节　序列操作

一、序列创建

工作文件建立之后，应创建待分析处理的数据序列，包括菜单和命令两种方式。

（一）菜单式

（1）在主菜单或工作文件上的工具栏中执行【Object】→【New Object】命令，在弹出的对话框“New Object”一栏左侧列表中选择【Series】，即可创建一个新的序列，可以在“Name for object”文本框中为序列命名（图 2–16），默认名为【Untitled】，定义完毕后单击 OK 按钮。

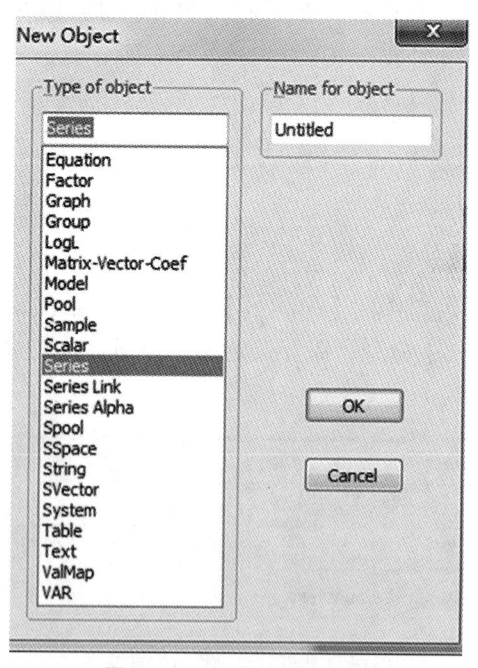

图 2–16　序列创建对话框

（2）在工作文件窗口工具栏（图 2–17）中单击 Genr 按钮，然后在弹出的“Generate Series by Equation”对话框中输入一个表达式，便可以在已有序列的基础上生成一个新的序列（图 2–18）。

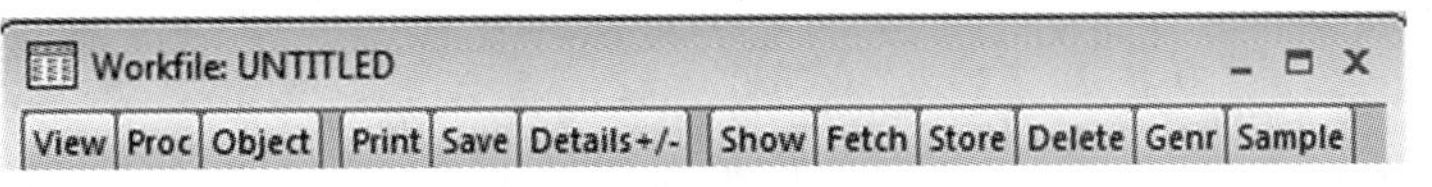

图 2–17　工作文件窗口工具栏

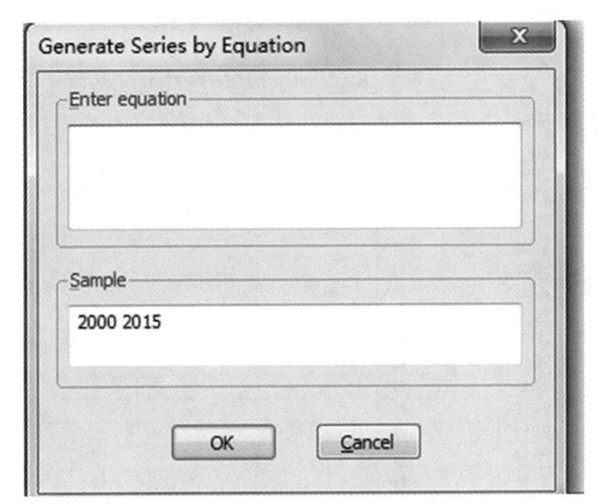

图 2–18　用表达式生成新序列

（二）命令式

1. series 序列名

直接在命令窗口输入“series 序列名”。序列取名一般是一个或几个英文字母，但不能与 EViews 软件的保留字符命名（见前面对象命名），数据是对应于序列而存在其中的，实践中，人们往往将回归分析的变量名与序列名等同看待，所以用变量名作为序列名可使分析更为简便。例如，我们需要生成一个农村居民人均消费的序列，取名为 cons，所以在命令窗口输入：series cons，便可生成 cons 序列，双击该序列可显示序列窗口，可以从中输入数据，当没有数据输入时，序列中的单元格显示为“NA”，如图 2–19 所示。

2. data 序列名

利用 data 命令，直接在命令区输入命令：“data 序列名”。序列名与前面的相同，如我们想生成一个农村居民人均纯收入的序列，取名为 inco，所以在命令窗口输入：data inco，便可生成 inco 序列（图 2–20）。与 series 命令不同的是，该序列在执行命令后直接显示出来，而不像前者需要双击序列才可显示出来。

为了方便，在实际操作中往往可以在 data 命令后输入多个序列名，这其实就是一个组，使得各个序列出现在同一张表格中，给数据输入等操作带来简便，所以该命令最为常用。如定量分析消费和收入的关系时，用该命令同时输入人均消费和收入两个序列名：data cons inco，会生成一个包含 cons 和 inco 两个序列的组（图 2–21）。需要说明的是，命令中的 cons 和 inco 两个序列名没有固定的次序，无论前后都没有关系，为了后续输入（复制）数据方便，一般保持和原始数据表中的次序一致。

EViews

File Edit Object View Proc Quick Options Add-ins Window Help

create a 2000 2015
series cons

Workfile: UNTIT
View Proc Object
Range: 2000 201
Sample: 2000 201
c
cons
resid
Untitled N

CONS	
	Last updated: 03/05/17 - 17:47
2000	NA
2001	NA
2002	NA
2003	NA
2004	NA
2005	NA
2006	NA
2007	NA
2008	NA
2009	NA
2010	NA
2011	NA
2012	NA
2013	NA
2014	NA
2015	NA

Path = d:\users\wam\documents DB = none WF = untitled

图 2–19 用 series 命令生成新序列

Group: UNTITLED Workfile: UNTITLED::Untitled\

View Proc Object Print Name Freeze Default Sort Transpose Edit+/- Smpl

obs	INCO
2000	NA
2001	NA
2002	NA
2003	NA
2004	NA
2005	NA
2006	NA
2007	NA
2008	NA
2009	NA
2010	NA
2011	NA
2012	NA
2013	NA
2014	NA
2015	NA

图 2–20 用 data 命令生成序列

另外，还可以自动生成时间序列。EViews 可以自动生成一个数值为整数的时间序列。在创建工作文件之后，可以在命令窗口中输入：series t=@trend（时间），生成一个以该时间为 0 基准的整数的时间序列。例如在命令窗口中输入：series t=@trend（2000），就将自动生成一个以 2000 年为数值 0 的整数时间序列，如图 2–22 所示。

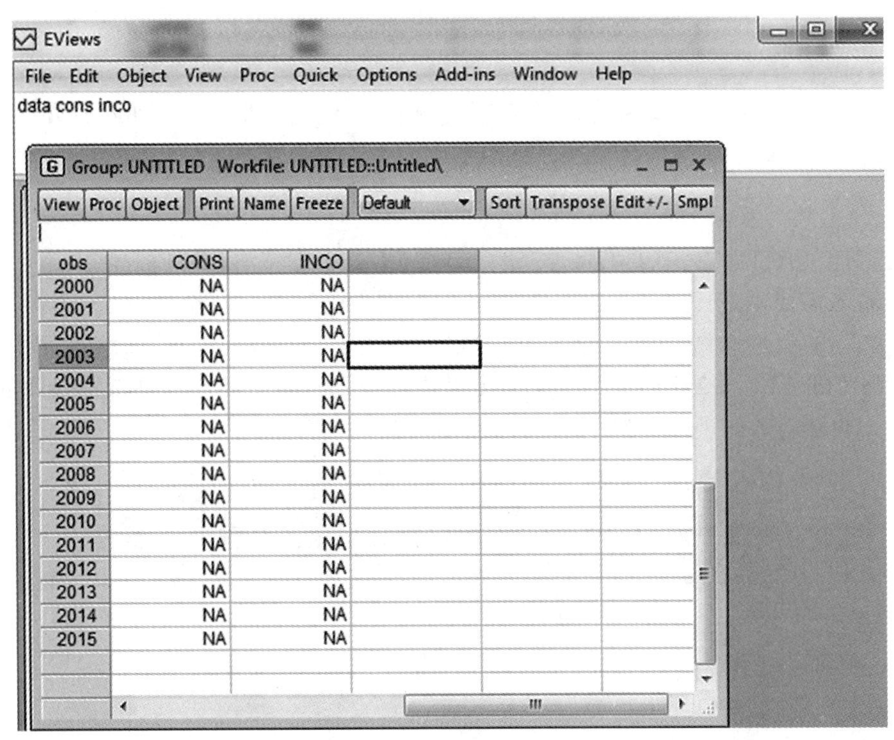

图 2–21　用 **data** 命令生成组

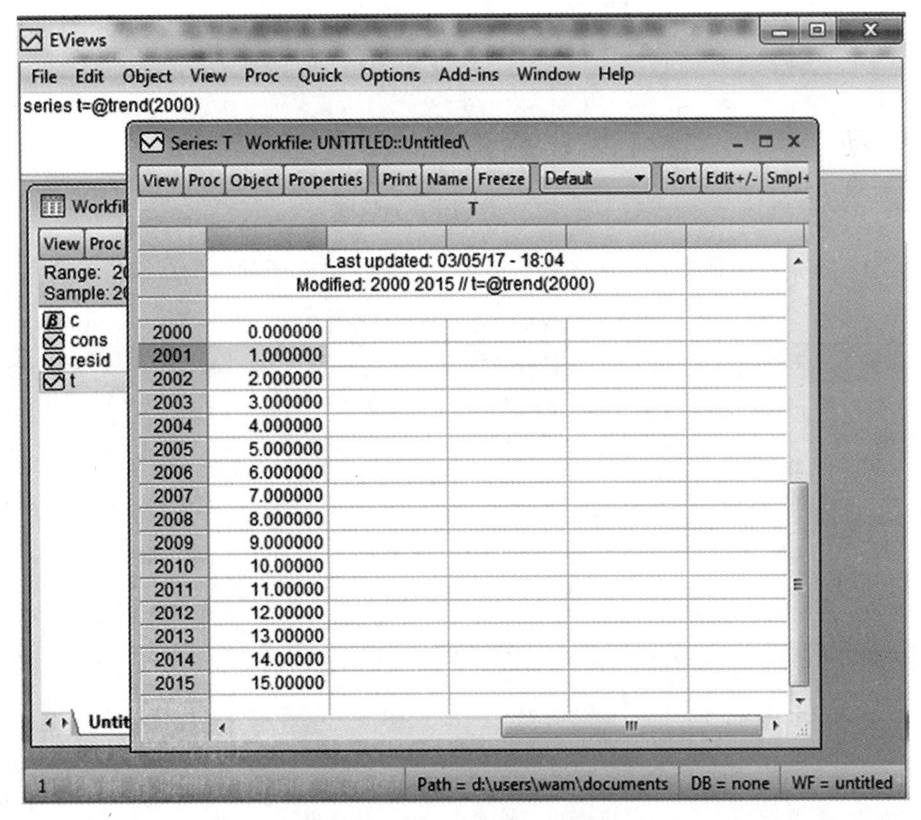

图 2–22　用命令自动生成时间序列

二、序列生成

在实际应用中，常常需要对原有序列进行变换后才能进一步分析，如取对数等，此时需要利用相关的公式或运算符进行变换，从而生成一个新的序列。

（一）菜单式

单击工作文件工具栏中的 Genr 按钮，弹出“Generate Series by Equation”对话框，在对话框中输入需要生成序列的公式表达式，如本例中已经存在一个序列“fdi”，现在要生成一个“fdi”的自然对数序列，起名为“lfdi”，则在“Enter equation”对话框中输入表达式“lfdi=log（fdi）”（图 2–23），单击 OK 按钮即可生成新的序列。需要特别强调的是，在 EViews 中，自然对数的表达式为“log”，而不是“ln”。

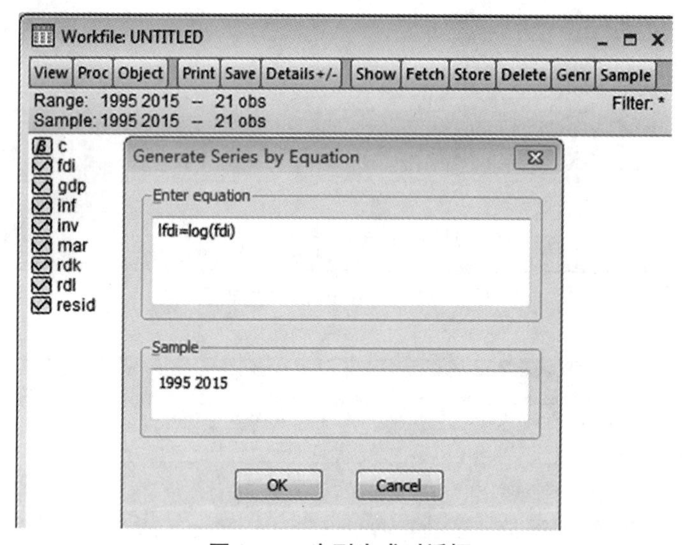

图 2–23　序列生成对话框

表达式是 EViews 生成新序列的各种运算符，表 2–1 给出了常用的运算符及意义。

表 2–1　EViews 中的运算符及其功能

符号	功能	符号	功能	符号	功　能	符号	功能
+	加	<=	小于等于	DLOG（Y）	对数一阶差分	SIN（Y）	正弦
–	减	>=	大于等于	D（Y，n）	*n* 次一阶差分	COS（Y）	余弦
×	乘	AND	与	D（Y，n，m）	*n* 次一阶差分和一次 *m* 阶差分	@ASIN（Y）	反正弦
/	除	OR	或	DLOG（Y，n）	对数 *n* 次一阶差分	@ACOS（Y）	反余弦
^	乘方	EXP(Y)	指数变换	DLOG（Y，n，m）	对数 *n* 次一阶差分和一次 *m* 阶差分	@PCH（Y）	增长率
>	大于	ABS(Y)	绝对值	@DNORM（Y）	标准正态密度	@INV（Y）	倒数
<	小于	SQR(Y)	平方根	@CNORM（Y）	累计正态分布	RND	0~1 间均匀分布随机数
=	等于	LOG（Y）	自然对数	@FLOOR（Y）	不大于 *Y* 的最大整数	NRD	标准正态分布的随机数
< >	不等于	D（Y）	一阶差分	@CEILING（Y）	不小于 *Y* 的最小整数	@LOGIT（Y）	Logistic 变换

表 2–1 中的运算符包括逻辑运算和数学运算，根据需要可在图 2–23 所示的“Generate Series by Equation”对话框中输入相关的表达式，例如需要生成一个名为 FIN 的新序列，当 FDI>800 且 INV<1000 时，FIN=1，否则为 0，则在对话框中输入“FIN=FID>800 AND INV<1000”。

（二）命令式

在命令区直接输入需要生成序列与原序列之间关系的表达式，执行命令后可以生成新的序列。具体命令为：genr 新序列名 = 与原序列之间关系的表达式。例如需要生成 FDI 的平方，取名为“FDI2”，则输入命令为：“genr fdi2=fdi*fdi”或“genr fdi2=fdi^2”。

三、序列窗口

生成新序列以后，在工作文件窗口中双击该序列名称，即可显示序列窗口，如图 2–24 所示。

Series: CONS Workfile: UNTITLED::Untitled\

View | Proc | Object | Properties | Print | Name | Freeze | Default | Sort | Edit+/- | Smpl+

	CONS
	Last updated: 03/05/17 - 17:47
2000	NA
2001	NA
2002	NA
2003	NA
2004	NA
2005	NA
2006	NA
2007	NA
2008	NA
2009	NA
2010	NA
2011	NA
2012	NA
2013	NA
2014	NA
2015	NA

图 2–24　序列窗口

窗口上方的工具栏中有多个按钮，主要功能如下。

“View”：改变序列在窗口中的显示模式，可以显示为：电子表格形式、线性图、条形图以及一些描述统计与检验。

“Procs”：提供关于序列的各种过程。

“Objects”：进行有关序列对象的存盘、命名、删除、复制和打印等。

“Name”：序列的命名或改名。

“Freeze”：以当前序列窗口内容为基础，生成一个新的文本类型的对象。

“Edit+/–”：可以在是否编辑当前序列两种模式之间切换。

“Samp+/–”：可以在显示工作文件时间范围内全部数据和只显示样本数据（样本期可以为工作文件时间范围的一个子区间）之间切换。

"Label+/–"：在是否显示对象标签两种模式之间切换。

"Wide+/–"：在单列显示和多列显示序列之间切换。

四、编辑序列对象

（一）序列显示

双击序列名或单击工作文件窗口工具栏中的 Show 按钮可以显示序列数据，然后单击序列窗口工具栏中的 Edit+/– 开关按钮，可以切换编辑状态，当序列中单元格为灰色时为不可编辑，不能进行输入数据等操作；当单元格为黑色时，可以进行数据的输入、修改、编辑等操作。

（二）序列复制

当需要复制序列时，可以在主菜单中执行【Objects】→【Copy selected】命令或者在工作文件窗口中选中序列然后单击鼠标右键选择【Object copy】命令，屏幕出现图 2–25 所示的对话框。用户在对话框上面空行中输入复制源序列名称，在下面空行中输入新序列名称，输入完成以后单击 OK 按钮。此时便成功复制了一个序列。

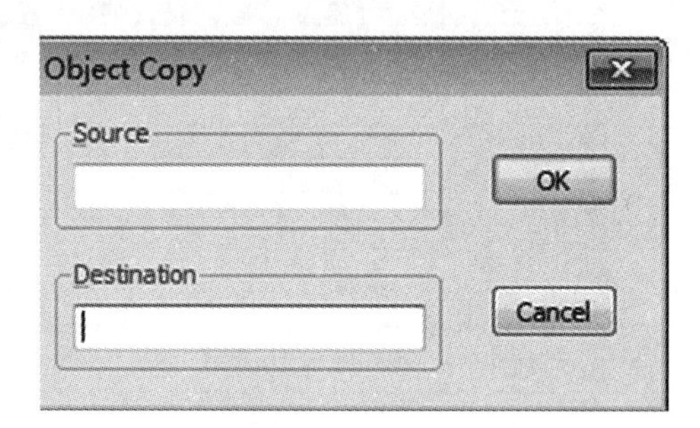

图 2–25　序列复制

（三）序列删除

当需要删除序列时，在工作文件窗口中选中序列，然后在主菜单中执行【Objects】→【Delete selected】命令或者在选中序列以后单右击选择【Delete】命令，在弹出的对话框中单击 Yes 按钮即可。或者输入命令：delete name。

第四节　组的操作

组（Group）是一个或多个序列的标志符，相当于一张电子表格。通过它，可以实现很多针对群序列的整体操作，是研究序列之间关系的有效工具。

一、创建组对象

（一）菜单式

（1）在主菜单工具栏或工作文件菜单执行【Objects】→【New Object】命令，弹出"New Object"对话框，在"Type of Object"中选择"Group"，在"Name for Object"输入组名称，

单击 OK 按钮，即创建了一个新的空组(图 2-26)。

Group: GDP　Workfile: UNTITLED::Untitled\

View | Proc | Object | Print | Name | Freeze | Default | Sort | Transpose | Edit+/- | Smpl

obs	SER01
obs	SER01
1985	9098.900
1986	NA
1987	NA
1988	NA
1989	NA
1990	NA
1991	NA
1992	NA
1993	NA
1994	NA
1995	NA
1996	NA
1997	NA
1998	NA
1999	NA
2000	NA
2001	NA
2002	

图 2-26　组窗口

当在第一个单元格中输入数据后，EViews 将第一个序列自动命名为“SER01”，当输入下一列时，依次顺序编号给新的序列命名如：“SER02”“SER03”…。如果给序列起名或更改名称，单击序列名“SER01”或单击“obs”所在行，在其中输入需要更改的名称，如“fdi”，然后按 Enter 键或单击外边区域，软件自动跳出询问窗口，询问是否改名。单击 Yes 按钮，即修改成功(图 2-27)。

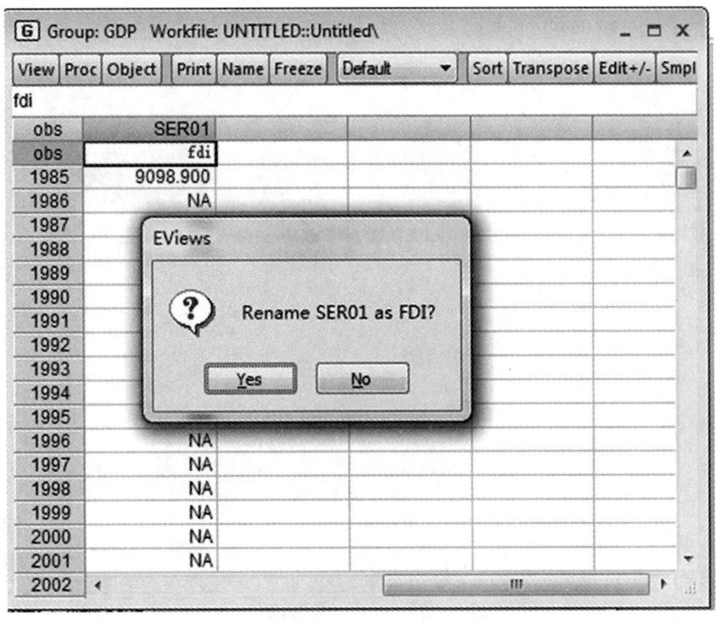

图 2-27　序列命名

在新建的空组中可以输入多列数据，相当于多个序列。当输入数据后，立即会成为当前工作文件的一部分，工作文件的序列图标也会立即显示，当所有数据输入完毕后，可以单击组窗口右上角的关闭按钮。当关闭后，组、序列及数据仍在工作文件中，如果想查看，可以双击工作文件中的序列名或组名打开。

（2）在主菜单工具栏中执行【Quick】→【Empty Group】命令也可以创建组窗口（图 2–28）。

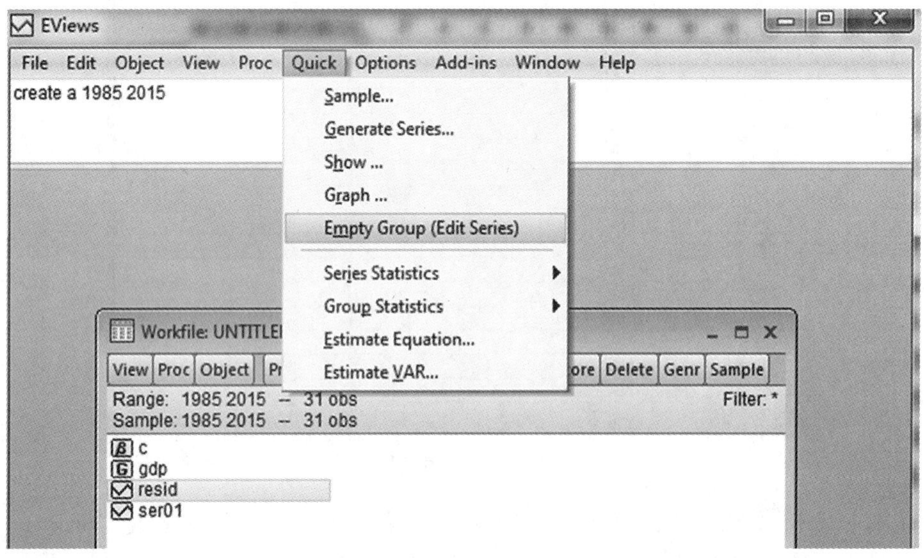

图 2–28 创建组窗口

（3）如果工作文件上已经创建了多个序列，想选择其中的部分或全部建立一个组，则可以在工作文件中选中待选的序列，如果待选序列全部紧挨着，按住 Shift 键选中；如果中间有间隔，则按住 Ctrl 键选中，然后单击工作文件中的 Show 按钮，弹出“Show”对话框（图 2–29），单击 OK 按钮后即可生成一个新的组。

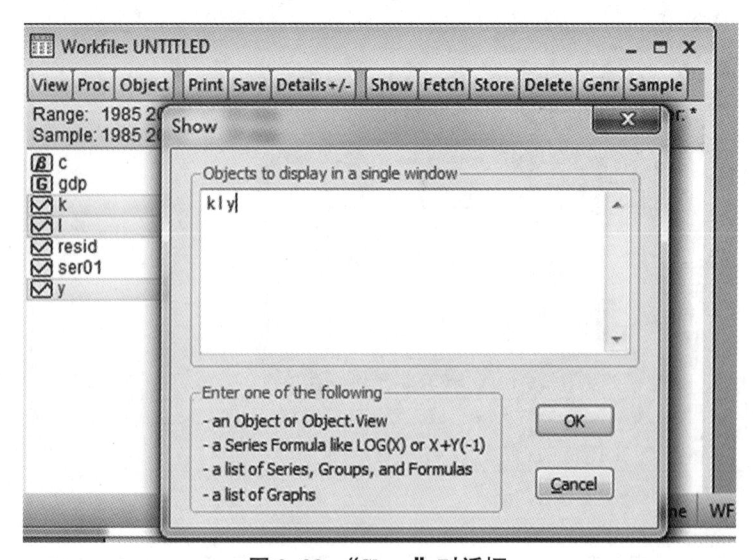

图 2–29 “Show”对话框

或者在选中序列后，右击，依次选择【Open】→【as Group】命令，同样出现图 2–29 的对话框，单击 OK 按钮后，即可出现图 2–30 所示的组窗口。

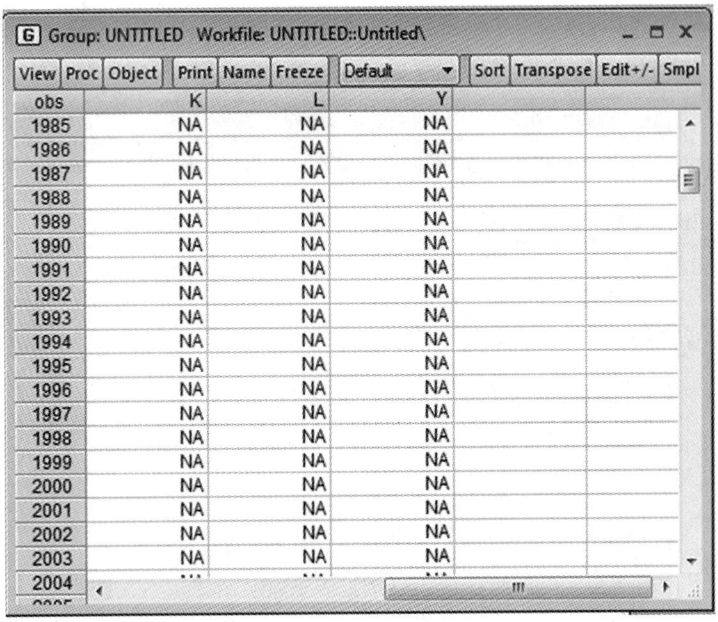

Group: UNTITLED　Workfile: UNTITLED::Untitled\

View | Proc | Object | Print | Name | Freeze | Default | Sort | Transpose | Edit+/- | Smpl

obs	K	L	Y
1985	NA	NA	NA
1986	NA	NA	NA
1987	NA	NA	NA
1988	NA	NA	NA
1989	NA	NA	NA
1990	NA	NA	NA
1991	NA	NA	NA
1992	NA	NA	NA
1993	NA	NA	NA
1994	NA	NA	NA
1995	NA	NA	NA
1996	NA	NA	NA
1997	NA	NA	NA
1998	NA	NA	NA
1999	NA	NA	NA
2000	NA	NA	NA
2001	NA	NA	NA
2002	NA	NA	NA
2003	NA	NA	NA
2004			

图 2–30　组窗口

按上述方法生成的组中，所包括的序列与工作文件中的对应序列本质上完全一样，即原来序列的数据也会显示在组对应的序列中，如本例中，原工作文件中的 K、L、Y 三个序列还没有输入数据，所以生成的组中也没有数据。如果要输入数据，可以在工作文件中单击打开序列，输入数据，相应地组中也立即会显示出该序列已经输入的数据。同理，如果在组窗口中输入了某序列数据，那么工作文件中的该序列同样会显示已经输入的数据。在实践中，人们为了输入和操作方便，常常在组窗口中输入数据。

（二）命令方式

在命令区输入命令："group 组名称"，可生成一个新的组，如想生成一个名称为"Economy"的组，则在命令区输入："group economy"，这时工作区窗口便多生成一个 ECONOMY 图标，表示组已经生成，但是这个组内还没有任何序列，如果想给组内添加序列，则需要参照上述方法在组单元各种输入数据等生成序列，或者用完全的命令更为简便，输入："group 组名称 序列名 1 序列名 2…"，如想生成一个名称为"Economy"的组，包含 K、L、Y 三个序列，则输入的命令为："group economy K L Y"。

如果按照前面创建对象的一般方法，逐个创建所有序列，再创建包含这些序列的组，其操作十分烦琐。所以在实践中常常用更简单的方法即 data 命令来实现。在命令窗口中输入：data 序列名 1 序列名 2…，系统将创建这些序列，相当于一个未命名的组，如想创建包含 Y、K、L 三个序列的组，在命令区只需输入："data Y L K"即可很方便地实现（图 2–31）。

二、组的视图

EViews 为组提供丰富的视图功能，可以通过单击组窗口工具栏中的 View 按钮，会看到

图 2–32 所示的下拉菜单，由横线隔开，主要包括四个部分：组数据显示方式、基本统计量、时间序列的特殊统计量和标签。

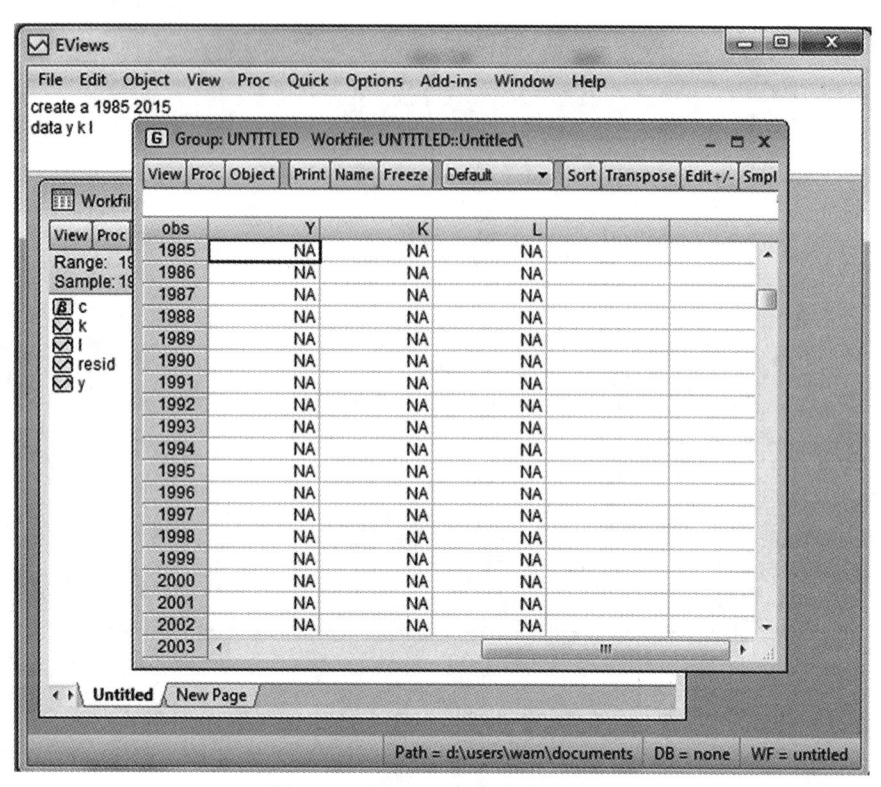

图 2–31 用 data 命令生成组序列

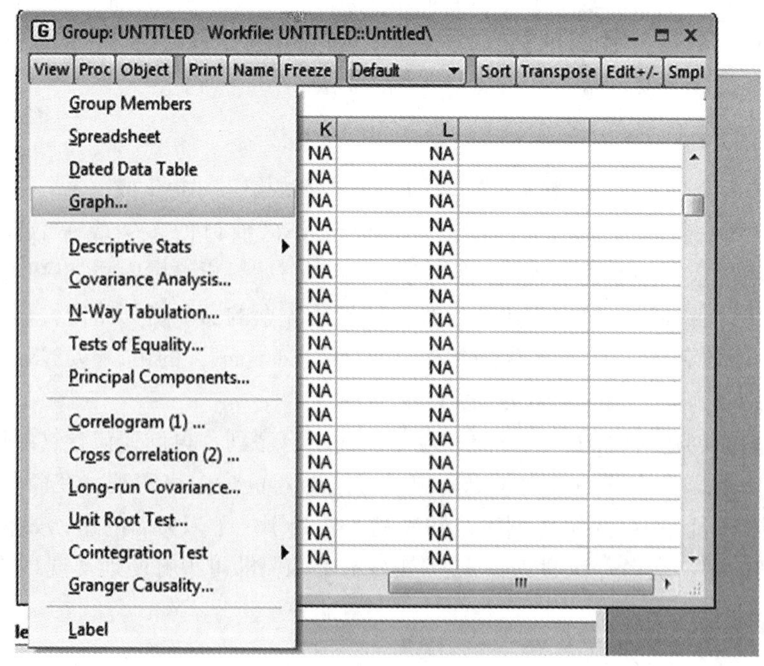

图 2–32 组视图

（一）数据显示选项

图 2–32 中下拉菜单中最上面的部分，包括：

（1）Group Members（组成员），单击后可显示组内成员（序列）的信息。

（2）Spreadsheet（电子表格），组数据以电子表格形式显示。

（3）Dated Data Table（数据表），组数据用数据表显示。

（4）Graph（图），包括散点图、趋势图等多个选项，具体在数据分析一章中详细讨论。

（二）基本统计分析选项

（1）Descriptive Statas（描述性统计量），包括均值、中位数、最大值、最小值、标准差、标准差、偏度、峰度、JB 统计量及相应概率、观测值个数等。

（2）Covariance Analysis（协方差分析）。

（3）N–Way Tabulation（N 维统计表），用表格形式显示不同序列交叉的相关统计量，包括变量个数、个数百分比、行百分比、列百分比、所有样本的期望、表内各项期望、χ^2 统计量等。

（4）Test of Equality（统计量相等检验），用于检验不同序列的均值、方差、中位数等是否相等。

（5）Principal Components（主成分）。

（三）时间序列统计分析选项

（1）Correlogram（相关图），单项显示组中第一个序列的相关图。

（2）Cross Correlation（交叉相关）。

（3）Long–run Covariance（长期协方差）。

（4）Unit Root Test（单位根检验）。

（5）Cointegration Test（协整检验），对序列进行 Johansen 协整关系检验。

（6）Granger Causalily（格兰杰因果检验）。

小　结

本章主要介绍了 EViews 的基本操作：一是工作文件操作，重点介绍了工作文件的菜单创建和命令创建，特别是不同频率的时间序列的工作文件创建；二是对象操作，介绍了对象的创建、对象的基本操作；三是序列操作，包括序列创建及编辑等；四是组的操作，介绍了组创建及组的视图。

思　考　题

1. 时间序列数据的频率主要包括哪些类型？

2. 简述序列与组的关系。

3. 如何理解 EViews 中的序列？

第三章　基本数据分析

第一节　数据处理

一、数据输入

（一）键盘输入

建立新序列以后，可以在工具栏上单击 Edit+/- 按钮进入编辑状态，用户可以进行录入、修改等编辑操作。或在主菜单下，执行【Quick】→【Empty Group（Edit Series）】命令，打开一个新序列后，在编辑状态下，通过键盘输入数据，并给定一个序列名。

（二）粘贴输入

为了节省时间，常常将保存在 Excel 表中的数据复制过来，通过执行主菜单中的【Edit】→【Copy】命令和【Edit】→【Paste】命令复制并粘贴数据，注意粘贴数据的时间（截面）区间要和表单中的时间（截面）区间一致。

（三）文件导入

EViews 允许调用三种格式的数据：文本文件 ASC Ⅱ、Lotus 和 Excel 工作表。用户可以从主菜单执行【File】→【Import】→【Read Text-Lotus-Excel】命令，或单击工作文件窗口工具栏中的 Procs 按钮，然后在弹出的快捷菜单中依次单击【Import】→【Read Text-Lotus-Excel】，将弹出“Open”对话框（图 3-1）。

1. 导入文本文件

可以在 Windows 子目录中找到文本文件，单击后出现图 3-2 所示的对话框。

从上述对话框下端的预览框（Preview-First 16k of file）中可以看到文本文件的数据内容，便于观察和操作，如本例中的“1996—2012 年全国农村居民人均消费与收入”数据。该对话框包括四个设置单元。

（1）Name for series or Number if named in file（序列名或序列个数）。将需要导入的序列名称输入该文本框，如果有多个序列，序列名之间空一格，次序与要导入的数据序列顺序保持一致。本例中输入人均消费和收入两个序列名“cons”和“inco”。若需要导入的文本文件中已经有序列名，则只需输入序列个数，如“2”。

（2）Data order（数据排列方式）。共有两个选择，一个是按列（in Columns）；另一个是按行（in Rows）。本例中，列表示序列，所以选择第一个。

Open
计算机 ▸ 娱乐 (F:) ▸ 实验教材资料 ▸ 实验教材资料 ▸
搜索 实验教材资料
组织 ▾
新建文件夹
库
视频
图片
文档
迅雷下载
音乐
Administrator
计算机
本地磁盘 (C:)
软件 (D:)
文档 (E:)
娱乐 (F:)
DVD RW 驱动
网络
控制面板
名称
修改日期
类型
大小
EViews讲义
2017/3/5 10:00
文件夹
计量实验教程数据.xls
2017/3/6 19:57
Microsoft Office...
25 KB
文件名(N):
计量实验教程数据.xls
Excel (*.xls)
Update default directory
打开(O)
取消

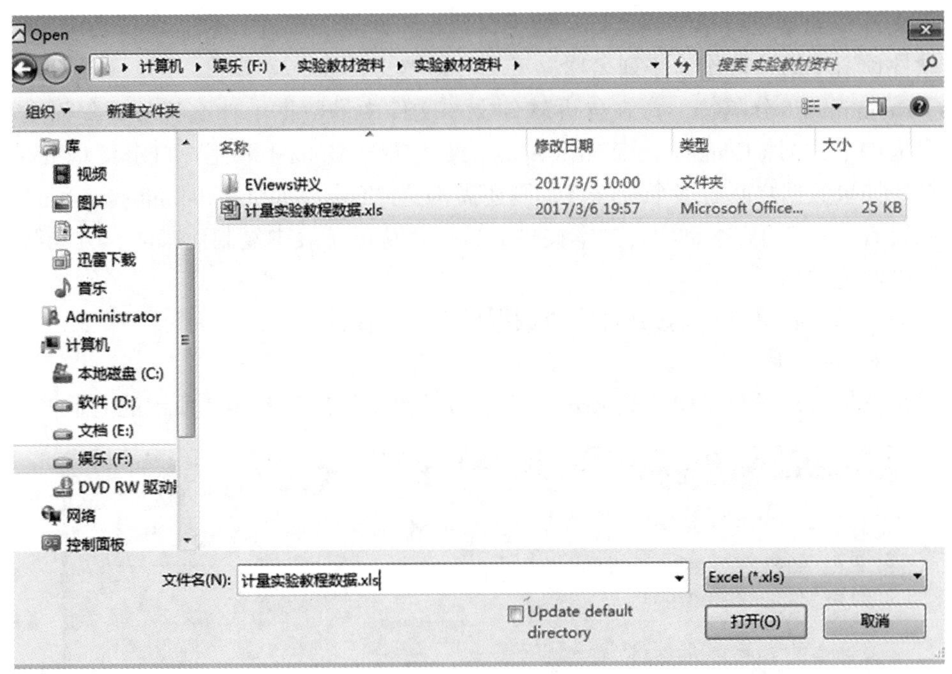

图 3–1　“Open”对话框

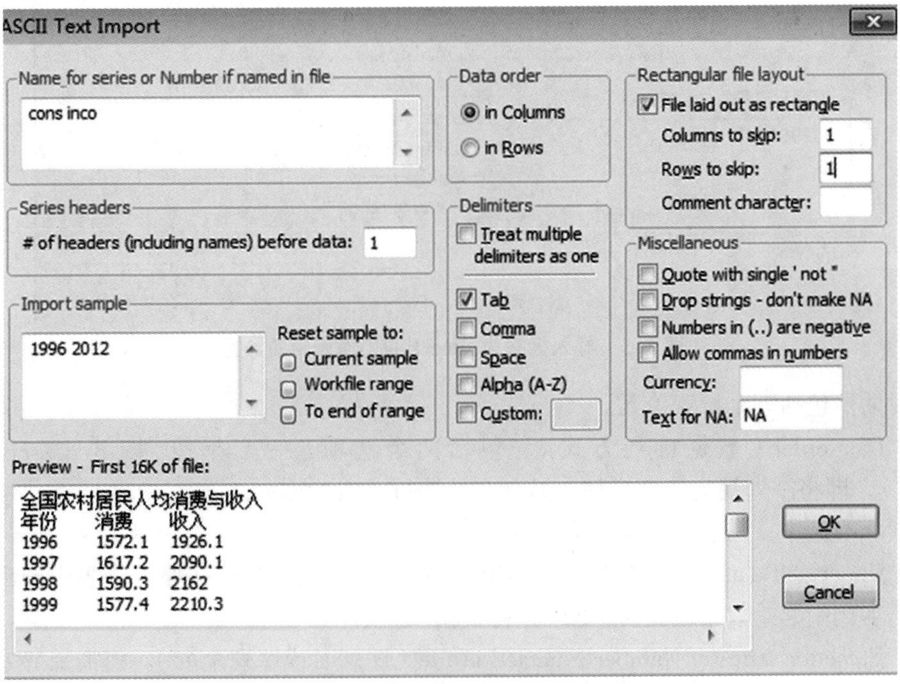

ASCII Text Import
Name for series or Number if named in file
cons inco
Data order
in Columns
in Rows
Rectangular file layout
File laid out as rectangle
Columns to skip: 1
Rows to skip: 1
Comment character:
Series headers
# of headers (including names) before data: 1
Delimiters
Treat multiple delimiters as one
Tab
Comma
Space
Alpha (A-Z)
Custom:
Miscellaneous
Quote with single ' not "
Drop strings - don't make NA
Numbers in (..) are negative
Allow commas in numbers
Currency:
Text for NA: NA
Import sample
1996 2012
Reset sample to:
Current sample
Workfile range
To end of range
Preview - First 16K of file:
全国农村居民人均消费与收入
年份 消费 收入
1996 1572.1 1926.1
1997 1617.2 2090.1
1998 1590.3 2162
1999 1577.4 2210.3
OK
Cancel

图 3–2　导入文本文件

（3）Rectangular file layout（矩形文件布局）。主要涉及两个选项：忽略列数（Columns to skip）和忽略行数（Rows to skip）。本例中，第一列表示年份，应该略去，所以在“Columns to skip”中输入“1”；第一行为标题，也应略去，“Rows to skip”中输入“1”，需要说明的

是，文本文件中的第二行是序列名称，数据区域也不包括，但在计算忽略行数中不应包括，相当于软件预留了第一行作为序列名称，只不过是英文替代中文罢了。

（4）Delimiters（分隔符）意在告诉软件文本文件中的数据由什么符号分隔而来，包括制表符（Tab）、逗号（Comma）、空格（Space）、字母（Alpha）和用户自定义（Custom）等多种选择。如果数据之间有多个分隔符，则还需构选“Treat multiple delimiters as one”（即将多个分隔符看作一个）。本例中，文本文件的数据是从电子表中复制而来的，分隔符应为制表符，所以勾选“Tab”。

以上输入完成后单击 OK 按钮即完成数据导入工作文件。

2. 导入 Excel 文件

可以在 Windows 子目录中找到 Excel（.XLS），单击后出现图 3–3 所示的对话框。

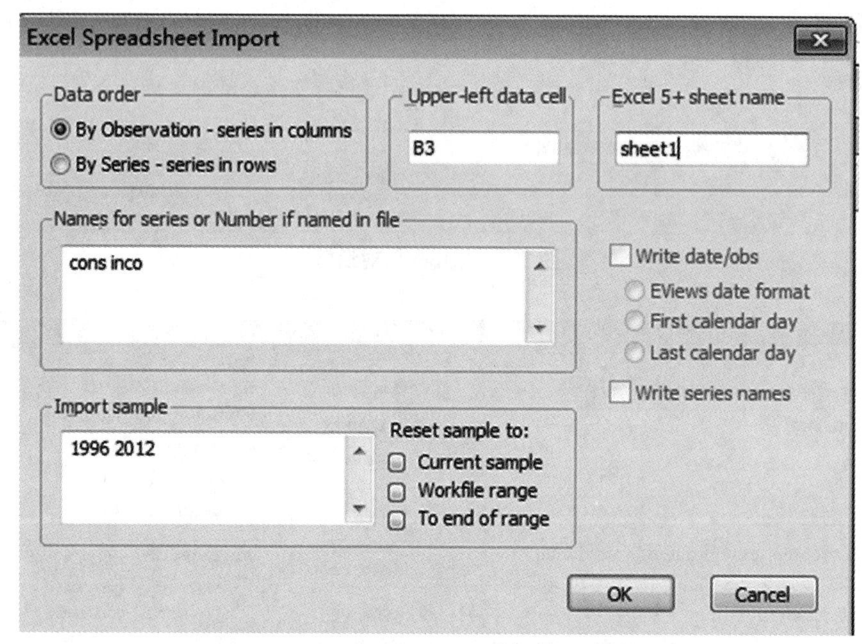

图 3–3　导入标签为 sheet1 的工作表中的数据

此对话框包括五个设置单元。

（1）Data order（数据排列方式）。包括两个选项，一个是按列（By Observation–in Columns），即将一列视为一个序列；另一个是按行（By Observation–in Rows），将每行视为一个序列。本例中，列表示序列，所以选择第一个。

（2）Upper–left data cell（左上角数据单元格）。表示输入数据在原工作表中的起始单元格地址，本例中起始数据地址为“B3”，将其输入。

（3）Name for series or Number if named in file（序列名或序列个数）。将需要导入的序列名称输入该文本框，如果有多个序列，序列名之间空一格，次序与要导入的数据序列顺序保持一致。本例中，输入人均消费和收入两个序列名“cons”和“inco”。若需要导入的工作表中已经有序列名，则只需输入序列个数，如“2”。

（4）导入样本（Import sample）。用于界定样本范围，要求读取数据的范围不应大于工作表中的数据范围。如果范围过大，系统将自动取导入数据区间中最前面的数据导入工作文件，有时也可能引起数据丢失。本例中，电子表的数据范围是 1996—2012，所以输入“1996 2012”。

（5）Excel 工作表名称（Excel 5+sheet name）。如果导入的工作簿中有多张工作表，应在此文本框中输入要导入的工作表名称。本例中，该工作表名称为“sheet1”，故输入“sheet1”。

输入完毕，单击 OK 按钮，工作表中的数据即可成功导入工作文件。

二、数据输出

（一）复制和粘贴

通过主菜单中的 Edit/Copy 和 Edit/Paste 功能，对不同工作文件窗口中的编辑菜单进行复制和粘贴。注意复制数据的时间区间要与粘贴的时间区间一致。

（二）文件输出

可以直接将数据输出成其他程序建立的数据文件类型。执行主菜单中的【File】→【Export】→【Write Text】→【Lotus】→【Excel】或工作文件菜单中的【Proc】→【Export】→【Write Text—Lotus—Excel】，弹出的对话框如图 3-4 所示。

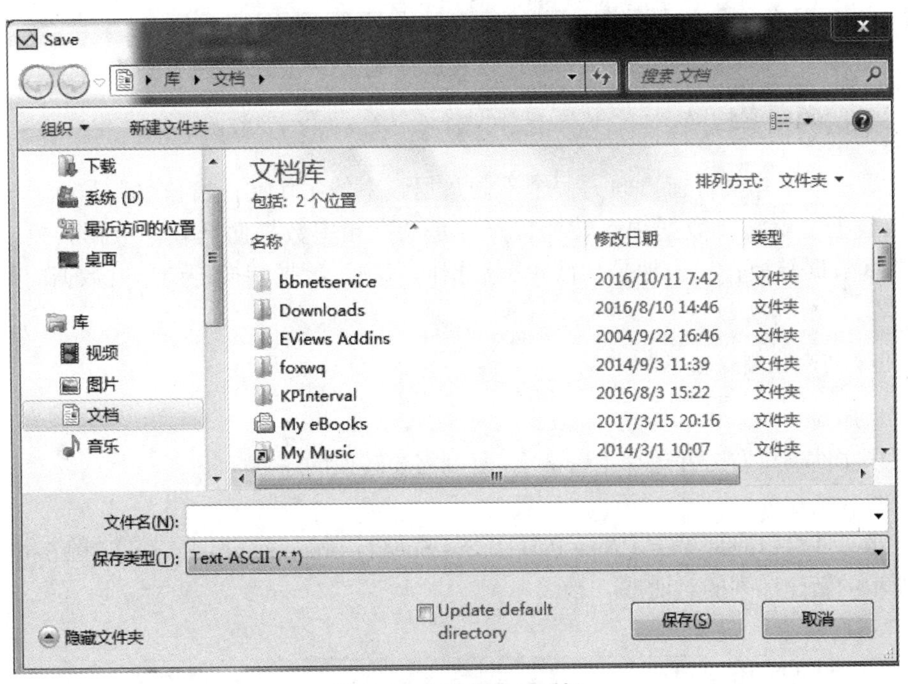

图 3-4 文件输出对话框

1. 文本文件

如果要储存为文本文件，可以在图 3-4 所示的对话框 Windows 子目录中找到存储的目录，文件类型选择 Text-ASCII，并给出文本文件名，单击后出现图 3-5 所示的对话框。

在相应的对话框中输入要存储的序列名，单击 OK 按钮即可形成一个新文本文件。

2. Excel（.XLS）文件

与文本文件基本类似，在图 3-4 所示的对话框中，在 Windows 子目录中找到要存储的目录，文件类型选择 Excel（*.XLS），给出 Excel 文件名，单击“完成”保存。

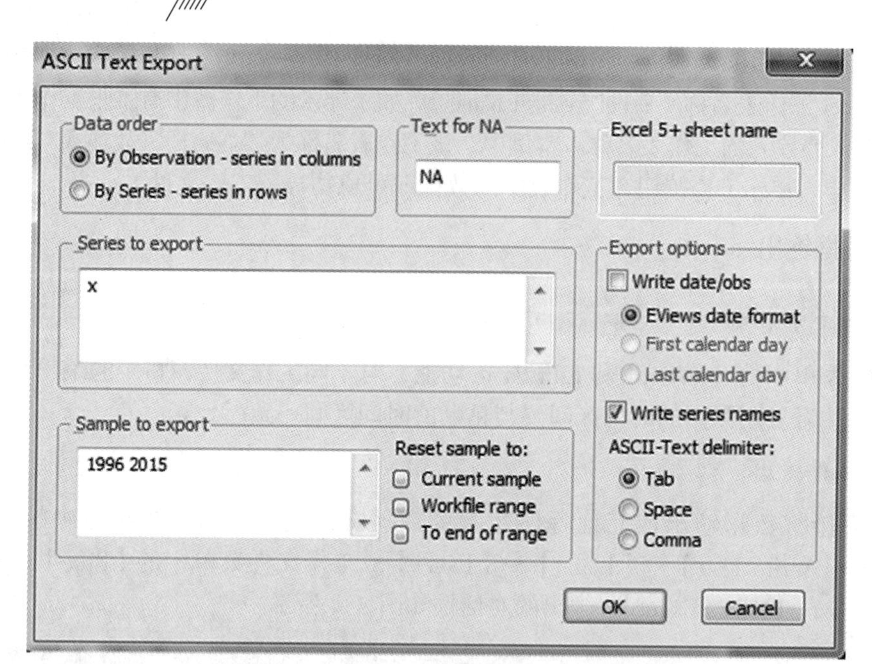

图 3–5 导出数据

三、数据的频率转换

如果从一个工作文件窗口向另一个不同数据频率的工作文件窗口复制数据，或者从数据库提取数据，就涉及数据频率转换。一种是从高频率数据向低频率数据转换，如月度数据向季度数据转换；另一种是从低频率数据向高频率数据转换，如季度数据向月度数据转换。

（一）高频向低频转换

1. 复制序列

在工作文件窗口右击并选择【Copy】，复制需要转换的序列。

2. 新建转换序列

在工作文件窗口底部单击【New Page】→【Specify Frequency/Range…】(图 3–6)，出现图 3–7 所示的新建序列的对话框。

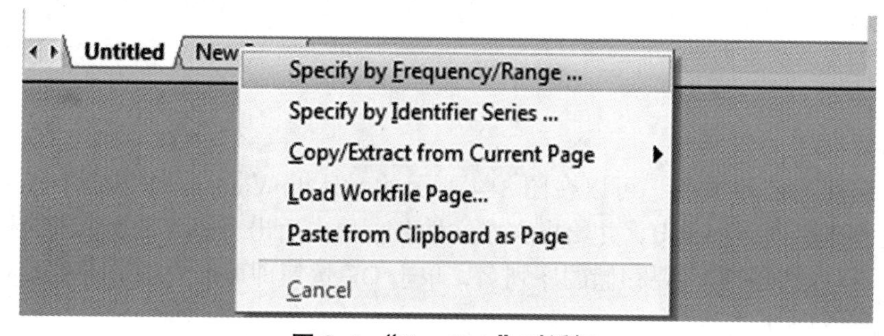

图 3–6 “New Pate”对话框

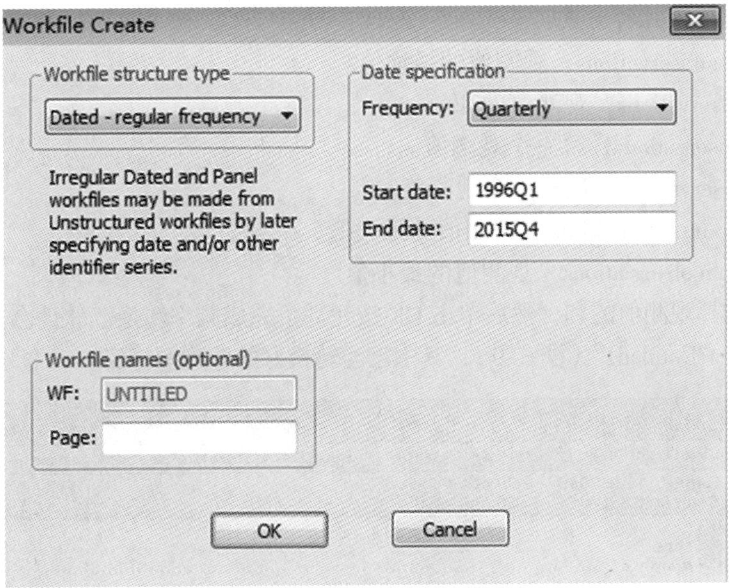

图 3-7　新建序列对话框

3. 更换频率

在图 3-7 所示的对话框中对期望序列的数据特征进行设定，如本例中原始数据为 1996—2015 年的季度资料，我们欲转换为年度资料，可以在【Frequency】下拉选项中选择【Annual】，开始日期和终止日期自动显示为 1996 和 2015，单击 OK 按钮。

4. 转换设定

在工作文件窗口中右键单击【Paste Special…】，出现“Paste Special”对话框。上半部分为“High to low frequency conversion method（高频向低频转换）”，下半部分为“Low to high frequency conversion method（低频向高频转换）”。单击【High to low frequency conversion method】的下拉菜单（图 3-8）。

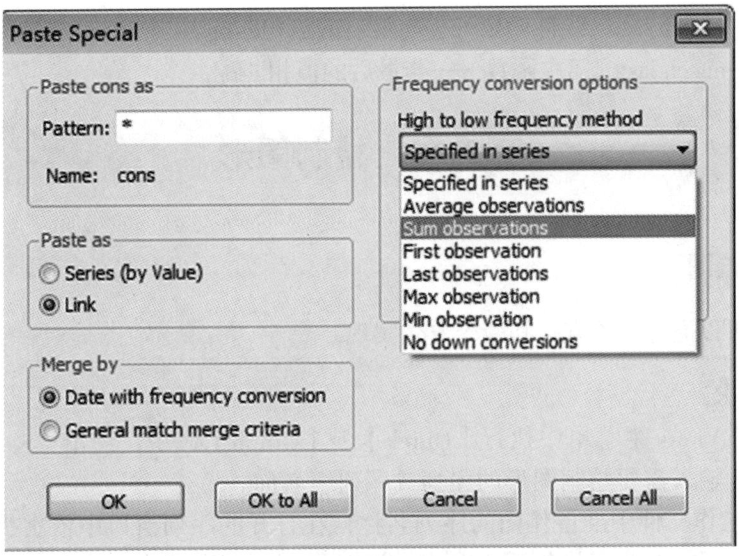

图 3-8　高频向低频转换对话框

菜单中包括以下几种方式：

（1）Average observations，观测值的平均值。

（2）Sum observations，观测值的和。

（3）First observations，第一个观测值。

（4）Last observations，最后一个观测值。

（5）Maxiumum observations，观测值的最大值。

（6）Minimum observations，观测值的最小值。

本例中，选择观测值的和，然后单击 OK 按钮即可完成频率转换。软件会自动显示一个未命名的工作文件“Untitled1”（图 3-9），其中已经转换好的序列图标 cons 显示为粉色。

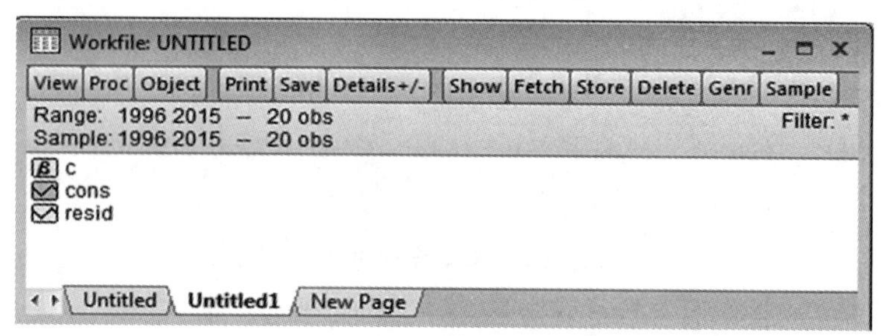

图 3-9　完成转换的序列 cons

（二）低频向高频转换

从低频率数据向高频率数据的转换，步骤与前面类似，是通过插值方法进行，在转换设定中的“Low to high frequency conversion method”选项的下拉菜单中，选择以下方式。

（1）Constant-match average，常数——与平均值相匹配。

（2）Constant-match sum，常数——与和相匹配。

（3）Quadratic-match average，二次函数——与平均值相匹配。

（4）Quadratic-match sum，二次函数——与和相匹配。

（5）Linear-match last，线性函数——与最后的值相匹配。

（6）Cubic-match last，三次函数——与最后的值相匹配。

第二节　绘制图形

一、基本绘图

绘制图形可以通过菜单方式和命令方式实现。

（一）菜单式

（1）单击 EViews 主菜单中执行【Quick】→【Graph】命令，弹出“Series List”对话框（图 3-10），输入需要绘制图形的序列或序列组名称。

（2）双击工作文件中准备作图的序列名称，在打开的序列窗口中依次执行【View】→【Graph】命令。按上述方式操作后单击 OK 按钮后，会出现图 3-11 所示的“Graph Options”

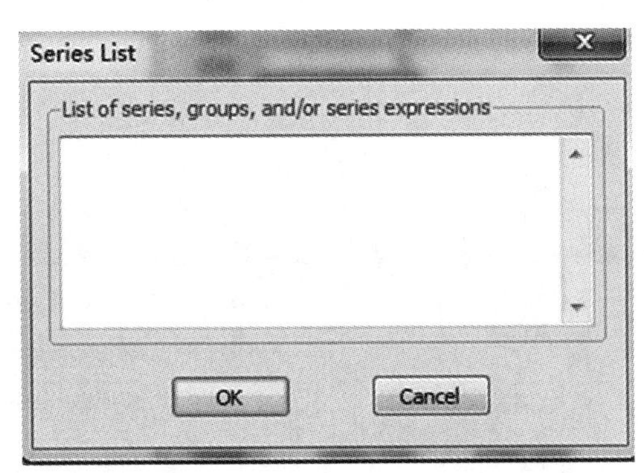

图 3–10 “Series List”对话框

对话框。主要包括以下几个部分。

a. “Graph Type”选项组。主要用于设置图像的以下选项。

· “General”选项。默认的情况下为单序列“Basic graph”，即单个序列的基本绘图。单击下拉箭头后还有一个选项“Gategorical graph”，根据需要进行选择。

· “Specific”图形种类选项，主要包括“Line & Symbol（线点图）”“Bar（条形图）”“Spike（堆栈图）”“Area（面积图）”“Dot Plot（点阵图）”“Distribution（分布图）”“Quantile-Quantile（Q–Q 图）”“Boxplot（箱线图）”。

右边的是“Details”选项组，主要对数据坐标等进行设置。

· “Graph data”绘图数据源选项，默认为 Raw data（原始数据），下拉箭头后还有 Means（均值）、Median（中位数）、Maximum（最大值）、Minimum（最小值）、Sum（总和）、Sum of Squares（平方和）、Variance（方差）、Standard Deviation（标准差）、Skewness（偏度）、Kurtosis（峰度）等多个选项。

· “Orientation”，设置时间变量的坐标轴，默认为时间为 Normal-obs axis on bottom（横坐标），下拉箭头后还有一个选项即将时间设置为 Rotated-obs axis on left（纵坐标）。

· “Axis borders”，设置是否同时输出其他形式的图形选项，默认为无（None），如果想增加其他形式的图形，单击下拉箭头，还有“Boxplot（箱线图）”“Histogram（直方图）”“Kernel density（核密度图）”。

b. “Frame & Size”选项组。主要用于设置图形边框。单击“Frame & Size”后，目录树可以展开（图 3–12），包括“Color & Border（颜色和边框）”和“Size & Indents（大小和缩进）”两大部分。在“（Color & Border）颜色和边框”对话框中，包括“Color”和“Frame border”两大选项，前者主要用于基本颜色和背景色的设置，后者用于设置图形边框、线条大小及颜色。

c. “Axes & Scaling”选项组。设置坐标轴和刻度。单击“Axes & Scaling”后，目录树可以展开（图 3–13），包括“Data scaling（数据刻度）”“Data axis labels（数据轴标签）”“Obs/Date axis（坐标转换）”“Grid Lines（网格坐标线）”。默认为“Data scaling”，其对话框包括：

· “Edit axis”坐标轴位置选择。单击下拉列表后，有四种选择，分别为“Left Axis（左为轴）”“Right Axis（右为轴）”“Top Axis（上为轴）”“Bottom Axis（下为轴）”。

· “Left axis scale method”刻度类型选择（如果选择右为轴，则该选项组自动显示为 Right，其他依此类推）。单击下拉列表后，有四种选择，分别为“Linear scaling（线性刻度）”“Linear–force zero（线性刻度且从零开始）”“Logarithmic scaling（对数刻度）”“Normalized data（标准化数据）”。

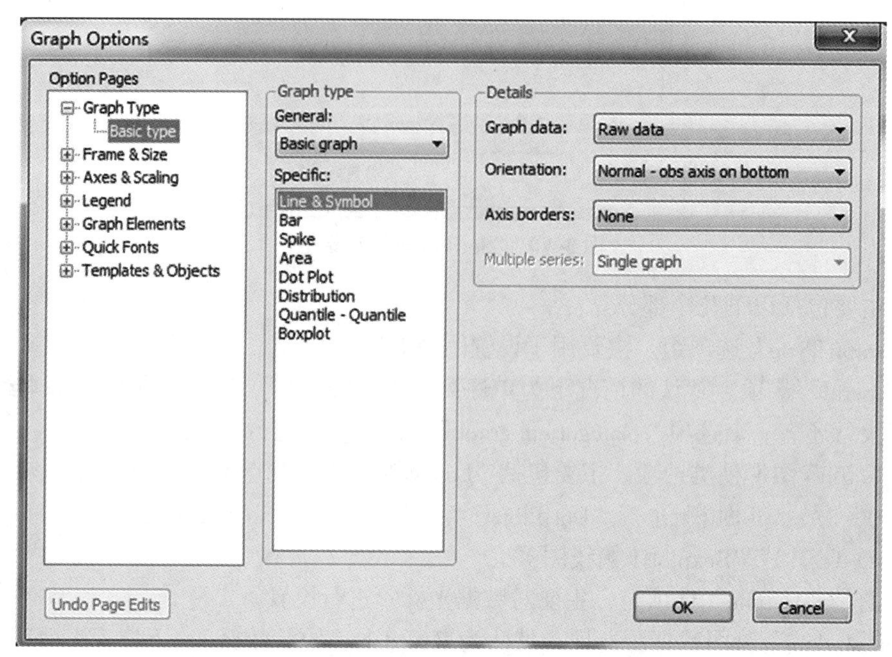

图 3–11 “Graph Options”对话框

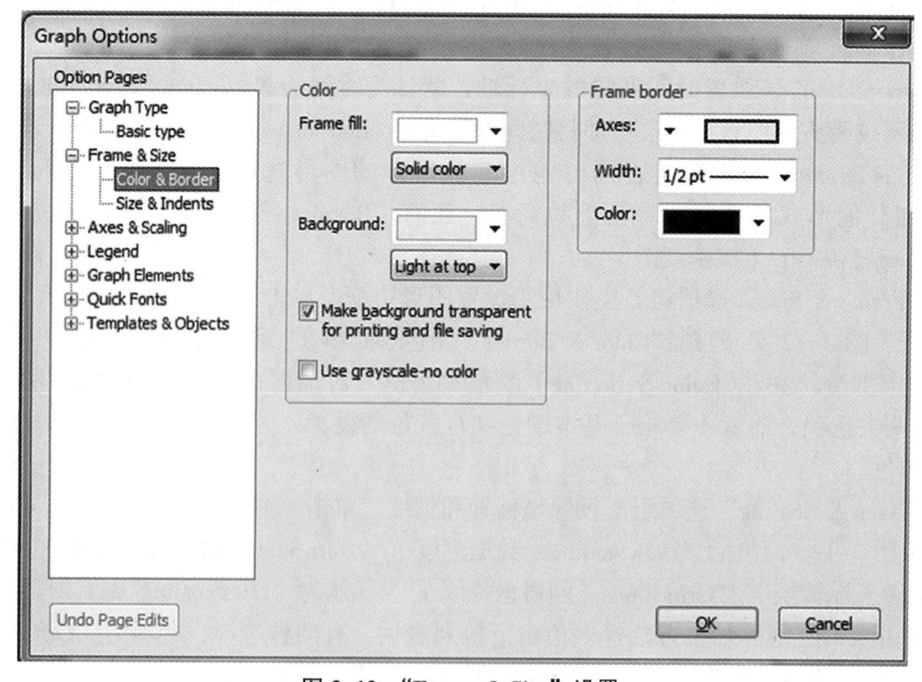

图 3–12 “Frame & Size”设置

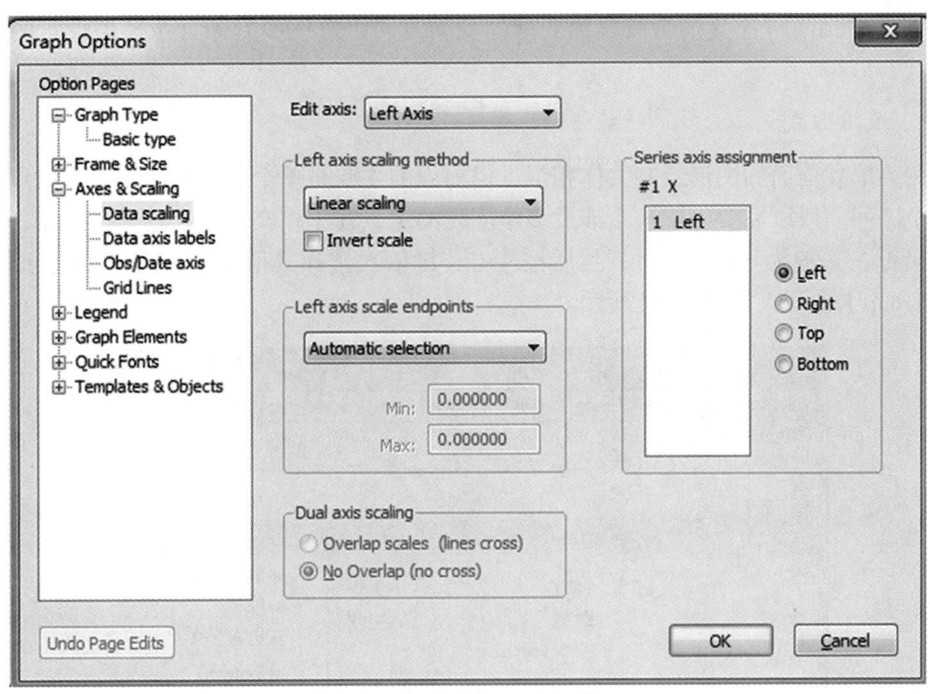

图 3–13 “Axes & Scaling”设置

·“Left axis scale endpoints”刻度范围设置。单击下拉列表后，有三种选择，分别为“Automatic selection（自动选择）”“Data minimum & maximum（以最大与最小值为范围）”“User specified（自行设定）”。

d.“Legend”选项组。设置图标图例属性。“Characteristic（特征）”用于设置图例的“Box fill color（填充颜色）”“Frame color（边框颜色）”“Display（是否显示图例）”。

e.“Graph Elements”选项组：

·“Left axis scale method”刻度类型选择（如果选择右为轴，则该选项组自动显示为 Right，其他依此类推）。单击下拉列表后，有四种选择，分别为“Linear scaling（线性刻度）”“Linear–force zero（线性刻度且从零开始）”“Logarithmic scaling（对数刻度）”“Normalized data（标准化数据）”。

·“Left axis scale endpoints”刻度范围设置。单击下拉列表后，有三种选择，分别为“Automatic selection（自动选择）”“Data minimum & maximum（以最大与最小值为范围）”“User specified（自行设定）”。

（二）命令方式

可以在命令区输入“图形类别 序列名”，很方便地得到序列的基本图形，并可进一步通过菜单进行编辑图形。如要生成序列 x 的线点图，则命令为“line x”，其他类型的依次类推，如“bar x”“spike x”“area x”“dot x”等。

二、散点图绘制

在实践中，往往需要通过图形观察两个变量之间的大致关系，最常见的是散点图。通

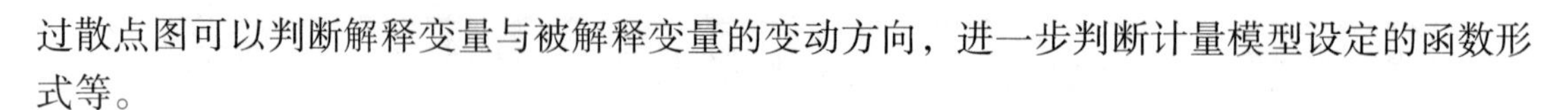

过散点图可以判断解释变量与被解释变量的变动方向，进一步判断计量模型设定的函数形式等。

（一）菜单方式

利用菜单和前面的图形绘制大体相似，但前面的主要是单个序列的图形，而散点图至少需要两个序列，所以需要生成一个涉及多个序列的组。在工作文件中先选择一个序列（先选的为横坐标，一般为解释变量），然后按住 Ctrl 键依次选择其他序列，右击，执行【Open】→【as Group】命令，如图 3-14 所示。

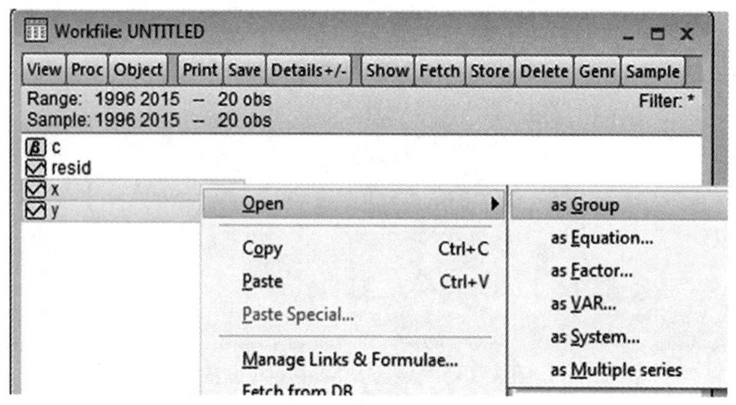

图 3-14 生成序列组

选择【as Group】即可打开未命名的序列组，在组窗口执行【View】→【Graph】命令，如图 3-15 所示。图 3-15 与前面打开的“Graph Options”对话框（图 3-11）基本相同，但由于这里是以组打开的，所以图的类型更多，与图 3-11 相比，图 3-15 中“Graph type”下“Specific”的图形种类增加的有 Area Band（带状面积图）、Mixed with Lines（混合绘图）、Error Bar（离差条形图）、[High-Low（Open-Close）]（高低图）、Scatter（散点图）、XY Line（XY 相关线性图）、XY Area（XY 相关面积图）、Pie（饼图）。由于最常用的是散点图，所以这里主要以散点图为例进行说明，其他图形基本与散点图类似。

在图 3-15 中选择“Scatter”后，“Graph Options”对话框相应有所变化，在右侧的“Details”选项组下，有一些选项供设置散点图（图 3-16）。

“Fit lines”拟合线选项，其下拉菜单包括：“无回归线（None）”“添加回归线（Regression line）”“核密度拟合（Kernel Fit）”“最近拟合（Nearest Neighbor Fit）”“正交回归（Orthogonal Regression）”“信心椭圆（Confidence Elipse）”。

“Axis borders”坐标轴边界，与前面的基本相同。

（二）命令方式

用命令方式生成散点图更为简便，可以在命令区输入以下命令：scat 序列名 1 序列名 2…。第一个序列名默认为横坐标，后面的序列为纵坐标，所以，一般将解释变量名先输入，如我们建立了一个关于消费（y）与收入（x）的 1996—2015 年的工作文件，这时，在命令区输入命令：“scat x y”，命令执行后可以生成消费与收入的散点图，如图 3-17 所示。

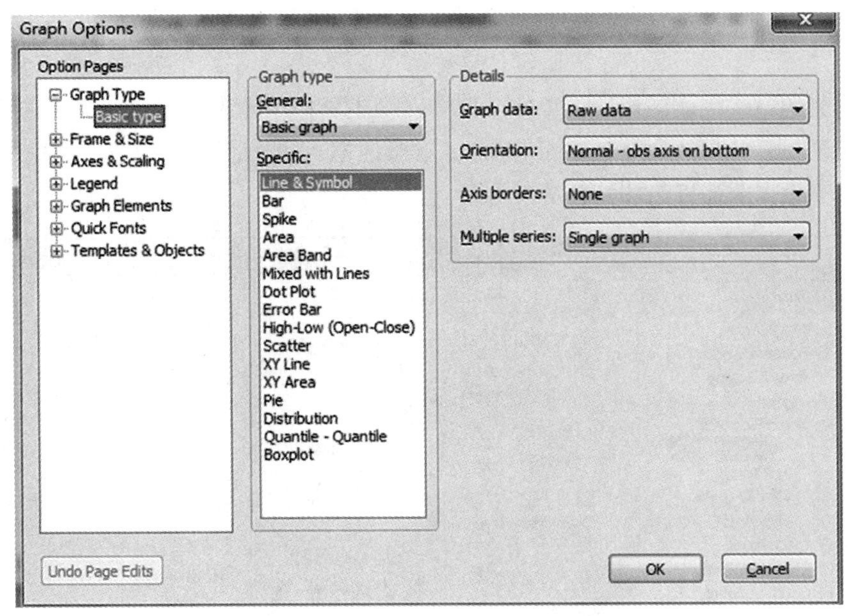

图 3–15　“Graph Options”对话框

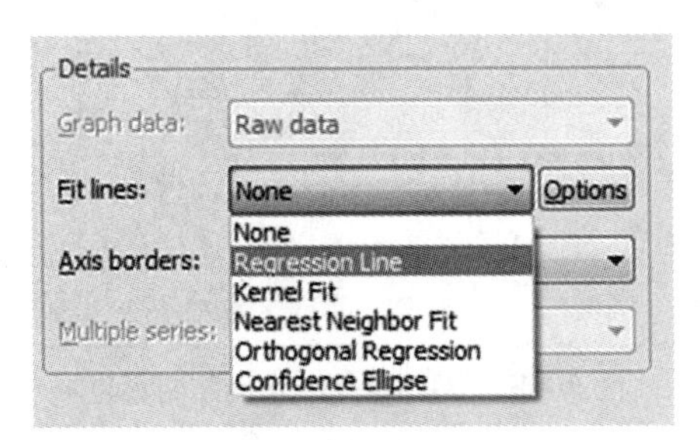

图 3–16　散点图设置

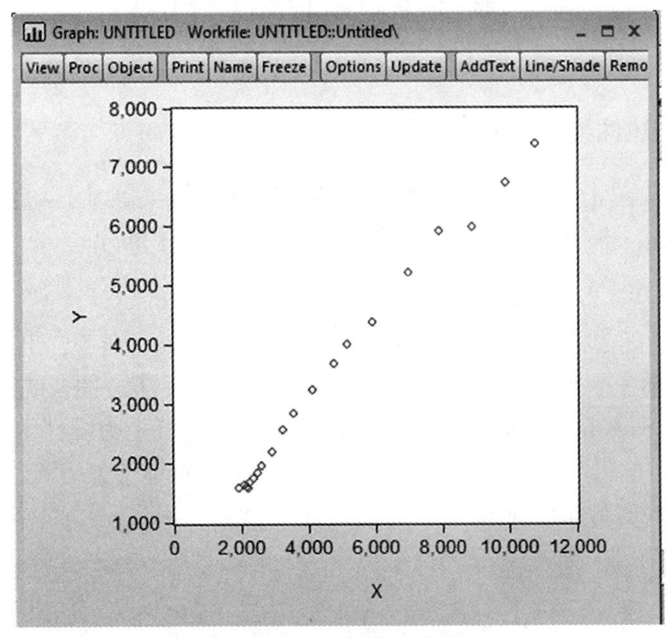

图 3–17　消费与收入散点图

三、图形编辑

根据前面的方法生成图形后，单击图形窗口中工具栏中的【Options】或双击图形的任何部分，会出现图 3-18 所示的“Graph Options”对话框，单击图中左边需要调整的内容，在出现的界面中根据前述方法调整相应的部分。

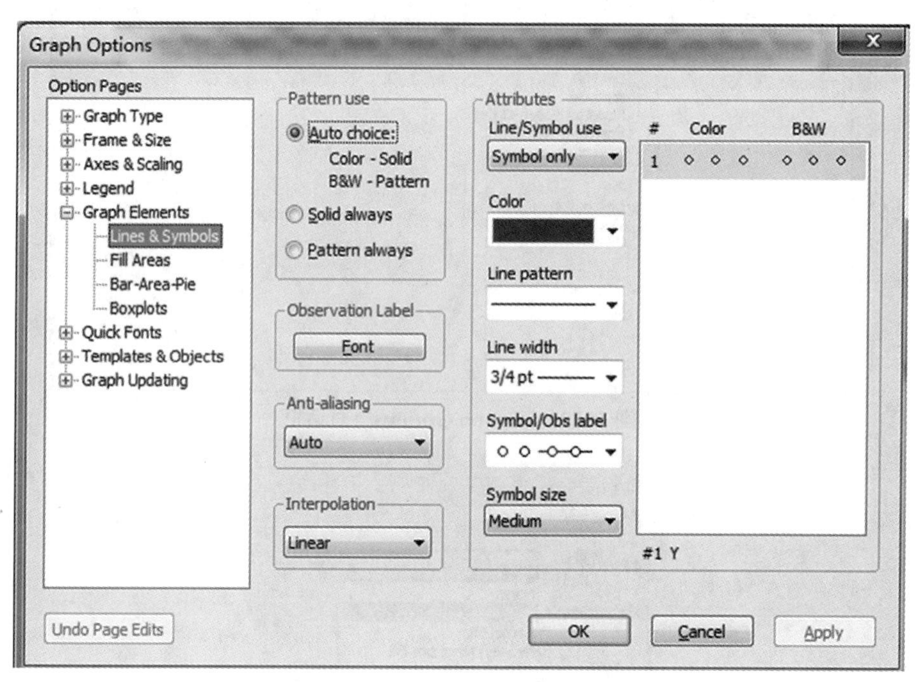

图 3-18 “Graph Options”对话框

第三节　数据描述性统计分析

一、单序列描述性统计分析

打开序列窗口，单击【View】，出现图 3-19 所示的下拉菜单，主要包括序列显示部分、描述性统计量及检验、时间序列统计分析和检验、标签这四个部分。

（一）主要统计量

在序列窗口执行【View】→【Descriptive Statistics & Tests】命令，出现统计量及其检验菜单（图 3-20）。前三个为主要统计量：Histogram and Stats（直方图及统计量）、Stats Table（统计表格显示）、Stats by Classification（分组统计量）；后三个为统计量检验，包括 Simple Hypothesis Tests（简单假设检验）、Equlity Tests by Classification（分组齐性检验）、Empirical Distribution Tests（经验分布检验）。

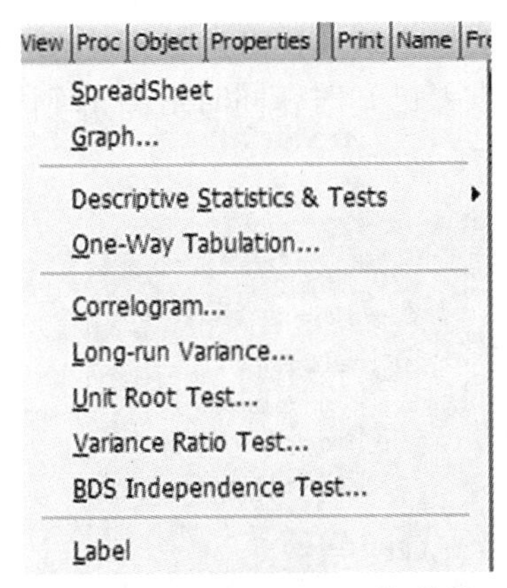

图 3-19　单序列“View”菜单

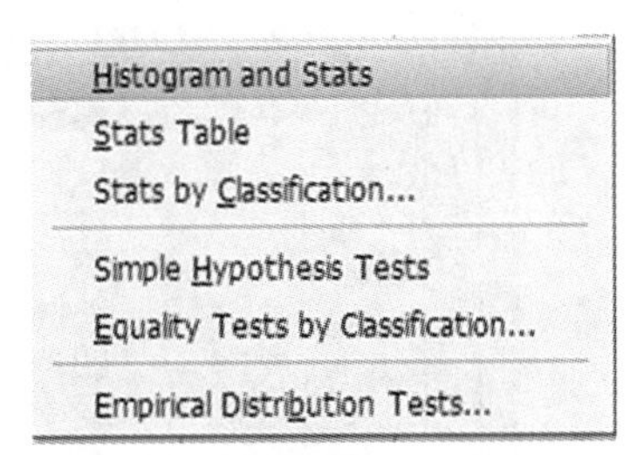

图 3-20　统计量及其检验菜单

1. 直方图及统计量

选择该项后软件给出序列直方图和相关统计量，包括 Mean（均值）、Median（中位数）、Maximum（最大值）、Minimum（最小值）、Std.Dev（标准差）、Skewness（偏度）、Kurtosis（峰度）、Jarque-Bera（JB 统计量）及 Probability（概率）。

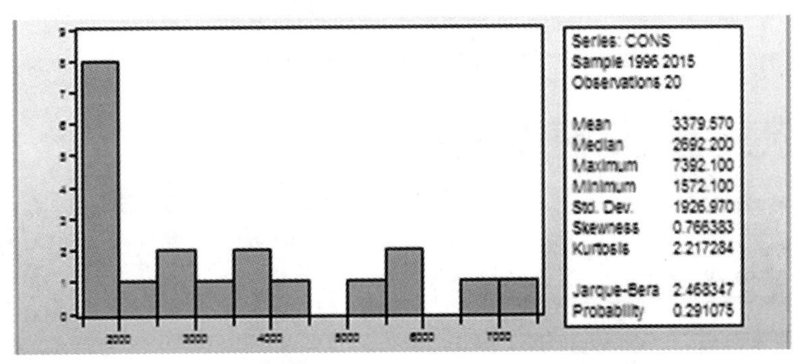

图 3-21　CONS 序列直方图

图 3-21 给出了 1996—2015 年中国农村居民人均消费序列的直方图及相关统计量。

2. 统计表格显示

选择该项，相关统计量以表格形式显示。

3. 分组统计量

选择后出现“Statistics By Classification”对话框（图 3-22），在复选框中选择需要输出的统计量如均值、标准差等，在“Series/Group for classify”中输入分组变量，其他选项使用默认值，单击 OK 按钮，可以得到关于“CONS”序列的分组统计量。

（二）统计量的检验

打开序列窗口，执行【View】→【Descriptive Statistics & Tests】命令，出现图 3-20 所示的统计量及其检验菜单，包括 Simple Hypothesis Tests（简单假设检验）、Equality Tests by Classification（分组齐性检验）和 Empirical Distribution Tests（经验分布检验）。

1. 简单假设检验

选择简单假设检验后出现“Series Distribution Tests”对话框（图 3-23），在对话框中输入给定的均值、方差、中位数，分别对其进行检验。如果标准差已知，在“Enter s.d. if known”中输入标准差（与不输入的区别在于，标准差已知时，同时给出 z 统计量和 t 统计量，而标准差未知只给出 t 统计量），如图 3–24 所示。

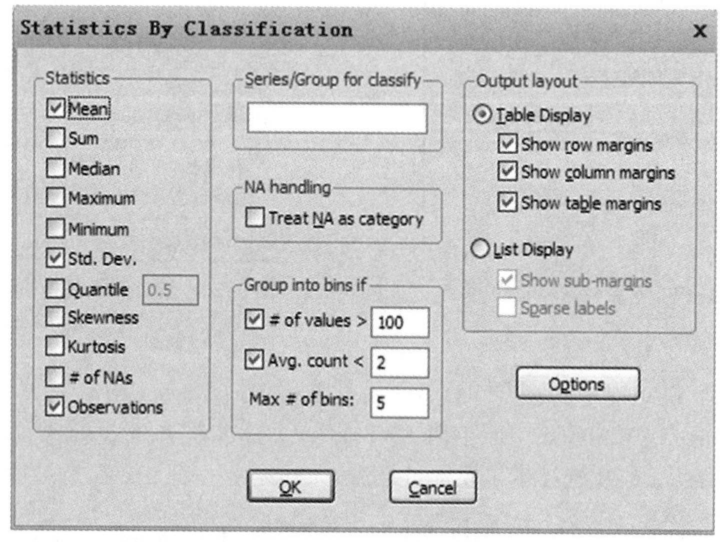

图 3–22 “Statistics By Classification”对话框

View | Proc | Object | Properties | Print | Name | Freeze | Sample | Ge

Descriptive Statistics for CONS
Categorized by values of CONS
Date: 05/28/17 Time: 08:55
Sample: 1996 2015
Included observations: 20

CONS	Mean	Std. Dev.	Obs.
[0, 2000)	1693.225	136.1336	8
[2000, 4000)	3074.533	682.9335	6
[4000, 6000)	5372.400	743.5606	4
[6000, 8000)	7054.400	477.5799	2
All	3379.570	1926.970	20

图 3–23 CONS 分组统计量

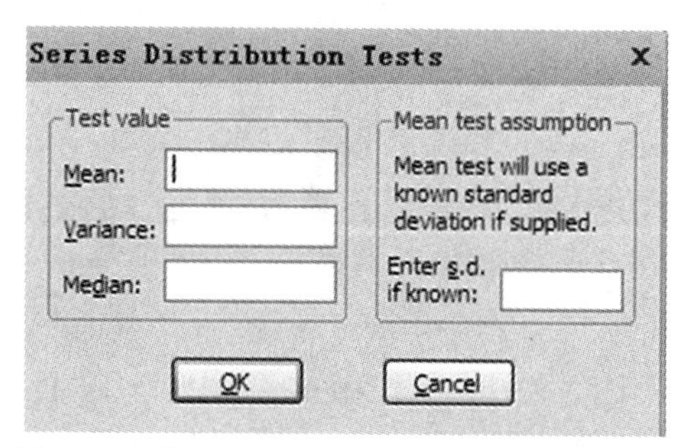

图 3–24 “Series Distribution Tests”对话框

本例中，分别给定消费“CONS”均值、方差、中位数分别为：3500、3700000、2700，填入对话框中，并输入标准差 1926.97，单击 OK 铵钮，结果显示如图 3–25 所示。

（1）均值检验。

检验均值是否等于输入的值，采用 t 统计量进行检验，检验给出了相应地统计量和概率（P 值），由 P 值可以判断是否拒绝原假设，若 P 值小于给定的显著水平，则拒绝原假设。本例中检验均值为 3500，P 值为 0.7829，所以不能拒绝均值 =3500 的假设。

（2）方差检验。

方差检验的原假设为：方差等于输入的值，采用卡方统计量 $\chi^2=\dfrac{(n-1)S^2}{\sigma^2}$，检验结果给出了卡方统计量及其概率，由其概率可以进行决策判断。本例中，P 值为 0.4525，所以不能拒绝方差 =3700000 的假设。

（3）中位数检验。

原假设是中位数等于输入的值，软件给出了四种检验结果：符号检验［基于二项分布计算概率 Sign（exact binomial）］；符号检验［（基于正态逼近计算概率 Sign（normal approximation）］；威尔科克逊符号秩检验（Wilcoxon signed-ranks test）；范德瓦尔登检验〔Van Der Waerden（normal scores）test〕。检验结果分别给出了统计量及其概率，其概率判断准则同前面类似。本例中，四种检验的 P 值均大于显著水平，所以不能拒绝中位数 =2700 的假设。

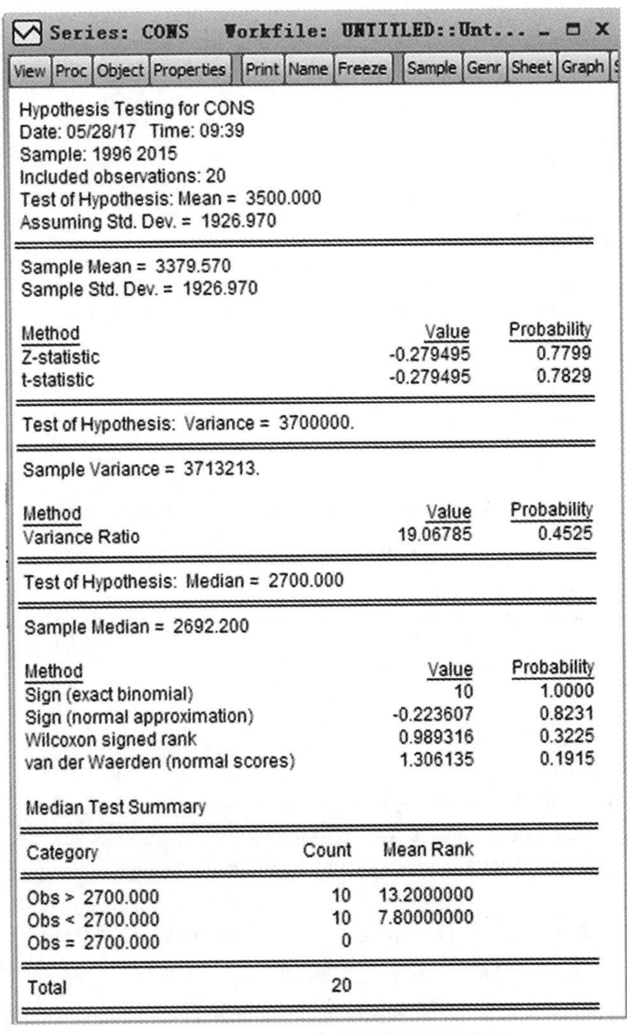
Series: CONS　Workfile: UNTITLED::Unt...

View | Proc | Object | Properties | Print | Name | Freeze | Sample | Genr | Sheet | Graph

Hypothesis Testing for CONS
Date: 05/28/17　Time: 09:39
Sample: 1996 2015
Included observations: 20
Test of Hypothesis: Mean = 3500.000
Assuming Std. Dev. = 1926.970

Sample Mean = 3379.570
Sample Std. Dev. = 1926.970

Method	Value	Probability
Z-statistic	-0.279495	0.7799
t-statistic	-0.279495	0.7829

Test of Hypothesis: Variance = 3700000.

Sample Variance = 3713213.

Method	Value	Probability
Variance Ratio	19.06785	0.4525

Test of Hypothesis: Median = 2700.000

Sample Median = 2692.200

Method	Value	Probability
Sign (exact binomial)	10	1.0000
Sign (normal approximation)	-0.223607	0.8231
Wilcoxon signed rank	0.989316	0.3225
van der Waerden (normal scores)	1.306135	0.1915

Median Test Summary

Category	Count	Mean Rank
Obs > 2700.000	10	13.2000000
Obs < 2700.000	10	7.80000000
Obs = 2700.000	0	
Total	20	

图 3–25　CONS 序列的简单假设检验

2. 分组齐性检验

分组齐性检验是通过方差分析检验分组后的子序列描述性统计量是否相等的检验，包括均值、方差和中位数检验。选择该项后，弹出“Test By Classification”对话框（图 3–26）。本例中，我们在“Series/Group for classify”中输入分组因子收入（INCO），结果如图 3–27 所示。

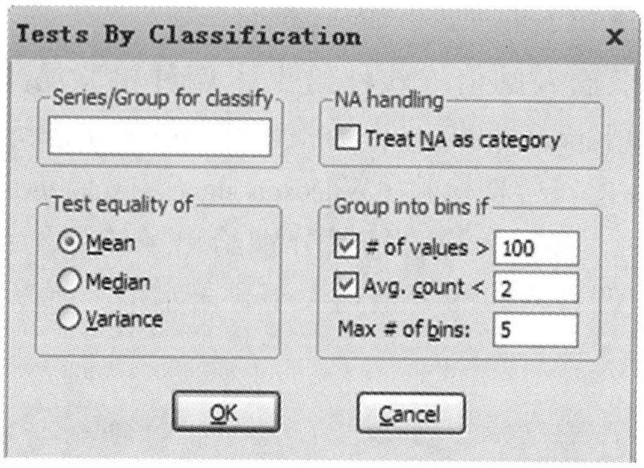

Tests By Classification

Series/Group for classify: [ ]

NA handling: ☐ Treat NA as category

Test equality of:
- ◉ Mean
- ○ Median
- ○ Variance

Group into bins if:
- ☑ # of values > 100
- ☑ Avg. count < 2
- Max # of bins: 5

OK Cancel

图 3-26 “Test By Classification”对话框

Test for Equality of Means of CONS
Categorized by values of INCO
Date: 05/28/17 Time: 10:48
Sample: 1996 2015
Included observations: 20

Method	df	Value	Probability
Anova F-test	(5, 14)	64.32283	0.0000

Analysis of Variance

Source of Variation	df	Sum of Sq.	Mean Sq.
Between	5	67608037	13521607
Within	14	2943006.	210214.7
Total	19	70551044	3713213.

Category Statistics

INCO	Count	Mean	Std. Dev.	Std. Err. of Mean
[0, 2000)	1	1572.100	NA	NA
[2000, 4000)	10	1954.280	435.6906	137.7775
[4000, 6000)	4	3814.975	492.0475	246.0237
[6000, 8000)	2	5564.550	485.7116	343.4500
[8000, 10000)	2	6347.700	521.8448	369.0000
[10000, 12...	1	7392.100	NA	NA
All	20	3379.570	1926.970	430.8836

图 3-27 CONS 序列的简单假设检验

图 3-27 中，第一部分为基本操作信息，第二部分为检验方法与检验信息。本例中，*F* 统计量为 64.32283，*P* 值为 0.0000，所以拒绝原假设，表明序列各组均值存在显著差异。第三部分是方差分析的详细结果，包括 Between（组间差异）和 Within（组内差异）。最后一部分是 Category Statistics（分组序列的描述性统计量）。

3. 经验分布检验

用以检验序列大致服从何种分布的检验。选择“Empirical Distribution Tests”后出现“EDF Test”对话框（图 3-28），在“Distibution”下拉菜单中选择需要检验的分布，包括：Normal（正态分布）、Chi-Square（卡方分布）、Exponential（指数分布）、Gamma（伽马分布）、Logistic Distribution（逻辑分布）、Pareto（帕累托分布）、Uniform（均匀分布）、Weibull（威布尔分布）等。

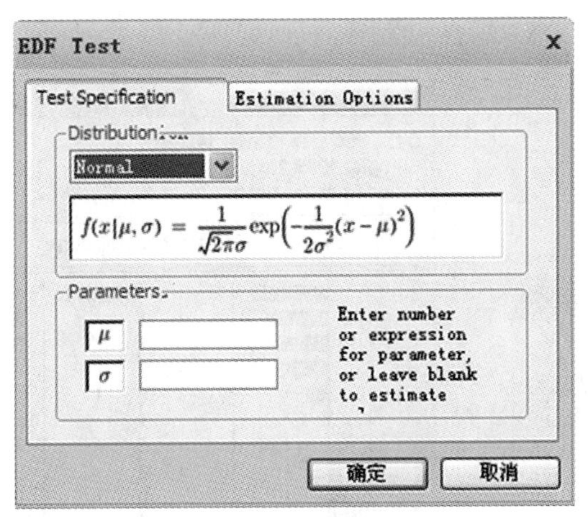

图 3–28　“EDF Test”对话框

当选择某种分布时，其下方会显示该分布的概率密度。在参数“Parameters”中输入均值、标准差的数值或表达式，也可以不输入，软件会自动计算。

Empirical Distribution Test for CONS
Hypothesis: Normal
Date: 05/28/17　Time: 11:36
Sample: 1996 2015
Included observations: 20

Method	Value	Adj. Value	Probability
Lilliefors (D)	0.182397	NA	0.0799
Cramer-von Mises (W2)	0.175573	0.179962	0.0097
Watson (U2)	0.160757	0.164776	0.0096
Anderson-Darling (A2)	1.073849	1.120158	0.0062

Method: Maximum Likelihood - d.f. corrected (Exact Solution)

Parameter	Value	Std. Error	z-Statistic	Prob.
MU	3379.570	430.8836	7.843349	0.0000
SIGMA	1926.970	312.5958	6.164414	0.0000

Log likelihood	-179.1529	Mean dependent var.	3379.570
No. of Coefficients	2	S.D. dependent var.	1926.970

图 3–29　CONS 序列的经验分布检验

图 3–29 给出了序列 CONS 的正态分布的检验结果，由各检验统计量的 P 值看，都小于 0.1，所以拒绝正态分布的假设。

（三）时间序列分析和检验

在序列窗口【View】的下拉菜单中，时间序列分析和检验主要包括 Correlogram（相关图）、Unit Root Test（单位根检验）、BDS Independence Test（BDS 独立性检验）等（图 3–19）。

1. 相关图

主要分析序列与其滞后项之间的相关关系，常用于分析序列是否存在自相关。选择相关图后，弹出图 3–30 所示的对话框，“Correlogram of”中有三个选项：Level（原序列）、1st diffierence（一阶差分）、2nd diffierence（二阶差分）。“Lags to include”中可以输入滞后期数。

图 3-31 给出了序列 CONS 的自相关图。

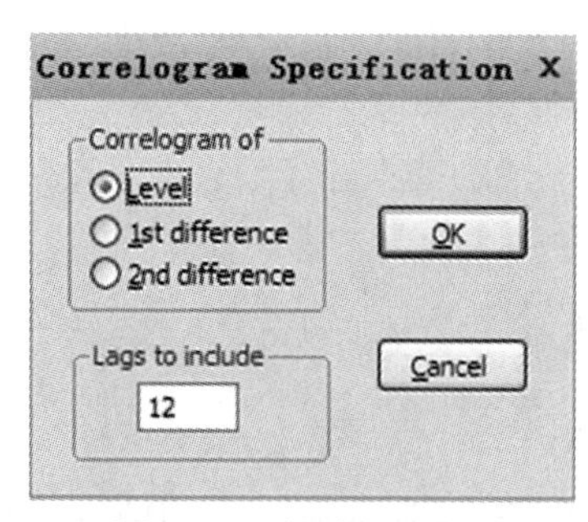

图 3-30　相关图设定

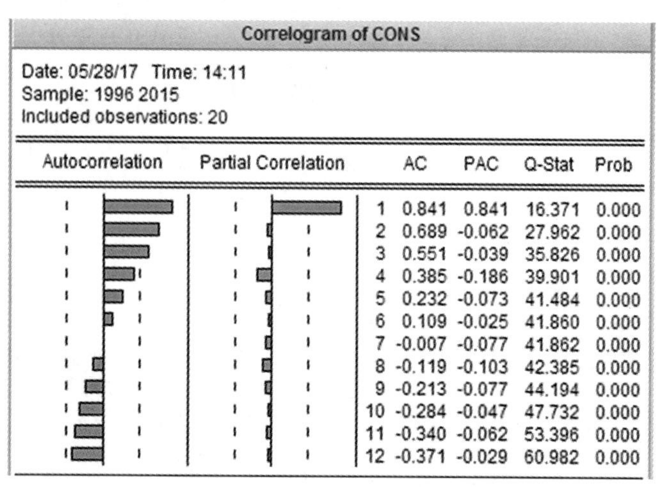

Correlogram of CONS

Date: 05/28/17 Time: 14:11
Sample: 1996 2015
Included observations: 20

Autocorrelation	Partial Correlation		AC	PAC	Q-Stat	Prob
		1	0.841	0.841	16.371	0.000
		2	0.689	-0.062	27.962	0.000
		3	0.551	-0.039	35.826	0.000
		4	0.385	-0.186	39.901	0.000
		5	0.232	-0.073	41.484	0.000
		6	0.109	-0.025	41.860	0.000
		7	-0.007	-0.077	41.862	0.000
		8	-0.119	-0.103	42.385	0.000
		9	-0.213	-0.077	44.194	0.000
		10	-0.284	-0.047	47.732	0.000
		11	-0.340	-0.062	53.396	0.000
		12	-0.371	-0.029	60.982	0.000

图 3-31　CONS 自相关图

在输出结果中，第 1 列为自相关图，其相关系数显示于第 4 列；第 2 列为偏相关图，具体数值列于第 5 列，图中两条竖的虚线分别表示相关系数为 -0.5、0.5 的界限。第 3 列为滞后期数。第 6 列为 Q 统计量，第 7 列是统计量相应的伴随概率。从本例中可以看出，P 值均小于 0.01，则拒绝序列不存在自相关的假设，即该序列存在显著自相关。

2. 单位根检验

用于检验时间序列的平稳性，单击该选项后，弹出“Unit Root Test”对话框（图 3-32），在“Test type”下拉菜单中可以选择 ADF 检验、Philips-Perron 检验等方法，在“Test for unit root in”中选择检验的序列，包括原序列、一阶差分、二阶差分。在“Include in test equation”中选择检验形式，包括 Intercept（带截距项）、Trend and intercept（带趋势项和截距项）、None（都不带）。

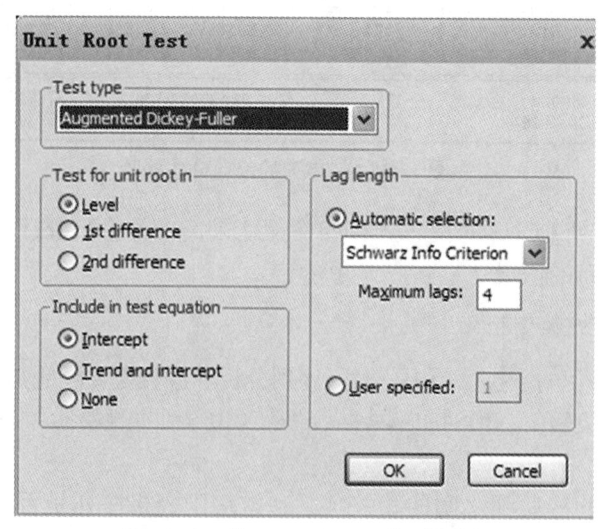

图 3-32　“Unit Root Test”对话框

单位根检验的详细步骤，我们将会在时间序列分析详细介绍，图 3-33 给出了 CONS 的单位根检验结果，由 P 值 =0.8147 可以看出，不能拒绝该序列存在单位根的假设，即存在单位根。

Augmented Dickey-Fuller Unit Root Test on CONS

Null Hypothesis: CONS has a unit root
Exogenous: Constant, Linear Trend
Lag Length: 2 (Automatic - based on SIC, maxlag=4)

		t-Statistic	Prob.*
Augmented Dickey-Fuller test statistic		-1.424516	0.8147
Test critical values:	1% level	-4.616209	
	5% level	-3.710482	
	10% level	-3.297799	

图 3–33　CONS 的单位根检验结果

3. BDS 独立性检验

检验序列是否为独立性分布。执行【View】→【BDS Independence Test】命令，弹出"BDS Test Statistic"对话框（图 3–34），设定检验方法和最大相关阶数，完成后可以输出检验结果。在图 3–35 中由 P 值可以看出，拒绝独立同分布的假设。

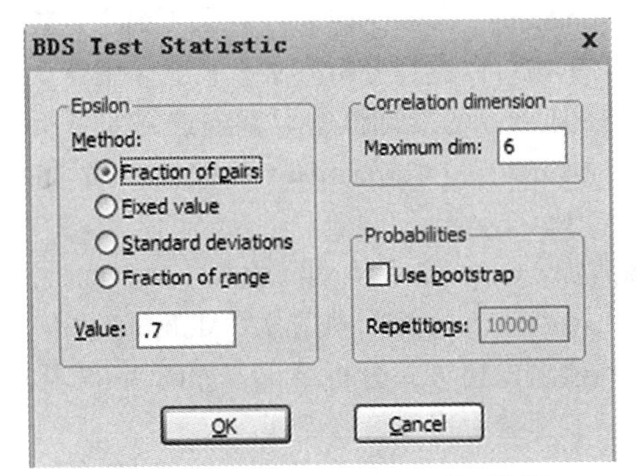

图 3–34　"BDS Test Statistic"对话框

BDS Test for CONS
Date: 05/28/17　Time: 14:57
Sample: 1996 2015
Included observations: 20

Dimension	BDS Statistic	Std. Error	z-Statistic	Prob.
2	0.132622	0.016128	8.223128	0.0000
3	0.172742	0.026489	6.521202	0.0000
4	0.147202	0.032642	4.509560	0.0000
5	-0.002187	0.035264	-0.062020	0.9505
6	-0.323810	0.035316	-9.169002	0.0000

Raw epsilon	3010.300		
Pairs within epsilon	284.0000	V-Statistic	0.710000
Triples within epsilon	4314.000	V-Statistic	0.539250

Dimension	C(m,n)	c(m,n)	C(1,n-(m-1))	c(1,n-(m-1))	c(1,n-(m-1))^k
2	117.0000	0.684211	127.0000	0.742690	0.551589
3	104.0000	0.679739	122.0000	0.797386	0.506997
4	92.00000	0.676471	116.0000	0.852941	0.529269
5	81.00000	0.675000	111.0000	0.925000	0.677187
6	71.00000	0.676190	105.0000	1.000000	1.000000

图 3–35　BDS 独立性检验结果

二、序列组描述性统计分析

打开序列组窗口，单击【View】，出现图 3–36 所示的菜单，包括序列显示形式、描述性统计量及基本分析、时间序列统计分析和检验、标签四个部分。

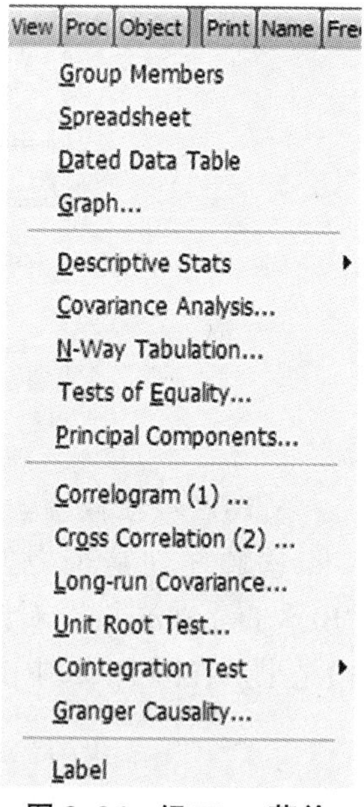

图 3–36 组 View 菜单

（一）描述性统计量及基本分析

1. Descriptive Stats（基本描述性统计量）

如果组中各序列观察值个数相同，执行【View】→【Descriptive Stats】→【Common Sample】命令，软件将输出各序列的均值（Mean）、中位数（Median）、最大值（Maximum）、最小值（Minimum）、标准差（Std.Dev）、偏度（Skewness）、峰度（Kurtosis）、JB 统计量（Jarque–Bera）及概率（Probability）、总和（Sum）、离差平方和（Sum Sq. Dev）、观察值个数（Observations）等基本统计量。

2. Covariance Analysis（协方差分析和相关性分析）

选择该项后，出现“Covariance Analysis”对话框，如图 3–37 所示。在“Method”下拉菜单中可以选择分析方法，一般采用默认的普通方法“Ordinary”，在其下方的复选框中可以勾选需要分析的项目，包括 Covariance（协方差）、Correlation（相关性）、t-statistic（统计量）、伴随概率（Probability $|t|=0$）等选项。

这里以农村居民人均消费（CONS）和人均纯收入（INCO）为一个组，选择协方差和相关性分析两个选项，在“Layout”下拉菜单中选择“Multiple tables”，其他设置默认，设置完成后单击 OK 按钮，得到改组的协方差分析结果，如图 3–38 所示，图中第二部分给出了两个序列的协方差矩阵，第三部分为相关系数矩阵。

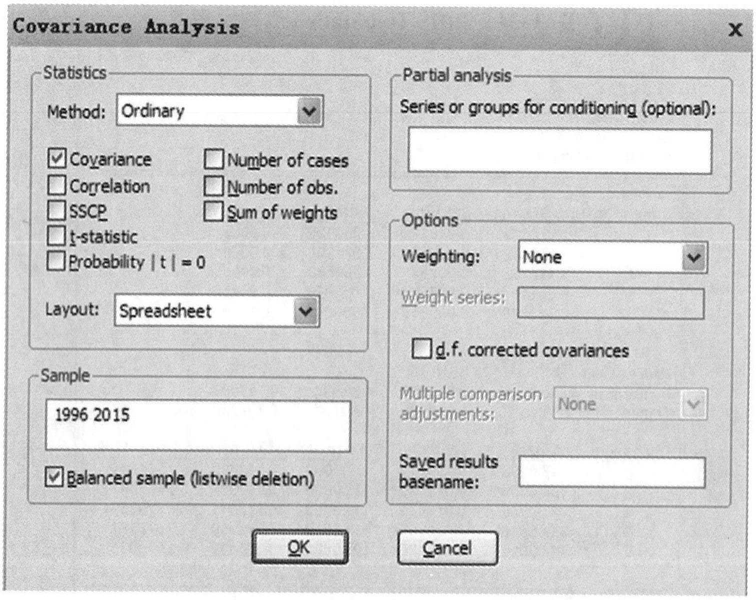

图 3–37 “Covariance Analysis”对话框

Group: UNTITLED　Workfile: UNTITLED...

View | Proc | Object | Print | Name | Freeze | Sample | Sheet | Stats | Spec

Covariance Analysis: Ordinary
Date: 05/28/17　Time: 12:26
Sample: 1996 2015
Included observations: 20

Covariance	CONS	INCO
CONS	3527552.	
INCO	5175343.	7655505.

Correlation	CONS	INCO
CONS	1.000000	
INCO	0.995899	1.000000

图 3–38　组协方差分析和相关性分析

3. N–Way Tabulation（多因素统计表）

选择该项后，出现列联分析表“Crosstabulation”对话框（图 3–39）。在“Output”复选框中勾选输出的项目，包括 Count（个数）、Overall%（总百分比）、Column%（累计百分比）、Chi–square tests（卡方检验）等选项。在“Layout”复选框中选择输出形式，包括 Table（表格）、List（列表）两种选择。“NA handling”选项用以处理缺失数据。“Group into bins if”用于设定分组。图 3–40 给出了本例的多因素统计分析（图 3–41）。

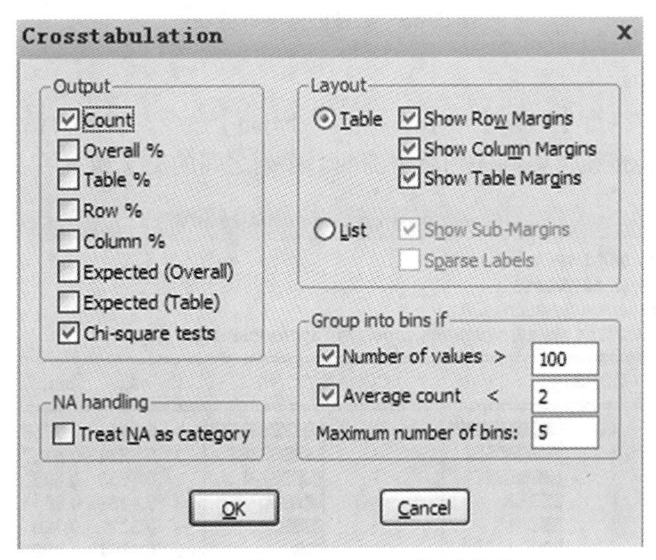

图 3–39　“Crosstabulation”对话框

4. Test of Equality（组齐性检验）

选择该项后，可以检验序列组中各个序列均值、中位数、方差是否相等，检验原理与单序列分组齐性检验相同，软件自动将单个序列作为一组。

（二）时间序列统计分析与检验

1. Correlogram（相关图）

在序列组窗口中执行【View】→【Correlogram】命令，在弹出的对话框中选择分析对象，完成设定，具体同单个序列类似，软件将会输出序列组中第一个序列的相关图和偏相关图。

Tabulation of CONS and INCO
Date: 05/28/17 Time: 12:45
Sample: 1996 2015
Included observations: 20

Tabulation Summary

Variable	Categories
CONS	4
INCO	6
Product of Categories	24

Measures of Association	Value
Phi Coefficient	1.303840
Cramer's V	0.752773
Contingency Coefficient	0.793492

Test Statistics	df	Value	Prob
Pearson X2	15	34.00000	0.0034
Likelihood Ratio G2	15	31.70561	0.0071

WARNING: Expected value is less than 5 in 100.00% of cells (24 of 24).

Count		INCO						
		[0, 2000)	[2000, 4000)	[4000, 6000)	[6000, 8000)	[8000, 10000)	[10000, 12...	Total
	[0, 2000)	1	7	0	0	0	0	8
	[2000, 4000)	0	3	3	0	0	0	6
CONS	[4000, 6000)	0	0	1	2	1	0	4
	[6000, 8000)	0	0	0	0	1	1	2
	Total	1	10	4	2	2	1	20

图 3–40 组多因素统计分析

2. Cross Correlation（交叉相关系数）

在序列组窗口中执行【View】→【Cross Correlation】命令，弹出对话框中输入滞后期数，默认为 12。单击 OK 按钮，得到序列组中前两个序列之间的交叉相关图。

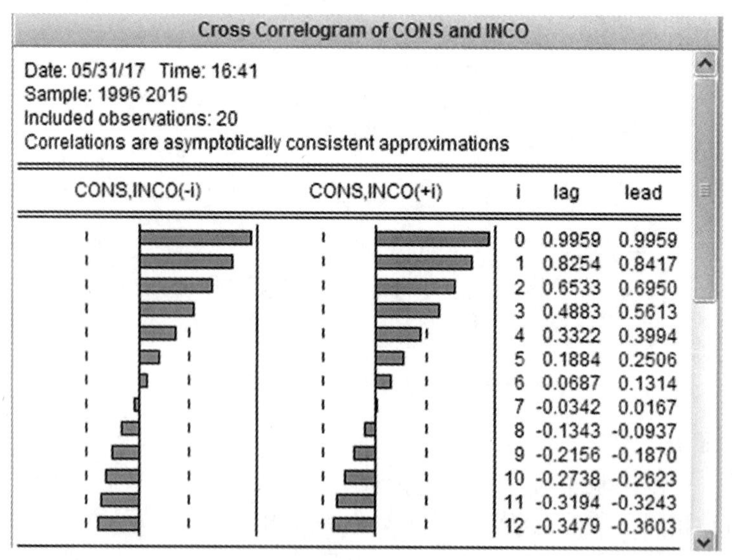

Cross Correlogram of CONS and INCO

Date: 05/31/17 Time: 16:41
Sample: 1996 2015
Included observations: 20
Correlations are asymptotically consistent approximations

CONS,INCO(-i)	CONS,INCO(+i)	i	lag	lead
		0	0.9959	0.9959
		1	0.8254	0.8417
		2	0.6533	0.6950
		3	0.4883	0.5613
		4	0.3322	0.3994
		5	0.1884	0.2506
		6	0.0687	0.1314
		7	-0.0342	0.0167
		8	-0.1343	-0.0937
		9	-0.2156	-0.1870
		10	-0.2738	-0.2623
		11	-0.3194	-0.3243
		12	-0.3479	-0.3603

图 3–41 交叉相关图

从序列之间的交叉相关图可以看出某序列与另一个及其滞后期之间的相关情况，如本例中，消费不仅与收入相关，而且与收入滞后三期之间的相关程度较高。所以通过交叉相关分析，常常用于建立分布滞后模型。除了菜单操作之外，用命令方式也可以很方便地得到交叉相关系数及其图形。如本例的命令为：cross cons inco。

3. Unit Root Test（单位根检验）

在序列组窗口中执行【View】→【Unit Root Test】命令，在弹出的对话框中设置检验形式，与单个序列基本类似。本例中的检验结果如图 3–42 所示，由 P 值可以看出，不能拒绝单位根的假设，所以存在单位根。

Group Unit Root Test on UNTITLED

Group unit root test: Summary
Series: CONS, INCO
Date: 05/31/17 Time: 16:55
Sample: 1996 2015
Exogenous variables: Individual effects, individual linear trends
Automatic selection of maximum lags
Automatic lag length selection based on SIC: 0 to 2
Newey-West automatic bandwidth selection and Bartlett kernel

Method	Statistic	Prob.**	Cross-sections	Obs
Null: Unit root (assumes common unit root process)				
Levin, Lin & Chu t*	0.83513	0.7982	2	36
Breitung t-stat	3.83162	0.9999	2	34
Null: Unit root (assumes individual unit root process)				
Im, Pesaran and Shin W-stat	2.93811	0.9983	2	36
ADF - Fisher Chi-square	0.41038	0.9816	2	36
PP - Fisher Chi-square	0.03936	0.9998	2	38

图 3–42　组单位根检验

4. Cointegration Test（协整检验）

打开序列组，执行【View】→【Cointegration Test】→【Johansen System Cointegration Test】命令，在弹出的对话框中进行设定，可以进行协整检验。具体在时间序列分析中介绍。

5. Grange Causality（格兰杰因果检验）

在序列窗口中执行【View】→【Granger Causality】命令，在弹出的对话框中输入滞后期数。图 3–43 所示是滞后期为 2 时的检验结果。结果显示：不能拒绝“INCO 不是 CONS 的格兰杰原因”；拒绝“CONS 不是 INCO 的格兰杰原因”。

G Group: UNTITLED Workfile: UNTITLED::Untitled\

View | Proc | Object | Print | Name | Freeze | Sample | Sheet | Stats | Spec

Pairwise Granger Causality Tests
Date: 05/31/17 Time: 17:10
Sample: 1996 2015
Lags: 2

Null Hypothesis:	Obs	F-Statistic	Prob.
INCO does not Granger Cause CONS	18	1.66409	0.2273
CONS does not Granger Cause INCO		4.61853	0.0305

图 3–43　格兰杰因果检验

小　结

本章主要介绍了 EViews 中数据分析的基本操作，一是数据处理，介绍如何在工作文件中输入、输出数据，还介绍了数据频率转换的相关操作；二是绘制图形，介绍散点图的绘制以及图形编辑的一些操作；三是数据描述性统计分析，分别对单序列和序列组的描述性统计分析进行了详细介绍。

思 考 题

1. 简述散点图的主要作用。
2. 单序列的主要统计量包括哪些?
3. 如何理解均值假设检验?

第二部分 经典回归模型

第四章 一元线性回归模型

第一节 知识准备

一、计量模型概述

经济计量模型是根据经济理论，研究那些具有相关关系（非严格的依存关系）的变量之间的数量关系。其中最为常用的就是回归分析方法。一般的经济计量模型可以表示为：$y=f(x,b,\mu)$，其中y,x,b,μ分别为被解释变量、解释变量、参数、随机扰动项（随机误差项），f为函数形式。为了简单起见，人们常常假定变量之间的关系是线性的，而且解释变量只有一个，这便是最简单的模型——一元线性模型。

$$y=\beta_0+\beta_1 x+\mu \tag{4.1}$$

式（4.1）为最简单的一元线性模型，它可以赋予多种含义，如研究消费与收入、商品需求量与价格等之间的关系。

二、一元线性回归模型的基本假定

一元线性模型回归前，随机误差项必须满足以下几个假定。

（1）零均值。

（2）同方差。

（3）序列不相关。

（4）解释变量与随机项不相关。

（5）服从正态分布。

三、OLS 估计

实际研究中，真实的回归直线无法直接观测，这就需要通过样本对真实的回归直线进行估计。通常最为常用的就是利用残差平方和最小进行参数估计，人们把这种方法称为普通最小二乘法（OLS）。在满足经典假设的条件下，OLS 估计具有良好的性质，如线形性、无偏性、有效性，所以应用最为广泛。

四、模型的检验

模型的检验包括经济意义检验、统计检验和计量检验。经济意义检验主要是参数的大小和符号检验，看是否与经济理论或先前的理论分析一致。

统计检验包括拟合优度检验、回归方程的总体显著性检验、参数显著性检验等。拟合优度检验主要检验模型的拟合程度，人们通过总变差的分解，将总离差分为两部分：即总离差平方和 = 回归平方和 + 残差平方和，然后构造一个指标 R^2，称为拟合优度，又称样本决定系数或判定系数 $R^2=\frac{\text{ESS}}{\text{TSS}}$，即回归平方和占总离差平方和的比例，反映模型拟合情况。

五、参数的显著性检验

由于一元模型只有一个解释变量，所以总体显著性检验和参数显著性检验是等价的，所以这里只介绍单个参数的显著性检验。参数显著性检验是通过假设检验进行的。

主要是检验估计参数是否为零，即是否有统计显著性。

提出假设：H_0：$\beta_i=0$　H_i：$\beta_i\neq 0$

计算统计量：$t=\frac{\hat{\beta}_i-\beta_i}{s_{\hat{\beta}_i}}=\frac{\hat{\beta}_i}{s_{\hat{\beta}_i}}$

检验判断：$|t|>t_{\frac{\alpha}{2}}$ 时，拒绝零假设，即参数显著。

第二节　一元线性模型的基本回归

一、实验要求

掌握建立一元线性回归模型的基本理论和估计方法。学会一元线性模型的经济意义检验和统计检验，包括判定系数 R^2、参数显著性检验（t 检验）。能够利用软件对一元线性模型进行回归并进行分析，理解一元线性模型的预测。

二、实验数据

2015 年江苏省 13 市工业用电量和工业总产值见表 4–1。

表 4–1　2015 年江苏省 13 市工业用电量和工业总产值

地区	工业用电量 / 亿千瓦时	工业总产值 / 亿元	地区	工业用电量 / 亿千瓦时	工业总产值 / 亿元
南京市	300.54	12905.13	淮安市	108.89	6560.5
无锡市	472.24	14549.87	盐城市	206.28	8253.62
徐州市	254.36	12215.91	扬州市	152.49	9194.19
常州市	325.49	11101.64	镇江市	165.33	8403.82
苏州市	1074.20	30249.25	泰州市	172.53	11063.14
南通市	253.05	13515.33	宿迁市	106.04	3863.32
连云港市	116.57	5433.14	—	—	—

数据来源：《江苏统计年鉴》。

三、实验内容

□ 建立工作文件
□ 创建序列（变量）、导入数据
□ 绘制散点图
□ 建立模型并输出回归结果
□ 结果分析

四、实验步骤

（一）建立工作文件

打开 EViews 7.2，按照菜单或命令方式创建一个包含 13 个截面数据的工作文件，如图 4-1 所示。

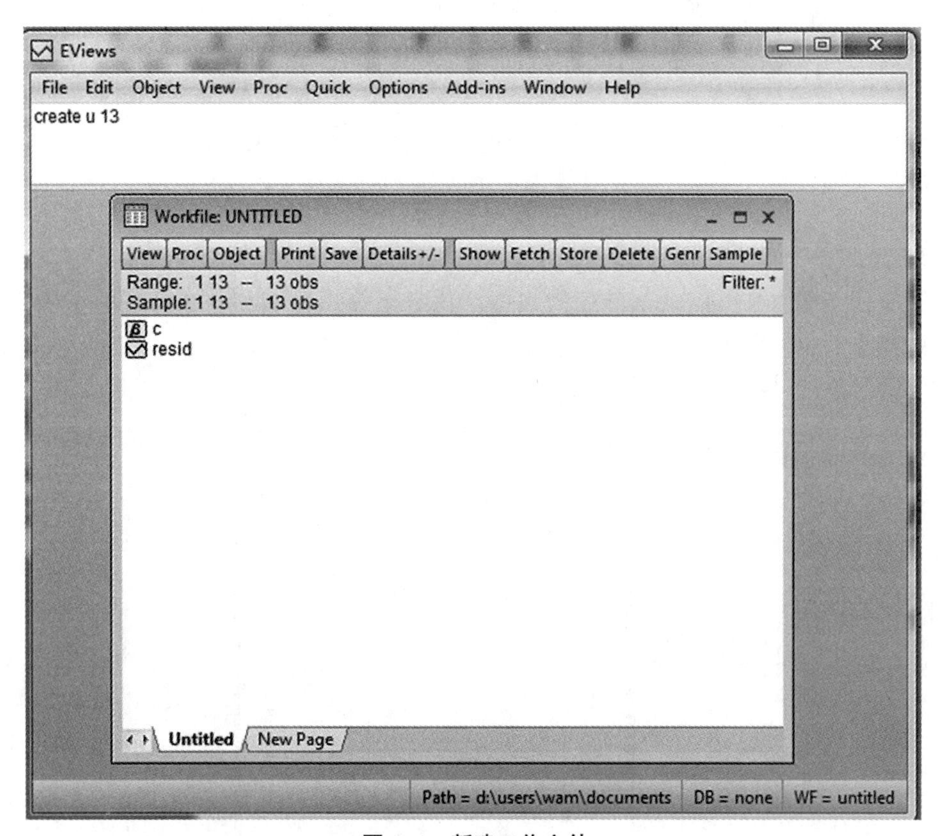

图 4-1　新建工作文件

（二）创建序列

用命令方式创建工业用电量（elec）、工业总产值（igdp）两个序列，在命令窗口中输入：data elec igdp，将生成一个包含 elec、igdp 的工作表，即未命名的组。打开实验数据包，找到 Excel 工作表中的相应数据，将数据全部复制（注意：在复制数据的时候，只复制数据区域，市名和序列名称不要复制，否则会使数据与原来的数据错位，甚至数据丢失），然后在组视图中的第一个单元格处右击，然后粘贴，如图 4-2 所示。

G Group: UNTITLED Workfile: UNTITLED::Untitled\

View | Proc | Object | Print | Name | Freeze | Default | Sort | Transpose | Edit+/- | Smpl

300.54

obs	ELEC	IGDP
obs	ELEC	IGDP
1	300.5400	12905.13
2	472.2400	14549.87
3	254.3600	12215.91
4	325.4900	11101.64
5	1074.200	30249.25
6	253.0500	13515.33
7	116.5700	5433.140
8	108.8900	6560.500
9	206.2800	8253.620
10	152.4900	9194.190
11	165.3300	8403.820
12	172.5300	11063.14
13	106.0400	3863.320

图 4-2　组数据输入

（三）绘制散点图

通过菜单方式绘制 elec、igdp 的散点图：执行组窗口工具栏中的【View】→【Graph】命令，选择【Scatter】；或者通过命令方式绘制：在命令区输入命令“scat igdp elec”，生成工业用电量（elec）与工业总产值（igdp）的散点图（图 4-3）。

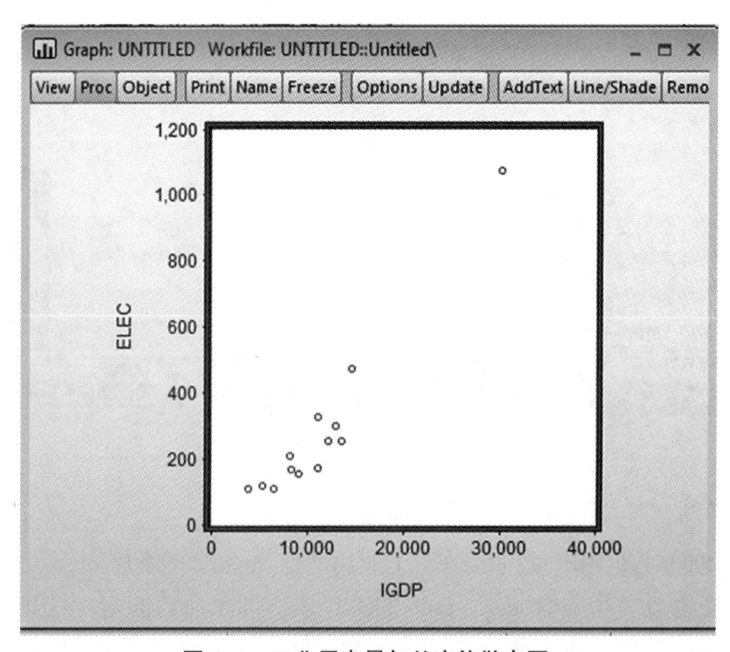

图 4-3　工业用电量与总产值散点图

（四）建立模型并回归

通过观察散点图，可以大致确定变量工业用电量和总产值之间为近似的线性关系，建立一元线性回归模型：$elec = \beta_0 + \beta_1 igdp + \mu$，用软件进行回归分析，在命令窗口中输入回归命令：ls elec c igdp，软件自动显示回归结果（图 4–4）。

Equation: UNTITLED　Workfile: UNTITLED::U...

View | Proc | Object | Print | Name | Freeze | Estimate | Forecast | Stats | Resids

Dependent Variable: ELEC
Method: Least Squares
Date: 04/09/17　Time: 12:01
Sample: 1 13
Included observations: 13

Variable	Coefficient	Std. Error	t-Statistic	Prob.
C	-146.6556	42.13390	-3.480704	0.0051
IGDP	0.038114	0.003253	11.71829	0.0000

R-squared	0.925835	Mean dependent var	285.2315
Adjusted R-squared	0.919093	S.D. dependent var	258.8229
S.E. of regression	73.61999	Akaike info criterion	11.57635
Sum squared resid	59618.93	Schwarz criterion	11.66326
Log likelihood	-73.24627	Hannan-Quinn criter.	11.55848
F-statistic	137.3184	Durbin-Watson stat	2.858898
Prob(F-statistic)	0.000000		

图 4–4　工业用电量与工业总产值估计结果

（五）结果分析

1. 经济意义检验

回归结果可以表示为：

$$\hat{elec} = -146.6556 + 0.038114 igdp$$
$$s.e. \quad 42.13390 \quad 0.003253$$
$$t \quad -3.480704 \quad 11.71829$$

经济意义检验主要是指回归参数的大小和符号是否合理，是否符合经济理论。由回归结果可以看出，变量工业总产值的系数 $\hat{\beta}_1 = 0.0038$，表示工业总产值对工业用电量产生正向影响，工业总产值增加 1 亿元，工业用电量平均增加 0.038 亿千瓦时，增加生产，必然需要消耗电力资源，符合经济理论，但常数项 $\hat{\beta}_0 = -146.66$，为负，即工业产值为零时的电力消耗为负。实际上，即使没有生产，也需付出基本的电力消耗，所以模型的常数项一般大于零，而本例中的常数项小于零，与现实不符，因此该模型不能通过经济意义检验，需要进一步修改完善（这属于模型设定误差检验方面的问题，有待进一步探讨，这里暂不做深入讨论）。

2. 统计检验

（1）拟合优度检验（R^2 检验）。

回归结果显示，$R^2 = 0.9258$，表示工业总产值可以解释工业用电量变动的 92.58%，说明模型拟合程度很好。

（2）参数显著性检验（t 检验）。

在 EViews 中，为了方便用户，给出了拒绝零假设时犯错误（第一类错误）的概率，称

为相伴概率 P，一般简称 P 值，若此概率值低于事先确定的置信度（如 0.05 或 0.01），则可拒绝零假设，反之则不能拒绝。在本例中 t 统计量的相伴概率 P 值即 t 统计量右边的“Prob”为 0.0000<0.01，因此在 0.01 的水平上拒绝 H_0，即回归参数十分显著（注意：在经济计量学中，当 H_0 被拒绝时，规范的表述是“在 x% 的水平上拒绝 H_0”；当 H_0 未被拒绝时，规范的表述是“在 x% 的水平上不能拒绝 H_0”而不是“在 x% 的水平上接受 H_0”）。

第三节　一元线性模型的预测

一、实验要求

学习一元线性回归模型的预测。理解预测区间的含义、掌握模型预测的方法。

二、实验数据

1996—2015 年全国农村居民人均消费支出和收入见表 4-2。

表 4-2　1996—2015 年全国农村居民人均消费支出和收入　　单位：元

年份	消费	收入	年份	消费	收入
1996	1572.1	1926.1	2006	2829	3587
1997	1617.2	2090.1	2007	3223.9	4140.4
1998	1590.3	2162	2008	3660.7	4760.6
1999	1577.4	2210.3	2009	3993.5	5153.2
2000	1670.1	2253.4	2010	4381.8	5919
2001	1741.1	2366.4	2011	5221.1	6977.3
2002	1834.3	2475.6	2012	5908.0	7916.6
2003	1943.3	2622.2	2013	5978.7	8895.9
2004	2184.7	2936.4	2014	6716.7	9892.0
2005	2555.4	3254.9	2015	7392.1	10772.0

数据来源：《中国统计年鉴》。

三、实验内容

□ 建立工作文件并进行回归
□ 扩大工作文件区间（Range）
□ 设定相应的自变量值
□ 取得预测结果

四、实验步骤

（一）建立工作文件并回归

与前面实验基本类似，通过菜单或命令方式建立一个 1996—2015 年的年度数据的工作文件，用 cons 表示消费，inco 表示收入，建立一元线性模型进行回归，输出回归结果(图 4–5)。

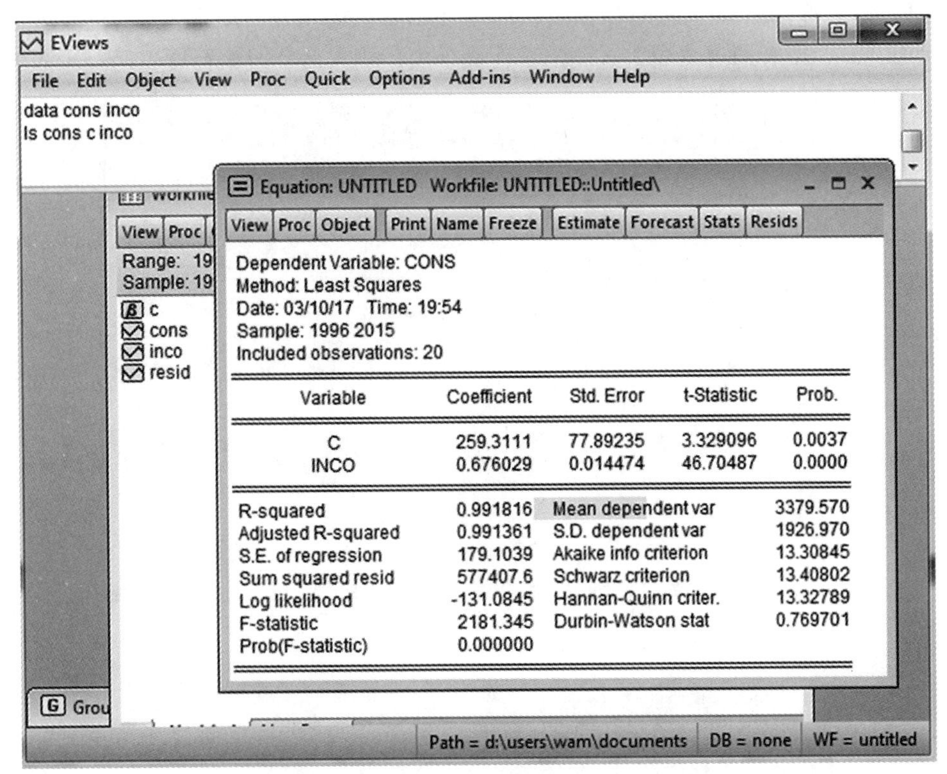

图 4–5 农村居民人均消费与收入估计结果

（二）扩大工作文件区间

通过菜单方式扩大工作文件区间，双击工作文件窗口中的 Range，在弹出的对话框（图 4–6）中将原工作文件的终止期 2015 改为 2016（意指准备预测下一年度 2016，类似地，如果是截面数据，则在原来的范围上加 1，如第一节的例题，原模型有 13 个截面，要预测相应地将 13 改为 14），单击 OK 按钮后，工作文件即刻显示区间发生变化，如图 4–7 所示，已显示工作文件区间为 1996—2016。

用命令方式也可以完成上述操作，如在命令窗口中输入：expand 1996 2016（如果是截面数据，范围相应扩大，比如第一节，用命令方式扩大样本范围，原来是 13，现在为 14，命令应为：expand 14），执行命令后，立即显示工作文件区间发生变化(图 4–7)。

（三）设定外推预测的自变量值

预测需要首先给定解释变量的设定值，双击打开解释变量序列 inco，由于原数据序列的数据终止期为 2015，没有 2016 年的数据，此时序列窗口显示最后一个单元格即 2016 年的为“NA”（截面数据则序列最后一个单元格为“NA”），且为灰色状态，处于不可编辑状态，不能输入数据(图 4–8)，需要单击序列窗口的 Edit+/– 按钮，然后输入设定值，如输入 11000。

（四）预测

解释变量值设定完毕后，需要调出原回归方程窗口。可以利用菜单方式调出：单击工作文件中回归窗口图标（在改变样本工作区间等操作时，工作窗口出现新的界面，覆盖了回归界面，将其拖动可以显现回归界面，单击回归界面即可出现在最上面，表示回归界面处于活动状态），或者通过命令方式调出：在命令窗口输入命令或执行原先已经输入的命令：

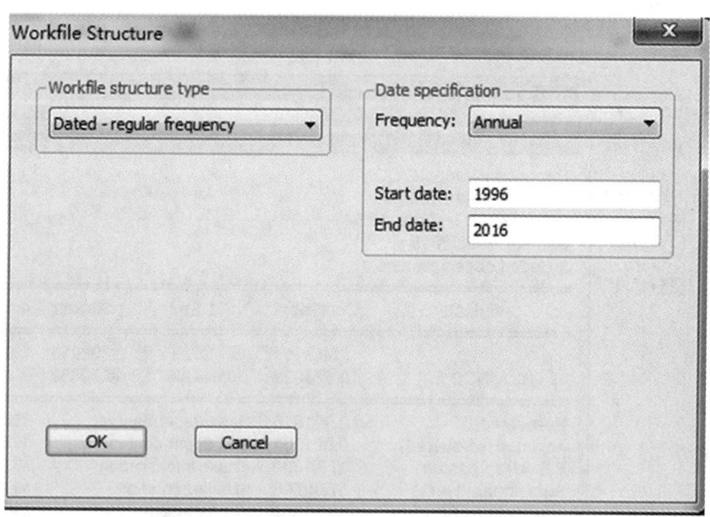

图 4–6　用菜单改变工作文件区间

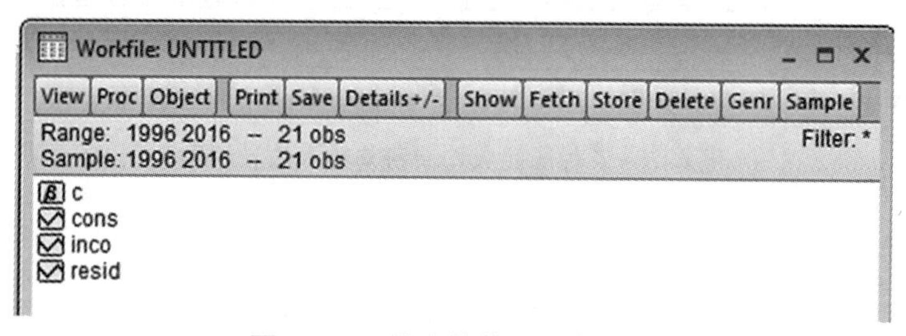

图 4–7　工作文件范围改变结果

Series: INCO Workfile: UNTITLED::Untitled\

View Proc Object Properties Print Name Freeze Default Sort Edit+/- Smpl+

	INCO
2003	2622.200
2004	2936.400
2005	3254.900
2006	3587.000
2007	4140.400
2008	4760.600
2009	5153.200
2010	5919.000
2011	6977.300
2012	7916.600
2013	8895.900
2014	9892.000
2015	10772.00
2016	NA

图 4–8　自变量 INCO 序列

ls cons c inco，可以很快弹出回归方程窗口。在弹出的方程窗口中单击【Forecast】，将弹出“Forecast”对话框（图 4–9）。

Forecast
Forecast of
Equation: UNTITLED　Series: CONS
Series names
Forecast name: consf
S.E. (optional): consfse
GARCH(optional):
Method
Static forecast
(no dynamics in equation)
Structural (ignore ARMA)
Coef uncertainty in S.E. calc
Forecast sample
1996 2016
Output
Forecast graph
Forecast evaluation
Insert actuals for out-of-sample observations
OK　Cancel

图 4–9　“Forecast”对话框

预测对话框中“序列名（Series names）”一栏中包括两个部分，一个是“预测序列名（Forecast name）”，软件会产生一个名称以“因变量名称 +f”的预测序列，在本例中即为“consf”，一般不需变动，如果想要改动预测序列名，可以在右边的文本框中输入新的预测序列名称。另一个是“标准差选择（S.E–optional）”，指预测序列的标准差，用于计算预测区间，为了方便，应在右边的文本框中输入该序列名称，格式为“预测序列名 +se”，一定要保持这里的预测序列名与上一格的名称保持一致，如本例中预测序列名为“consf”，所以在预测标准差中输入“consfse”，相应地，如果前面预测名改变，下面预测标准差中前半部分也应改变，总之保持一致。如果不输入预测标准差名，工作文件中不会显示预测标准差序列。输入好后单击 OK 按钮，即会显示消费预测趋势图（图 4–10）。

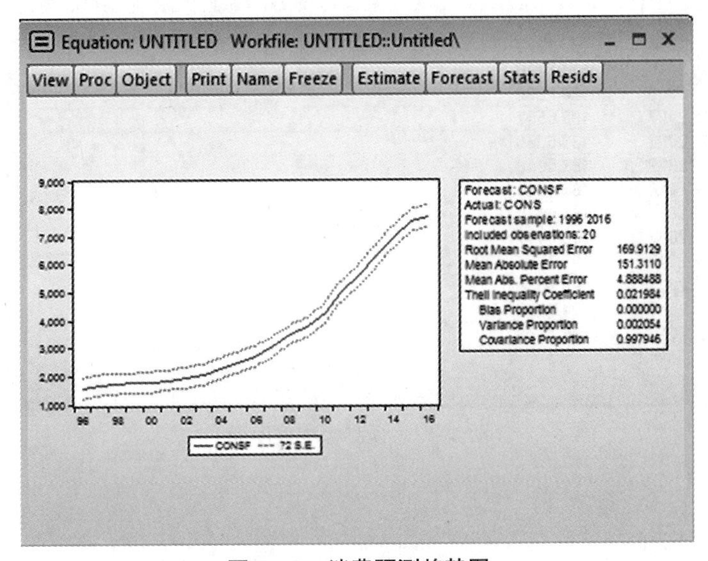

图 4–10　消费预测趋势图

完成上述操作的同时，工作文件窗口中将产生预测序列和预测标准差序列，本例中预测序列为“consf”，打开该序列，即可显示预测序列数据序列（图 4-11）。本例中，“consf”序列最后一个数据（2016 年的数据）为 7695.629，即 $cons_f = 7695.629$，即对应于收入为 11000 时，消费的预测值。

Series: CONSF Workfile: UNTITLED::Untitled\

View | Proc | Object | Properties | Print | Name | Freeze | Default | Sort | Edit+/- | Smpl+

	CONSF
2002	1932.888
2003	2031.994
2004	2244.402
2005	2459.718
2006	2684.227
2007	3058.341
2008	3477.614
2009	3743.023
2010	4260.726
2011	4976.168
2012	5611.162
2013	6273.197
2014	6946.589
2015	7541.495
2016	7695.629

图 4-11 预测序列

如果需要查看或进一步计算预测区间，可以单击预测标准差序列打开，本例中为“consfse”，最后一行数据可以看到 2016 年消费预测值的标准差为 205.4798（图 4-12）。可利用预测区间的计算公式计算出预测区间。

Series: CONSFSE Workfile: UNTITLED::Untitled\

View | Proc | Object | Properties | Print | Name | Freeze | Default | Sort | Edit+/- | Smpl+

	CONSFSE
2003	185.7811
2004	185.1293
2005	184.5806
2006	184.1298
2007	183.6557
2008	183.5389
2009	183.6918
2010	184.4941
2011	186.6835
2012	189.6447
2013	193.7024
2014	198.7839
2015	204.0169
2016	205.4798

图 4-12 预测标准差序列

第四节　跨时期结构变动的邹至庄检验 *

一、实验要求

掌握跨时期结构变动的邹至庄检验方法（Chow's Test）。理解邹至庄检验的原理。Chow 稳定性检验包括邹至庄断点检验（Chow Breakpoint Test）和邹至庄预测检验（Chow Forecast Test）。

二、实验数据

1990—2015 年我国商品出口总额与工业增加值见 4-3。

表 4-3　1990—2015 年我国商品出口总额与工业增加值　　单位：亿元

年份	出口总额	工业增加值	年份	出口总额	工业增加值
1990	2985.8	6904.7	2003	36287.9	55363.8
1991	3827.1	8138.2	2004	49103.3	65776.8
1992	4676.3	10340.5	2005	62648.1	77960.5
1993	5284.8	14248.8	2006	77597.2	92238.4
1994	10421.8	19546.9	2007	93627.1	111693.9
1995	12451.8	25023.9	2008	100394.9	131727.6
1996	12576.4	29529.8	2009	82029.69	138095.5
1997	15160.7	33023.5	2010	107022.8	165126.4
1998	15223.6	34134.9	2011	123240.6	195142.8
1999	16159.8	36015.4	2012	129359.3	208905.6
2000	20634.4	40259.7	2013	137131.4	222337.6
2001	22024.4	43855.6	2014	143883.8	233856.4
2002	26947.9	47776.3	2015	141166.8	236506.3

资料来源：《中国统计年鉴》。

三、实验内容

☐ 建立工作文件，创建序列并输入数据
☐ 绘制散点图
☐ 建立模型并输出结果
☐ 邹至庄断点检验
☐ 邹至庄预测检验

四、实验步骤

（一）建立工作文件、创建序列并输入数据

用命令方式或菜单方式建立一个从 1990—2015 年的工作文件（create a 1990 2015），创建序列 EX（出口）、IND（工业增加值），并将表 4-3 中的数据复制输入序列组。

（二）绘制散点图

通过命令或菜单方式绘制 EX、IND 的散点图（图 4-13）。

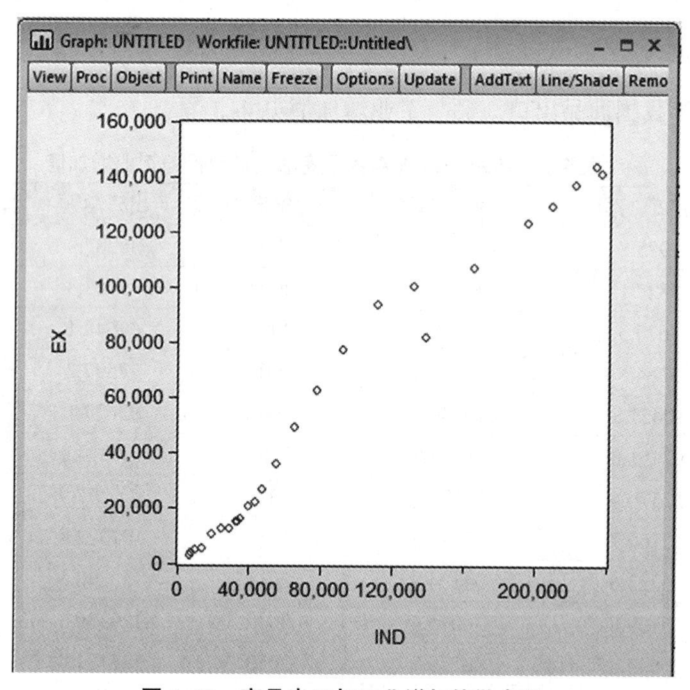

图 4-13 商品出口与工业增加值散点图

（三）建立模型并回归

通过散点图观察，商品出口与工业增加值大致呈线性关系，建立线性回归模型如下：

$$ex = \beta_0 + \beta_1 \text{ind} + \mu \tag{4.2}$$

运用命令方式，在命令窗口中输入：ls ex c ind，对模型进行回归，结果如图 4-14 所示。

回归结果可以表示为：

$$\hat{ex} = -440.8244 + 0.640819\,\text{ind}$$

（四）Chow 断点检验

通过散点图大致可以看出，当工业增加值在 13000 亿时，散点图有明显的间断，对应年份为 2008 年，正好是次贷危机，对出口可能有较大影响。在回归方程窗口中执行【View】→【Stability Diagnostics】→【Chow Breakpoint Test】命令，弹出图 4-15 所示的对话框。

在弹出对话框中输入断点时间 2008，单击 OK 按钮，输出结果如图 4-16 所示。

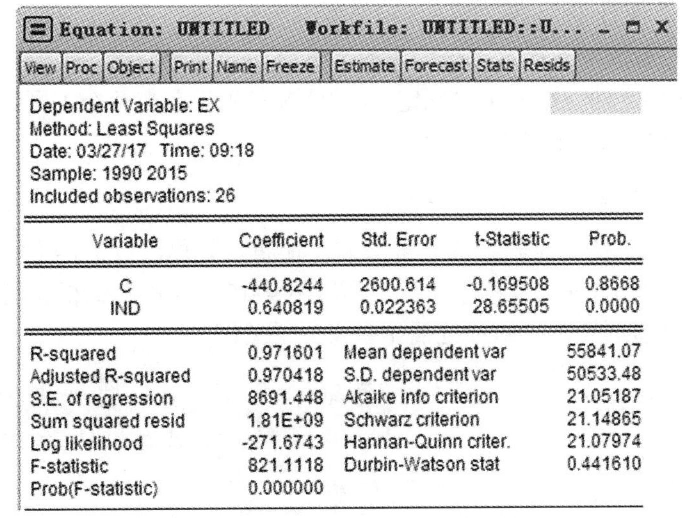

Equation: UNTITLED　Workfile: UNTITLED::U...

View | Proc | Object | Print | Name | Freeze | Estimate | Forecast | Stats | Resids

Dependent Variable: EX
Method: Least Squares
Date: 03/27/17 Time: 09:18
Sample: 1990 2015
Included observations: 26

Variable	Coefficient	Std. Error	t-Statistic	Prob.
C	-440.8244	2600.614	-0.169508	0.8668
IND	0.640819	0.022363	28.65505	0.0000

R-squared	0.971601	Mean dependent var	55841.07
Adjusted R-squared	0.970418	S.D. dependent var	50533.48
S.E. of regression	8691.448	Akaike info criterion	21.05187
Sum squared resid	1.81E+09	Schwarz criterion	21.14865
Log likelihood	-271.6743	Hannan-Quinn criter.	21.07974
F-statistic	821.1118	Durbin-Watson stat	0.441610
Prob(F-statistic)	0.000000		

图 4–14　商品出口与工业增加值回归结果

Chow Tests

Enter one or more breakpoint dates

2008

Regressors to vary across breakpoints

c ind

OK　Cancel

图 4–15　邹至庄检验

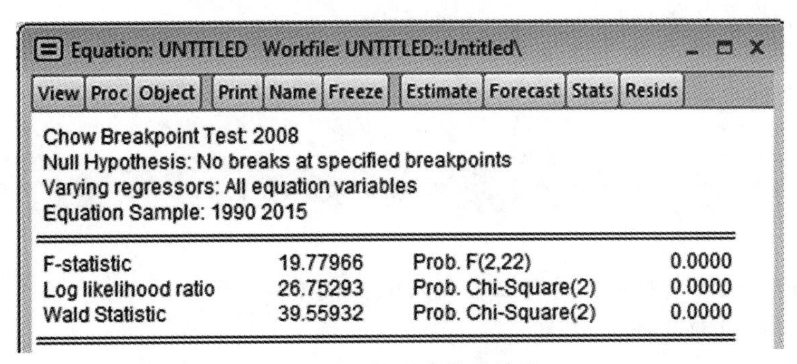

Equation: UNTITLED　Workfile: UNTITLED::Untitled\

View | Proc | Object | Print | Name | Freeze | Estimate | Forecast | Stats | Resids

Chow Breakpoint Test: 2008
Null Hypothesis: No breaks at specified breakpoints
Varying regressors: All equation variables
Equation Sample: 1990 2015

F-statistic	19.77966	Prob. F(2,22)	0.0000
Log likelihood ratio	26.75293	Prob. Chi-Square(2)	0.0000
Wald Statistic	39.55932	Prob. Chi-Square(2)	0.0000

图 4–16　邹至庄检验结果

检验结果中，F统计量为19.77966，相伴概率为0.0000，说明在1%的水平上拒绝零假设，即在2008年先后两个子样本拟合的方程无显著差异的零假设，说明该方程在此期间存在显著的跨时期结构变动。据此可以判定，在2008年先后存在两个不同的拟合方程，因此需要对两个时期分别建立模型方程。

（五）Chow 预测检验

邹至庄预测检验与断点检验步骤非常类似，在回归方程窗口执行【View】→【Stability Diagnostics】→【Chow Forecast Test】命令，弹出图4-17所示的对话框，输入2008，结果如图4-18所示，由 P 值可知，2008年之后出口发生了变化。

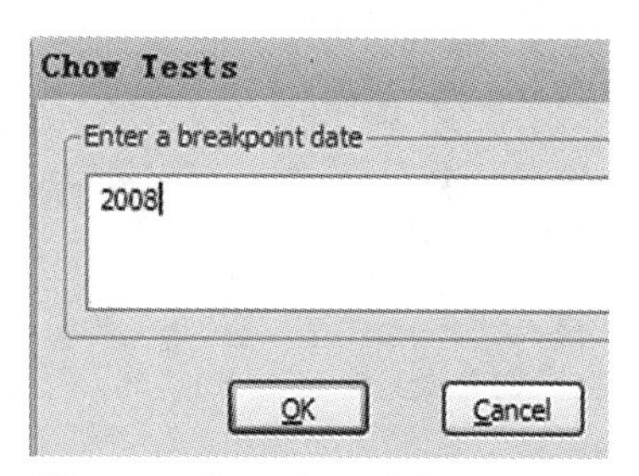

图 4-17　邹至庄预测检验对话框

Equation: UNTITLED　Workfile: UNTITLE...

View | Proc | Object | Print | Name | Freeze | Estimate | Forecast | Stats | Resids

Chow Forecast Test
Equation: UNTITLED
Specification: EX C IND
Test predictions for observations from 2008 to 2015

	Value	df	Probability
F-statistic	6.974316	(8, 16)	0.0005
Likelihood ratio	39.03171	8	0.0000

F-test summary:

	Sum of Sq.	df	Mean Squares
Test SSR	1.41E+09	8	1.76E+08
Restricted SSR	1.81E+09	24	75541269
Unrestricted SSR	4.04E+08	16	25252487
Unrestricted SSR	4.04E+08	16	25252487

LR test summary:

	Value	df
Restricted LogL	-271.6743	24
Unrestricted LogL	-252.1585	16

Unrestricted log likelihood adjusts test equation results to account for observations in forecast sample

图 4-18　邹至庄预测检验对话框

小　结

回归分析是研究变量间依存关系的一种方法，其实质是由解释变量去估计被解释变量的平均值。回归模型的函数形式可以有多种，最简单的是线性形式，只有一个解释变量的线性回归模型为一元线性模型。

线性回归模型的参数估计方法有多种，OLS是最为常用的估计方法，参数估计后可以进一步进行拟合优度检验、参数显著性检验。

思　考　题

1. 在建立计量经济模型中，为什么要引入随机误差项？
2. OLS 估计的思想是什么？
3. 如何进行拟合优度检验？为什么残差平方和不能作为拟合优度的度量指标？

第五章　多元线性回归模型

第一节　知识准备

一、多元线性模型概述

实际中，引起被解释变量变化的因素并非仅只有一个，可能有多个，因此，我们在一元线性模型的基础上增加解释变量，构建多元线性模型。

$$y_i = \beta_0 + \beta_1 x_{1i} + \beta_2 x_{2i} + \cdots + \beta_k x_{ki} + \mu_i \qquad (5.1)$$

式（5.1）中，y 为被解释变量，x 为解释变量，$\beta_0,\beta_1,\cdots,\beta_k$ 为参数，μ 为随机误差项，i 为观察值个数。给定 n 个观察值，上式可以表示为：

$$\begin{pmatrix} y_1 \\ y_2 \\ \vdots \\ y_T \end{pmatrix} = \begin{pmatrix} 1 & x_{11} & \cdots & x_{1j} & \cdots & x_{1k} \\ 1 & x_{21} & \cdots & x_{2j} & \cdots & x_{2k} \\ \cdots & \cdots & \ddots & \cdots & \ddots & \cdots \\ 1 & x_{T1} & \cdots & x_{Tj} & \cdots & x_{Tk} \end{pmatrix} \begin{pmatrix} \beta_0 \\ \beta_1 \\ \vdots \\ \beta_{k-1} \end{pmatrix} + \begin{pmatrix} u_1 \\ u_2 \\ \vdots \\ u_T \end{pmatrix} \qquad (5.2)$$

为了更方便，式（5.2）可以用矩阵表示为：

$$\boldsymbol{Y} = \boldsymbol{XB} + \boldsymbol{U} \qquad (5.3)$$

二、多元线性模型的估计

式（5.3）用矩阵形式给出了多元线性回归模型，类似地多元样本回归模型可表示为：

$$\boldsymbol{Y} = \boldsymbol{X}\hat{\boldsymbol{B}} + \boldsymbol{e} \qquad (5.4)$$

对式（5.4）两边同乘以样本观察值矩阵的转置 $\boldsymbol{X}'$，有 $\boldsymbol{X}'\boldsymbol{Y} = \boldsymbol{X}'\boldsymbol{X}\hat{\boldsymbol{B}} + \boldsymbol{X}'\boldsymbol{e}$，由残差平方和最小可知 $\boldsymbol{X}'\boldsymbol{e} = \boldsymbol{0}$，得到正规方程组：

$$\boldsymbol{X}'\boldsymbol{Y} = \boldsymbol{X}'\boldsymbol{X}\hat{\boldsymbol{B}} \qquad (5.5)$$

在满足经典假定条件下，$(\boldsymbol{X}'\boldsymbol{X})^{-1}$ 存在，用 $(\boldsymbol{X}'\boldsymbol{X})^{-1}$ 左乘上述方程两端，得到参数向量的最小二乘估计量：

$$\hat{\boldsymbol{B}} = (\boldsymbol{X}'\boldsymbol{X})^{-1}\boldsymbol{X}'\boldsymbol{Y} \qquad (5.6)$$

三、多元模型的检验

多元模型的检验与一元模型基本类似，但又有所区别。

（一）拟合优度检验

多元模型拟合优度检验也是通过总离差平方和的分解，然后构造检验统计量多重决定系

数。但是，在实践中人们发现，随着模型解释变量个数的增多，多重决定系数会虚增，从而会误导人们认为模型的解释功能增强。因为，解释变量个数增加，在样本容量一定条件下，回归平方和的项数会增加，从而引起拟合优度增加。于是，人们为了剔除解释变量个数的影响，构造了一个指标，称为修正的决定系数，又称调整的 R 方，记为 $\bar{R}^2$ 。

$$\bar{R}^2 = 1 - \frac{\text{ESS}/(n-k-1)}{\text{TSS}/(n-1)} \tag{5.7}$$

（二）模型总体显著性检验

就是检验全部解释变量对模型的共同影响是否显著，通过 F 检验来完成。

对于模型（5.1），提出假设：H_0：$\beta_1 = \beta_2 = \cdots = \beta_k = 0$　H_i：β_i 不全为零。

计算统计量：通过总离差平方和分解，计算回归均方差和误差均方，构造 F 统计量：

$$F = \frac{\text{ESS}/k}{\text{RSS}/(n-k-1)} \tag{5.8}$$

检验判断：$F > F_{\alpha(k,n-k-1)}$ 时，拒绝零假设，即模型整体上显著。

四、参数的显著性检验

参数的显著性检验与一元模型的类似，也是通过假设检验 t 检验进行的。需要说明的是，F 检验显著，t 检验不一定显著，但 F 检验不显著，t 检验一定不显著。所以，多元模型应该先进行总体显著性检验即 F 检验，只有通过 F 检验时才可进一步进行 t 检验，如果 F 检验未能通过，应该修改模型之后再做进一步分析。

第二节　多元线性模型回归

一、实验要求

掌握建立多元线性回归模型的估计和检验方法。理解判定系数 R^2、调整后的判定系数 $\bar{R}^2$ 、方程显著性检验（F 检验）和参数显著性检验（t 检验）。

二、实验数据

全国 1978—2015 年税收收入及相关数据见表 5-1。

表 5-1　全国 1978—2015 年税收收入及相关数据

年份	税收收入 / 亿元	国内生产总值 / 亿元	财政支出 / 亿元	居民消费价格指数 / %	年份	税收收入 / 亿元	国内生产总值 / 亿元	财政支出 / 亿元	居民消费价格指数 /%
1978	519.28	3678.7	1122.09	100.7	1997	8234.04	79715	9233.56	102.8
1979	537.82	4100.5	1281.79	102	1998	9262.8	85195.5	10798.18	99.2
1980	571.7	4587.6	1228.83	107.5	1999	10682.58	90564.4	13187.67	98.6
1981	629.89	4935.8	1138.41	102.4	2000	12581.51	100280.1	15886.5	100.4
1982	700.02	5373.4	1229.98	101.9	2001	15301.38	110863.1	18902.58	100.7

续表

年份	税收收入/亿元	国内生产总值/亿元	财政支出/亿元	居民消费价格指数/%	年份	税收收入/亿元	国内生产总值/亿元	财政支出/亿元	居民消费价格指数/%
1983	775.59	6020.9	1409.52	101.5	2002	17636.45	121717.4	22053.15	99.2
1984	947.35	7278.5	1701.02	102.8	2003	20017.31	137422	24649.95	101.2
1985	2040.79	9098.9	2004.25	109.3	2004	24165.68	161840.2	28486.89	103.9
1986	2090.73	10376.2	2204.91	106	2005	28778.54	187318.9	33930.28	101.8
1987	2140.36	12174.6	2262.18	107.3	2006	34804.35	219438.5	40422.73	101.5
1988	2390.73	15180.4	2491.21	118.5	2007	45621.97	270232.3	49781.35	104.8
1989	2727.4	17179.7	2823.78	117.8	2008	54223.79	319515.3	62592.66	105.9
1990	2821.86	18872.9	3083.59	103.1	2009	58521.59	349081.4	76299.93	99.3
1991	2990.17	22005.6	3386.62	102.9	2010	73210.79	413030.3	89874.16	103.3
1992	3296.91	27194.5	3742.2	105.4	2011	89738.39	489300.6	109247.79	105.4
1993	4255.3	35673.2	4642.3	113.2	2012	100614.3	540367.4	125952.97	102.6
1994	5126.88	48637.5	5792.62	121.7	2013	110530.7	595244.4	140212.10	102.6
1995	6038.04	61339.9	6823.72	117.1	2014	119175.3	643974	151785.56	102
1996	6909.82	71813.6	7937.55	108.3	2015	124922.2	685505.8	175877.77	101.4

数据来源：《中国统计年鉴》。

三、实验内容

□ 创建工作文件
□ 创建序列对象并输入数据
□ 建立模型并输出结果
□ 图形分析
□ 模型检验和分析

四、实验步骤

（一）创建工作文件

与一元线性模型类似，菜单（【File】→【New】→【Workfile】）或命令方式（create a 1978 2015）创建一个1978—2015年的年度时间序列工作文件。

（二）创建序列对象、输入数据

预先给税收收入、国内生产总值、财政支出、居民消费价格指数分别起名为tax gdp fis cpi，然后在命令窗口执行以下命令：data tax gdp fis cpi，打开实验数据包，将数据复制并粘贴在组窗口中的数据区域。

（三）建立模型并回归

模拟建立三元线性回归模型：$tax = \beta_0 + \beta_1 gdp + \beta_2 fis + \beta_3 cpi + \mu$，用软件进行回归分析，在命令窗口中输入回归命令：ls tax c gdp fis cpi，软件自动显示回归结果（图5–1）。

Equation: UNTITLED Workfile: UNTITLED::Untitled\

View | Proc | Object | Print | Name | Freeze | Estimate | Forecast | Stats | Resids

Dependent Variable: TAX
Method: Least Squares
Date: 03/10/17 Time: 15:16
Sample: 1978 2015
Included observations: 38

Variable	Coefficient	Std. Error	t-Statistic	Prob.
C	-7398.546	5547.695	-1.333625	0.1912
GDP	0.096102	0.013062	7.357266	0.0000
FIS	0.375322	0.054325	6.908895	0.0000
CPI	60.25834	51.98286	1.159196	0.2545

R-squared	0.998005	Mean dependent var	26461.43
Adjusted R-squared	0.997829	S.D. dependent var	37337.46
S.E. of regression	1739.752	Akaike info criterion	17.86017
Sum squared resid	1.03E+08	Schwarz criterion	18.03255
Log likelihood	-335.3433	Hannan-Quinn criter.	17.92150
F-statistic	5669.285	Durbin-Watson stat	0.863113
Prob(F-statistic)	0.000000		

图 5-1 税收收入回归结果

（四）输出残差图

单击方程窗口左上角 View 按钮下的【Actual，Fitted，Residual】项下的【Actual，Fitted，Residual Graph】，或直接单击回归方程窗口的【Resids】，可直接显示残差趋势图（图 5-2）。

如果想观察具体的数据，可以执行回归方程窗口的【View】→【Actual，Fitted，Residual】→【Actual，Fitted，Residual Tab】命令，或直接单击回归方程残差趋势图中的【View】，在下拉菜单中选择【Actual，Fitted，Residual】→【Actual，Fitted，Residual Tab】命令，可得到具体数据（图 5-3）。

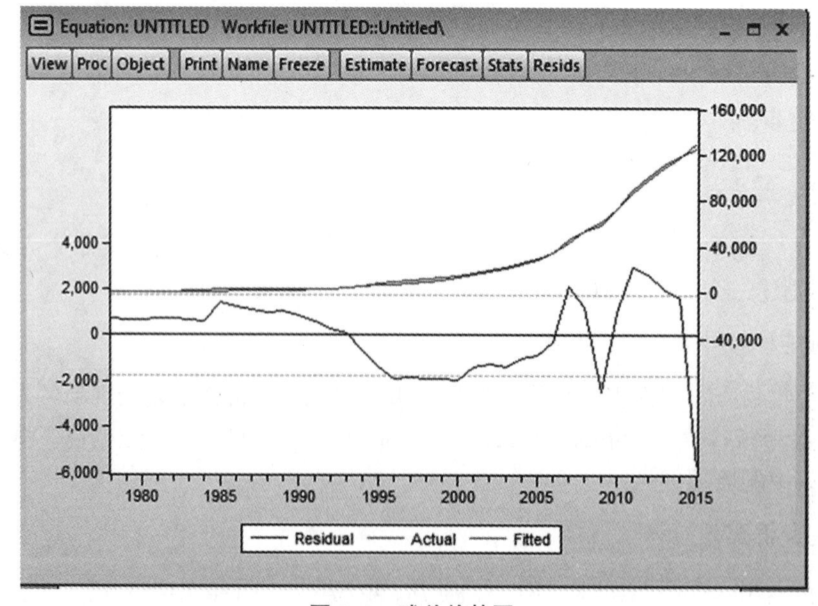

图 5-2 残差趋势图

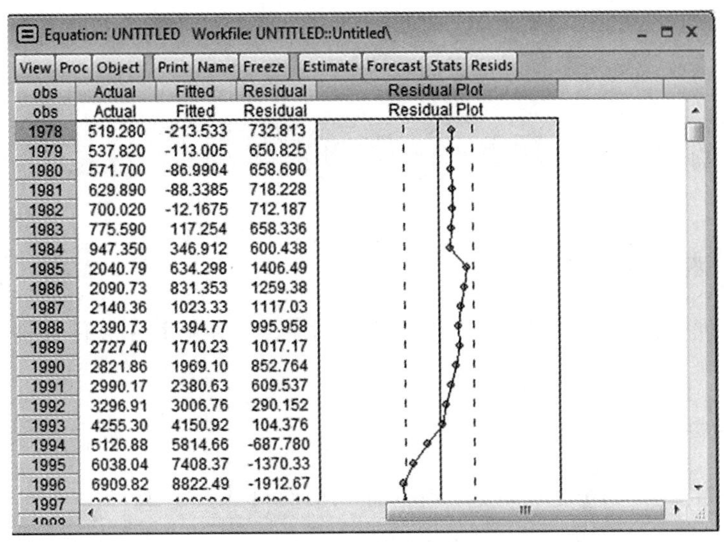

Equation: UNTITLED　Workfile: UNTITLED::Untitled\

View | Proc | Object | Print | Name | Freeze | Estimate | Forecast | Stats | Resids

obs	Actual	Fitted	Residual	Residual Plot
1978	519.280	-213.533	732.813	
1979	537.820	-113.005	650.825	
1980	571.700	-86.9904	658.690	
1981	629.890	-88.3385	718.228	
1982	700.020	-12.1675	712.187	
1983	775.590	117.254	658.336	
1984	947.350	346.912	600.438	
1985	2040.79	634.298	1406.49	
1986	2090.73	831.353	1259.38	
1987	2140.36	1023.33	1117.03	
1988	2390.73	1394.77	995.958	
1989	2727.40	1710.23	1017.17	
1990	2821.86	1969.10	852.764	
1991	2990.17	2380.63	609.537	
1992	3296.91	3006.76	290.152	
1993	4255.30	4150.92	104.376	
1994	5126.88	5814.66	-687.780	
1995	6038.04	7408.37	-1370.33	
1996	6909.82	8822.49	-1912.67	
1997				

图 5-3　残差数据列表

（五）模型检验和分析

统计检验

回归结果显示，调整的决定系数为 0.9978，说明在模型中因变量的 99.78% 可以由解释变量解释，说明模型拟合情况良好。

本例中，F 统计量为 5669.285，P 值为 0.00000<0.01，说明高度显著，表明该回归模型在整体上较为显著。

从单个参数的显著性来看，gdp、fis 对应的 P 值均在 1% 的水平上显著，但 cpi 系数的 P 值为 0.2545，远远大于显著水平 5%，因此未能通过显著性检验，说明 cpi 不是影响税收收入的主要因素，可以考虑从模型中剔除。

对模型进行适当调整。重新回归，结果如图 5-4 所示。

Equation: UNTITLED　Workfile: UNTITLED::Untitled\

View | Proc | Object | Print | Name | Freeze | Estimate | Forecast | Stats | Resids

Dependent Variable: TAX
Method: Least Squares
Date: 03/10/17　Time: 15:25
Sample: 1978 2015
Included observations: 38

Variable	Coefficient	Std. Error	t-Statistic	Prob.
C	-987.5486	437.9080	-2.255151	0.0305
GDP	0.094664	0.013067	7.244582	0.0000
FIS	0.379450	0.054473	6.965811	0.0000

R-squared	0.997926	Mean dependent var	26461.43
Adjusted R-squared	0.997808	S.D. dependent var	37337.46
S.E. of regression	1748.274	Akaike info criterion	17.84630
Sum squared resid	1.07E+08	Schwarz criterion	17.97559
Log likelihood	-336.0797	Hannan-Quinn criter.	17.89230
F-statistic	8420.557	Durbin-Watson stat	0.879449
Prob(F-statistic)	0.000000		

图 5-4　模型调整后回归结果

由回归结果可以看出，F统计量比前面的更大，两个解释变量高度显著，而且常数项也通过了显著性检验，说明模型有了明显的改善。

第三节　受约束回归 *

一、实验要求

理解受约束回归的思想，学会建立受约束回归模型，能够利用软件对受约束回归进行参数检验。

二、实验数据

1985—2015 年山东 GDP、资本形成与从业人员资料见表 5–2。

表 5–2　1985—2015 年山东 GDP、资本形成与从业人员资料

年份	ln y	ln l	ln k	年份	ln y	ln l	ln k
1985	6.52	8.18	5.54	2001	9.13	8.61	8.39
1986	6.61	8.20	5.63	2002	9.24	8.62	8.48
1987	6.79	8.23	5.92	2003	9.40	8.63	8.64
1988	7.02	8.27	6.13	2004	9.62	8.65	8.92
1989	7.17	8.28	6.29	2005	9.82	8.67	9.15
1990	7.32	8.30	6.46	2006	9.99	8.69	9.32
1991	7.50	8.35	6.70	2007	10.16	8.71	9.48
1992	7.69	8.37	6.95	2008	10.34	8.73	9.65
1993	7.93	8.38	7.22	2009	10.43	8.75	9.80
1994	8.25	8.39	7.48	2010	10.58	8.76	9.98
1995	8.51	8.56	7.71	2011	10.72	8.78	10.12
1996	8.68	8.56	7.91	2012	10.82	8.79	10.22
1997	8.79	8.57	8.06	2013	10.92	8.79	10.34
1998	8.86	8.57	8.13	2014	10.99	8.80	10.43
1999	8.92	8.58	8.19	2015	11.05	8.80	10.48
2000	9.03	8.60	8.32	—	—	—	—

资料来源：根据《山东统计年鉴》整理。y、l、k 分别代表 GDP（亿元）、资本形成总额（亿元）、年末从业人员（万人），表中数据为自然对数。

三、实验内容

☐ 基础准备
☐ 初步回归
☐ 建立约束条件并检验
☐ 结果分析

四、实验步骤

（一）基础准备

创建工作文件：create　a　1985　2015

定义变量序列组：data　lny　lnl　lnk

输入数据：将所用数据复制粘贴到序列组中。

（二）初步回归

利用表 5–2 中的数据，拟建立以下模型：

$$\ln y = \beta_0 + \beta_1 \ln l + \beta_2 k + \mu \tag{5.9}$$

对式（5.9）进行回归，在命令区输入命令：ls lny c lnl lnk，得到回归结果（图 5–5）。

Equation: UNTITLED　Workfile: UNTITLED::U...

View | Proc | Object | Print | Name | Freeze | Estimate | Forecast | Stats | Resids

Dependent Variable: LNY
Method: Least Squares
Date: 04/09/17　Time: 08:51
Sample: 1985 2015
Included observations: 31

Variable	Coefficient	Std. Error	t-Statistic	Prob.
C	-0.819651	1.514601	-0.541166	0.5927
LNL	0.284064	0.202193	1.404913	0.1710
LNK	0.893792	0.026413	33.83918	0.0000

R-squared	0.999424	Mean dependent var	8.993223
Adjusted R-squared	0.999382	S.D. dependent var	1.425694
S.E. of regression	0.035428	Akaike info criterion	-3.750862
Sum squared resid	0.035144	Schwarz criterion	-3.612089
Log likelihood	61.13836	Hannan-Quinn criter.	-3.705625
F-statistic	24277.26	Durbin-Watson stat	0.820453
Prob(F-statistic)	0.000000		

图 5–5　回归结果

从模型回归结果看，拟合优度为 0.999，F 统计量很大，说明模型整体拟合较好。从单个参数显著性看，资本高度显著，而劳动未能通过显著性检验，说明经济增长主要是投资拉动的。

（三）设定约束条件并检验

1. 施加约束条件

在实证分析中，有时会根据经济理论，对模型中的参数施加一定的约束条件，施加约束条件后的模型称为受约束回归模型。如本例中，对生产函数施加约束条件：$\beta_1 + \beta_2 = 1$，称为生产函数的一次齐次性，如果成立，表明规模报酬不变。

2. 受约束回归的检验

不同的模型和不同的场合，施加的约束条件可能不同，一般有参数的线性约束、非线性约束，常常用于参数的齐次性检验、模型的稳定性检验、模型变量的增加或减少检验等。以参数线性约束为例，设有如下模型：

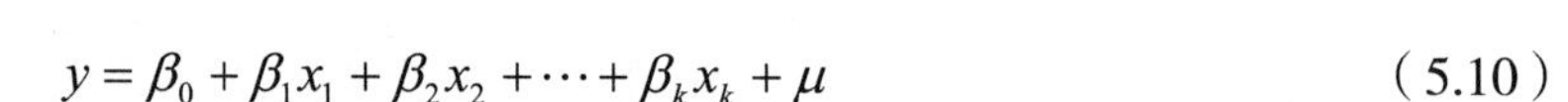

$$y=\beta_0+\beta_1x_1+\beta_2x_2+\cdots+\beta_kx_k+\mu \tag{5.10}$$

施加约束 $\beta_1+\beta_2=1$，可得：

$$y=\beta_0+\beta_1x_1+(1-\beta_1)x_2+\cdots+\beta_kx_k+\mu \tag{5.11}$$

即

$$\begin{aligned} y-x_2&=\beta_0+\beta_1(x_1-x_2)+\cdots+\beta_kx_k+\mu^* \\ y^*&=\beta_0+\beta_1x^*+\cdots+\beta_kx_k+\mu^* \end{aligned} \tag{5.12}$$

如果约束条件为真，对式（5.12）回归，可以估计出 β_1，由约束条件可得 $\beta_2=1-\beta_1$。问题是能否施加约束？

更一般地，受约束的残差可以表示为：

$$\boldsymbol{e}_*=\boldsymbol{Y}-\boldsymbol{X}\hat{\boldsymbol{B}}_*=\boldsymbol{X}\hat{\boldsymbol{B}}+\boldsymbol{e}-\boldsymbol{X}\hat{\boldsymbol{B}}_*=\boldsymbol{e}-\boldsymbol{X}\left(\hat{\boldsymbol{B}}_*-\hat{\boldsymbol{B}}\right) \tag{5.13}$$

受约束回归的残差平方和为：

$$\mathrm{RSS}_R=\boldsymbol{e}_*'\boldsymbol{e}_*=\boldsymbol{e}'\boldsymbol{e}+\left(\hat{\boldsymbol{B}}_*-\hat{\boldsymbol{B}}\right)'\boldsymbol{X}'\boldsymbol{X}\left(\hat{\boldsymbol{B}}_*-\hat{\boldsymbol{B}}\right) \tag{5.14}$$

无约束回归的残差平方和为：

$$\mathrm{RSS}_U=\boldsymbol{e}'\boldsymbol{e} \tag{5.15}$$

由此可知，$\mathrm{RSS}_R\geqslant\mathrm{RRS}_U$，即受约束回归的残差平方和≥无约束回归的残差平方和。在同一样本条件下，两个模型有着同样的变量，所以总离差平方和相同，所以有 $\mathrm{ESS}_R\leqslant\mathrm{ERS}_U$。由此表明，施加约束条件会降低模型的解释能力。

如果约束条件为真，两个模型的解释能力应该相同或相近，也就是说 $\mathrm{RSS}_R-\mathrm{RRS}_U$ 会很小，由此构造 F 检验统计量：

$$F=\frac{(\mathrm{RSS}_R-\mathrm{RRS}_U)/(k_U-k_R)}{\mathrm{RSS}_U/(n-k_U-1)}\sim F(k_U-k_R,n-k_U-1) \tag{5.16}$$

式（5.16）中，k_U-k_R 为约束条件个数。如果 $F>F_\alpha$，说明受约束回归的残差平方和与无约束回归的残差平方和差异较大，拒绝零假设，即不能施加约束条件。

类似地，还有似然比（LR）检验、沃尔德（Wald）检验、拉格朗日（LM）乘数检验。一般而言，LR 检验和 F 检验相似，需要估计受约束、无约束两个模型；LM 检验只需估计受约束模型；而 Wald 检验只需要估计无约束模型。

我们选择 Wald 检验，只需估计无约束模型。Wald 检验先估计无约束模型，然后直接对参数的约束条件进行检验，本案例中，Wald 检验如下：

原假设：

$$\beta_1+\beta_2=1$$

统计量：

$$W=\frac{\left(\hat{\beta}_1+\hat{\beta}_2-1\right)^2}{\tilde{\sigma}^2_{\hat{\beta}_1+\hat{\beta}_2}}\sim\chi^2(1)$$

3. 软件实现

EViews 中可以方便地进行 Wald 检验，在无约束回归方程窗口执行【View】→【Cofficient Diagnostics】→【Wald Test-Cofficient Restrictions】命令（图 5-6），弹出“Wald Test”对话框（图 5-7），在弹出对话框中，输入 C（2）+C（3）=1，（在 EViews 中常数项的参数默认为 C（1），后面变量的参数将自动按顺序排列为 C（2）、C（3）、…、C（n），在本例中，ln$l$ 的系数为 C（2），ln$k$ 的系数为 C（3））。单击 OK 按钮，输出结果。

View Proc Object Print Name Freeze Estimate Forecast Stats Resids
Representations
Estimation Output
Actual,Fitted,Residual
ARMA Structure...
Gradients and Derivatives
Covariance Matrix
Coefficient Diagnostics
Residual Diagnostics
Stability Diagnostics
Label
Std. Error t-Statistic Prob.
1.514601 -0.541166 0.5927
Log likelihood 61.13836
F-statistic 24277.26
Prob(F-statistic) 0.000000
Scaled Coefficients
Confidence Intervals...
Confidence Ellipse...
Variance Inflation Factors
Coefficient Variance Decomposition
Wald Test- Coefficient Restrictions...
Omitted Variables Test - Likelihood Ratio...
Redundant Variables Test - Likelihood Ratio...
Factor Breakpoint Test...

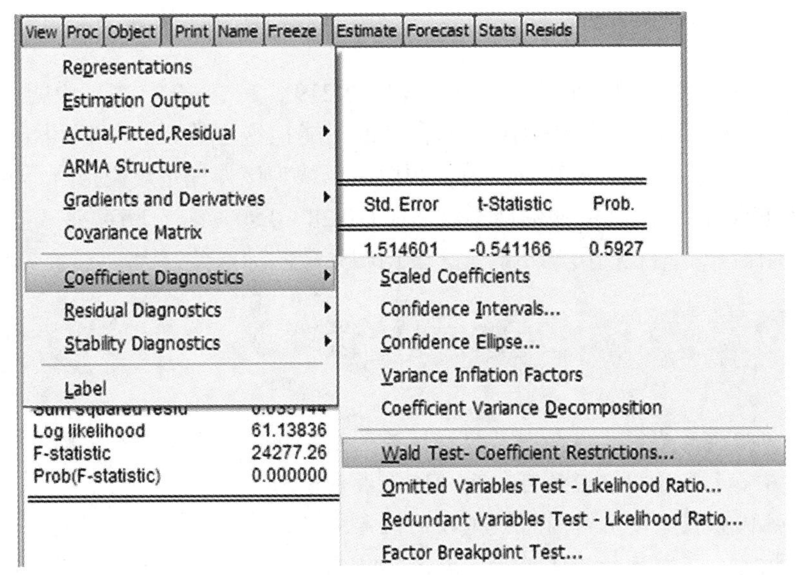

图 5–6 “Wald Test”操作示意图

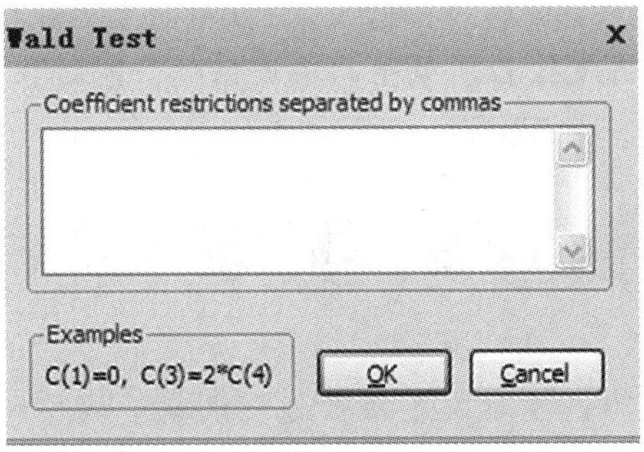

Wald Test
Coefficient restrictions separated by commas
Examples
C(1)=0, C(3)=2*C(4)
OK
Cancel

图 5–7 “Wald Test”对话框

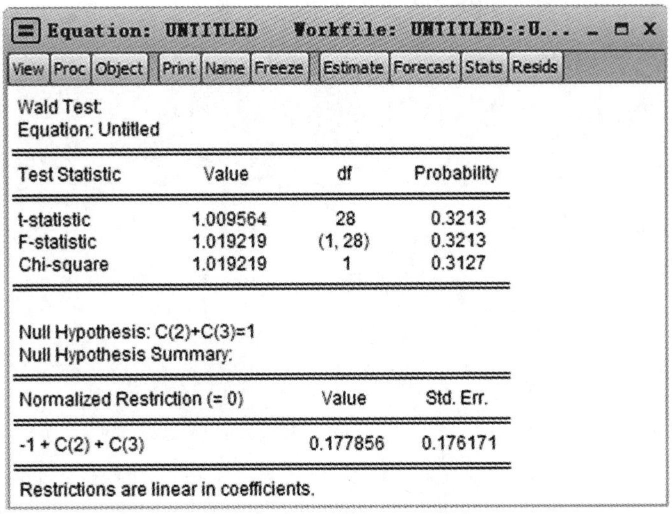

Equation: UNTITLED Workfile: UNTITLED::U...
View Proc Object Print Name Freeze Estimate Forecast Stats Resids
Wald Test:
Equation: Untitled
Test Statistic Value df Probability
t-statistic 1.009564 28 0.3213
F-statistic 1.019219 (1, 28) 0.3213
Chi-square 1.019219 1 0.3127
Null Hypothesis: C(2)+C(3)=1
Null Hypothesis Summary:
Normalized Restriction (= 0) Value Std. Err.
-1 + C(2) + C(3) 0.177856 0.176171
Restrictions are linear in coefficients.

图 5–8 “Wald Test”结果

（四）结果分析

从图 5-8 所示的 Wald 检验结果看，$\chi^2=1.019219$，P 值 =0.3127，说明不能拒绝约束条件。另外从 F 统计量和对应的相伴概率看，也不能拒绝零假设，可以得出同样的结论，即 C（2）+C（3）=1 的先验假设得到支持，因此可以认为该方程是规模报酬不变的。尽管该结果与无约束回归结果 ln$l$、ln$k$ 的估计参数之和（$0.28+0.89=1.17$）存在一定差异，其主要原因可能是劳动对经济增长的影响不显著，其回归系数的标准差过大。

小　结

多元线性回归模型是将总体回归函数描述为一个被解释变量与多个解释变量之间线性关系的模型。通常多元线性回归模型可以用矩阵形式表示。

在多元线性回归模型中，对随机误差项的假定除了零均值、同方差、无自相关、随机项与解释变量不相关、正态性的假定外，还要求满足无多重共线性假定。多元线性回归模型的估计方法与一元线性回归模型类似，在满足经典假定的条件下，OLS 是最为常用的估计方法，也是最佳线性无偏估计。参数估计后可以进一步进行拟合优度检验、参数显著性检验。与一元模型的区别是，拟合优度检验用调整的决定系数，同时在单个参数显著性检验之前还需要对模型整体显著性检验，即 F 检验。

思 考 题

1. 在多元线性模型中，为何要对决定系数进行调整？调整的决定系数 $\overline{R}^2$ 与 F 统计量的关系如何？

2. 什么是方差分析？方差分析与拟合优度度量的联系和区别是什么？

3. 多元线性模型中 F 检验与 t 检验的关系是什么？为什么做了 F 检验后还要做 t 检验？

第六章　非线性模型

第一节　知识准备

一、非线性模型的种类及运用

现实中，变量之间的关系不一定是线性的，常常表现为复杂的非线性关系。常见的有以下几种。

（一）双曲线

$$y=\alpha+\frac{\beta}{x}+\mu \text{ 或 } \frac{1}{y}=\alpha+\beta x+\mu \tag{6.1}$$

$$\frac{1}{y}=\alpha+\frac{\beta}{x}+\mu \tag{6.2}$$

在经济生活中，有些变量或其倒数与其他变量或其倒数之间存在一定的关系，如工资变化与失业率、平均固定成本与产量等。此类模型有一个显著的特点，随着解释变量 x 的无限增大，被解释变量都有一个渐进的上限或下限（α或 $1/\alpha$）。

（二）多项式

$$y=\beta_0+\beta_1 x+\beta_2 x^2+\mu \tag{6.3}$$

$$y=\beta_0+\beta_1 x+\beta_2 x^2+\beta_3 x^3+\mu \tag{6.4}$$

多项式的种类有很多个，式（6.3）和式（6.4）分别为最常见的二次多项式和三次多项式。二次多项式有着广泛的应用，如最为著名的库兹涅茨收入不平等倒 U 形假说，如果一次项系数为正，二次项系数为负，函数图形正好为倒 U 形的抛物线，如可以用二次多项式模型检验收入不平等假说，甚至环境污染与经济发展中是否存在倒 U 形假说。

二次项的另外一个含义，即可能存在一个最优区间，如农作物产量与施肥量之间可能呈现出这种关系。当然，如果二次项系数为正，一次项系数为负，则函数呈现 U 形，如离婚率与经济水平、生育率与经济水平等现象之间很可能呈现出这种关系。

总成本与产量、短期总产量与劳动投入等现象之间常常表现出三次多项式的特征。如果研究此类现象可以采用三次项拟合。

（三）幂函数、指数函数、对数函数

1. 幂函数

$$Q=AL^{\alpha}K^{\beta}\mathrm{e}^{\mu} \tag{6.5}$$

式（6.5）是一个典型的以C-D函数为基础构建的反映投入与产出关系的经济计量模型。该模型具于较强的普适性，所以应用极为广泛。

一是较为合理地反映了投入产出关系。$\frac{\partial Q}{\partial L},\frac{\partial Q}{\partial K}>0;\frac{\partial^2 Q}{\partial L^2},\frac{\partial^2 Q}{\partial K^2}<0$，说明边际产量为正，又反映了规模报酬递减规律。

二是反映了弹性。对式（6.5）两边取自然对数便得到双对数模型，对模型求偏微分可得 $\alpha=\frac{\partial Q/Q}{\partial L/L},\beta=\frac{\partial Q/Q}{\partial K/K}$，由此可知 α,β 分别为劳动和资本的产出弹性，即劳动、资本分别增加1%，产出分别增加 $\alpha\%,\beta\%$。

进一步可以判断，当 $\alpha+\beta>1$ 时，规模报酬递增；$\alpha+\beta=1$ 时规模报酬不变；$\alpha+\beta<1$ 时规模报酬递减。

三是可以用来测得技术进步。在取对数后，对时间 t 求全导，可以得到：

$$\frac{\mathrm{d}Q/Q}{\mathrm{d}t}=\frac{\mathrm{d}A/A}{\mathrm{d}t}+\alpha\frac{\mathrm{d}L/L}{\mathrm{d}t}+\beta\frac{\mathrm{d}K/K}{\mathrm{d}t} \tag{6.6}$$

式中，第一项为产出增长率，右端第2、3项分别为劳动增长率、资本增长率。由此可以看出，投入增加不能完全解释产出的增长，所以右端第一项称为索洛余值，常常用来衡量技术进步。将产出增长、技术进步、劳动增长、资本增长分别记为 $\dot{Q},\dot{A},\dot{L},\dot{K}$，式（6.6）可以简洁地表示为：

$$\dot{Q}=\dot{A}+\alpha\dot{L}+\beta\dot{K} \tag{6.7}$$

那么技术进步贡献率 v 就可以表示为：

$$v=\frac{\dot{A}}{\dot{Q}}=1-\alpha\frac{\dot{L}}{\dot{Q}}+\beta\frac{\dot{K}}{\dot{Q}} \tag{6.8}$$

可见，只要对上述生产函数进行估计，得到两个参数 α,β，便可很方便地计算出相应时期内的技术进步贡献率。

2. 指数函数

$$y=\alpha\,\mathrm{e}^{\beta x+\mu} \tag{6.9}$$

随着解释变量的增加，有些变量增长非常快，常常表现为指数形式。在实际研究中，有些变量增长范围有限，如受教育程度、工龄等，而被解释变量则有更大的增长空间，如收入。所以这类现象用指数函数建立模型可能较好。如果将模型两端取自然对数，便得到线性－对数模型，又称为半对数模型：

$$\ln y=\ln\alpha+\beta x+\mu \tag{6.10}$$

对式（6.10）微分并整理可得，$\beta=\frac{\mathrm{d}y/y}{\mathrm{d}x}$，其含义是，当解释变量增加一个单位，被解释变量平均增加 $100\beta\%$。

3. 对数函数

$$y=\alpha+\beta\ln x+\mu \tag{6.11}$$

从本质上看，幂函数、指数函数都是一种对数函数，而式（6.11）给出了另外一种对数函数，对数－线性函数，是半对数模型的另一种表现形式。

该模型的特点在于，解释变量变化范围很大，而被解释变量的变化范围较小，如城镇化率、工业化程度、学习成绩等。研究此类现象的影响因素时可以考虑用对数－线性模型。

对式（6.11）微分并整理可得，$\beta=\dfrac{\mathrm{d}y}{\mathrm{d}x/x}$，其含义是，当解释变量增加 1%，被解释变量平均增加 β 个单位。

（四）成长曲线模型

成长曲线又称为增长曲线，常用于研究生物有机体的生长发育过程，现被移植用于研究经济活动过程，主要包括逻辑成长曲线和龚伯兹成长曲线。

1. 逻辑（Logistic）成长曲线模型

$$y_t=\frac{K}{1+\beta_0\,\mathrm{e}^{-\beta_1 t+\mu}} \tag{6.12}$$

逻辑成长曲线形如 S，又称 S 曲线。其特点为：一是 y 的最小值为 0，最大值为 K：$t\to-\infty, y\to 0$；$t\to+\infty, y\to K$；二是有一个拐点，在拐点之前 y 的增长速度不断加快，在拐点之后，y 的增长速度不断减小。在经济生活中，一些新产品、新技术推广乃至某些产业的发展往往具有逻辑成长曲线的特点，所以在这些领域内有着较多的应用。

2. 龚伯兹（Gompertz）成长曲线模型

该模型最初用作控制人口增长，现在常常用作研究新技术、新产品的发展过程。

$$y_t=K\,\mathrm{e}^{-b\mathrm{e}^{-at+\mu}} \tag{6.13}$$

龚伯兹曲线与逻辑成长曲线非常类似，只是拐点位置不同，也有较多的应用。

二、非线性模型的线性化

（一）直接代换法

在非线性模型中，如果参数和被解释变量之间是线性的，如双曲线、多项式模型，可以用直接代换法。

如对于式（6.2），令 $y^*=1/y, x^*=1/x$，代入原模型可变为：

$$y^*=\alpha+\beta x^*+\mu \tag{6.14}$$

式（6.14）成为一个线性模型，可用 OLS 直接估计。

（二）间接代换法

在非线性模型中，如果参数和被解释变量之间是非线性的，如幂函数、指数函数、成长曲线等，可以通过取对数进行变换。

对式（6.5）两端取对数后变为：

$$\ln Q=\ln A+\alpha\ln L+\beta\ln K+\mu \tag{6.15}$$

令 $Q^*=\ln Q, A^*=\ln A, L^*=\ln L, K^*=\ln K$，代入式（6.15）有：

$$Q^*=A^*+\alpha L^*+\beta K^*+\mu \tag{6.16}$$

式（6.16）为一个两元线性模型，用最小二乘法可以方便地估计。

（三）迭代法

如果用以上两种方法都不能线性化，那么可以用迭代法进行估计。其基本思路是，通过泰勒级数展开先使非线性方程在某一组初始参数估计值附近线性化，然后用 OLS 法，得出一组新的估计值。再利用估计参数值附近线性化，并 OLS 估计，得出新的估

计值，不断重复，直至参数估计值收敛时为止。

EViews 中提供了迭代法估计非线性模型的命令“nls”。实际应用中也比较少见，这里对其操作进行简单的介绍：nls 回归方程表达式。如果表达式较长，可以先输入“nls”命令，执行命令后，在弹出的窗口中输入具体的表达式。其规范表示为：第一个参数用 c（1）表示，依此类推。例如，对如下模型：

$$y = a + \frac{bx_1^2 + c}{\sqrt{dx_2} + e} + \mu \tag{6.17}$$

其回归表达式为：y=c(1)+(c(2)*x1^2+c(3))/((c(4)*x2)^0.5+c(5))。

第二节　直接代换法估计非线性模型

一、实验要求

掌握直接代换法，能对多项式模型、双曲线模型进行线性化，并可以利用软件对此类模型进行参数估计。

二、实验数据

1990—2015 年中国 SO_2 与 FDI 数据见表 6-1。

表 6-1　1990—2015 年中国 SO_2 与 FDI 数据

年份	SO_2/t	FDI/ 亿美元	年份	SO_2/t	FDI/ 亿美元
1990	1495	34.87	2003	2158.7	535.05
1991	1622	43.66	2004	2254.9	606.3
1992	1685	110.08	2005	2549.3	603.25
1993	1795	275.15	2006	2588.8	630.21
1994	1825	337.67	2007	2468.1	747.68
1995	1899	375.21	2008	2321.2	923.95
1996	1937	417.26	2009	2214.4	900.33
1997	2346	452.57	2010	2185	1057.35
1998	2091	454.63	2011	2217.9	1160.11
1999	1857	403.19	2012	2118	1117.16
2000	1995.1	407.15	2013	2043.9	1175.86
2001	1947.8	468.78	2014	1974	1195.62
2002	1926.6	527.43	2015	1859.1	1262.67

数据来源：《中国统计年鉴》。

三、实验内容

☐ 建立工作文件

☐ 创建序列（或变量）并输入数据

□ 构建非线性模型
□ 对变量进行代换
□ 模型估计

四、实验步骤

（一）建立工作文件

用命令方式或菜单方式，创建一个范围在 1990—2015 年的时间序列工作文件（create a 1990 2015）。

（二）创建序列、输入数据

通过命令方式创建序列组，在命令区输入命令：data so2 fdi，创建两个变量序列，并将表中数据复制到序列组中。

（三）构建非线性模型

利用软件绘制散点图，在命令区输入命令：scat fdi so2，或利用菜单方式在序列组窗口执行【View】→【Graph】→【Scatter】命令，软件给出两者的散点图（图 6–1）。

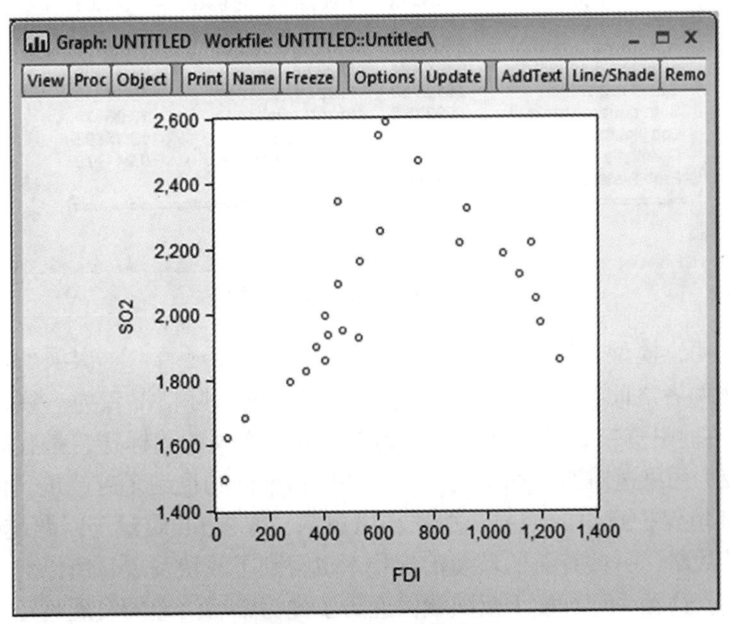

图 6–1　so2 与 fdi 散点图

由散点图可以较为清晰地观察到，随着 fdi 增加，so2 排放先增加，到达一个顶点后，逐步下降，呈现出倒 U 形的特征，故拟建立二次多项式模型：

$$so2 = \beta_0 + \beta_1 fdi + \beta_2 fdi^2 + \mu \tag{6.18}$$

（四）对模型代换

令 $fdi2 = fdi^2$，代入式（6.13），模型变为线性模型：

$$so2 = \beta_0 + \beta_1 fdi + \beta_2 fdi2 + \mu \tag{6.19}$$

由此可见，一个一元二次方程便转化为一个二元一次方程。式（6.19）是一个线性模型，可以直接用 OLS 进行估计。

EViews 提供了方便的变量代换命令，如本例中，可以在命令区输入命令：genr fdi2=fdi^2 或者 genr fdi2=fdi*fdi，便完成了变量代换。

（五）模型估计

本例实际上是对式（6.19）的估计，在完成上述变量代换后，在命令区输入命令：ls so2 c fdi fdi2，软件报告出回归结果如图 6-2 所示。

Equation: UNTITLED Workfile: UNTITLED::Untitled\

View | Proc | Object | Print | Name | Freeze | Estimate | Forecast | Stats | Resids

Dependent Variable: SO2
Method: Least Squares
Date: 03/10/17 Time: 16:13
Sample: 1990 2015
Included observations: 26

Variable	Coefficient	Std. Error	t-Statistic	Prob.
C	1361.726	103.1567	13.20055	0.0000
FDI	2.326076	0.350724	6.632213	0.0000
FDI2	-0.001463	0.000251	-5.831006	0.0000

R-squared	0.683036	Mean dependent var	2052.877
Adjusted R-squared	0.655474	S.D. dependent var	275.1550
S.E. of regression	161.5059	Akaike info criterion	13.11513
Sum squared resid	599935.6	Schwarz criterion	13.26029
Log likelihood	-167.4967	Hannan-Quinn criter.	13.15693
F-statistic	24.78173	Durbin-Watson stat	0.941779
Prob(F-statistic)	0.000002		

图 6-2 so2 对 fdi 的回归结果

回归结果表明，模型总体显著，fdi 及其二次项均高度显著，一次项系数为正，二次项系数为负，说明两者之间存在倒 U 形关系，这与我国的实际情况较为一致，在改革开放后到 21 世纪初，招商引资拉动经济增长，引起地方政府之间的锦标赛，是我国经济增长的重要特征，甚至成为污染避难所，而由此带来的环境污染问题也越来越严重。但随着经济水平的发展和人们环境保护意识的增强，加强环境规制，重视 fdi 质量等问题越来越受到重视，如实行创新驱动战略，一些有益的环境治理技术也得到了较快发展，所以对环境保护起到了一定的有利作用。这在一定程度上反映我国经历了先污染后治理的发展路径。

第三节 间接代换法估计非线性模型

一、实验要求

掌握对含有对数函数的模型进行参数估计的基本变量代换方法。能够识别可以线性化的对数函数模型，并对对数函数形式进行相应转化。

二、实验数据

1990—2015 年我国城镇化与 GDP 数据见表 6–2。

表 6–2　1990—2015 年我国城镇化与 GDP 数据

年份	城镇人口比重 /%	GDP/ 亿元	年份	城镇人口比重 /%	GDP/ 亿元
1990	26.41	18872.9	2003	40.53	137422
1991	26.94	22005.6	2004	41.76	161840.2
1992	27.46	27194.5	2005	42.99	187318.9
1993	27.99	35673.2	2006	43.9	219438.5
1994	28.51	48637.5	2007	45.89	270232.3
1995	29.04	61339.9	2008	46.99	319515.3
1996	30.48	71813.6	2009	48.34	349081.4
1997	31.91	79715	2010	49.95	413030.3
1998	33.35	85195.5	2011	51.27	489300.6
1999	34.78	90564.4	2012	52.57	540367.4
2000	36.22	100280.1	2013	53.73	595244.4
2001	37.66	110863.1	2014	54.77	643974
2002	39.09	121717.4	2015	56.1	685505.8

资料来源:《中国统计年鉴》。

三、实验内容

□ 建立工作文件
□ 创建序列（或变量）并输入数据
□ 构建非线性模型
□ 对变量进行代换
□ 模型估计

四、实验步骤

（一）建立工作文件

用命令或菜单方式，创建一个范围在 1990—2015 年的时间序列工作文件（create a 1990 2015）。

（二）创建序列、输入数据

通过命令方式创建序列组，这里用 urb 表示城镇化率，gdp 表示国内生产总值，在命令区输入命令：data urb gdp，创建序列组，并将表中数据复制到序列组中。

（三）构建非线性模型

利用软件绘制散点图，在命令区输入命令：scat gdp urb，或利用菜单方式在序列组窗口执行【View】→【Graph】→【Scatter】命令，软件给出两者的散点图（图 6–3）。

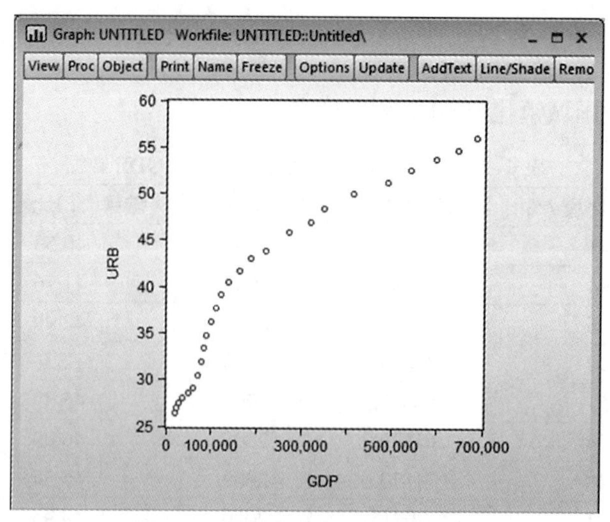

图 6–3　城镇化率与 GDP 散点图

从散点图可以看出，随着 GDP 的增加，城镇化率也在增加，但增加幅度由快到慢，而且 GDP 增长空间很大，而城镇化率取值范围最多不超过 100%，因此，拟构建半对数（对数 – 线性）模型。

$$urb = \beta_0 + \beta_1 \ln gdp + \mu \tag{6.20}$$

（四）对模型代换

令 gdp1=lngdp，代入式（6.20），可得：

$$urb = \beta_0 + \beta_1 gdp1 + \mu \tag{6.21}$$

式（6.21）是一个线性模型，可以直接用 OLS 进行估计。

本例中，可以在命令区输入命令：genr gdp1=log（gdp），便完成了变量代换。

（五）模型估计

本例实际上是对式（6.21）的估计，在完成上述变量代换后，在命令区输入命令：ls urb c gdp1，软件报告出回归结果如图 6–4 所示。

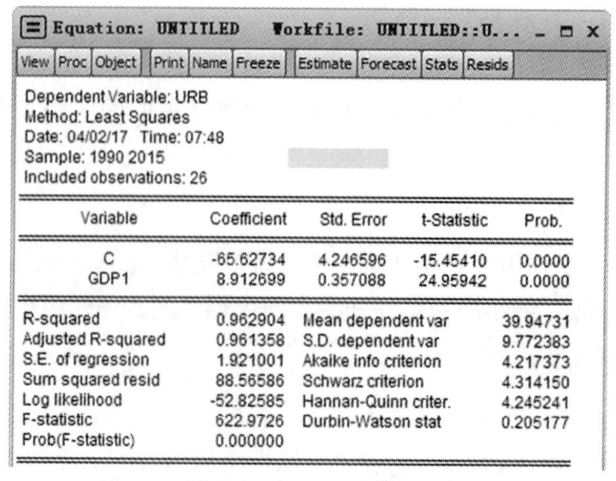
Equation: UNTITLED Workfile: UNTITLED::U...

View Proc Object Print Name Freeze Estimate Forecast Stats Resids

Dependent Variable: URB
Method: Least Squares
Date: 04/02/17 Time: 07:48
Sample: 1990 2015
Included observations: 26

Variable	Coefficient	Std. Error	t-Statistic	Prob.
C	-65.62734	4.246596	-15.45410	0.0000
GDP1	8.912699	0.357088	24.95942	0.0000

R-squared	0.962904	Mean dependent var	39.94731
Adjusted R-squared	0.961358	S.D. dependent var	9.772383
S.E. of regression	1.921001	Akaike info criterion	4.217373
Sum squared resid	88.56586	Schwarz criterion	4.314150
Log likelihood	-52.82585	Hannan-Quinn criter.	4.245241
F-statistic	622.9726	Durbin-Watson stat	0.205177
Prob(F-statistic)	0.000000		

图 6–4　城镇化对 GDP 对数的回归结果

由回归结果可以看出，拟合优度为0.9629，F统计量显著，表明模型拟合情况较好，参数通过了1%的显著性检验，说明模型具有较强的解释力。具体含义：国内生产总值增加1%，城镇化率平均增加8.9个百分点。

小 结

非线性模型包括变量的非线性和参数的非线性。对于仅存在变量非线性的模型，可采用直接代换法将模型线性化，然后进行估计。对于存在参数非线性的模型，则仅有一部分可通过间接代换法将其线性化，而有些不能线性化，只能采用非线性估计如迭代法进行估计。

思 考 题

1. 在研究投入产出一类问题时，为什么常常采用CD生产函数建立模型？
2. 二次多项式模型常常用于实际研究中，其内在含义是什么？
3. 对于一些现象的研究，常常采用半对数模型，建立此类模型的应用条件和范围包括哪些？

第七章　线性回归模型的计量检验

第一节　知识准备

一、多重共线性

（一）多重共线性的含义及其产生原因

如果一个解释变量与其他解释变量存在线性关系，则认为该模型存在多重共线性。即解释变量矩阵$\boldsymbol{X}$不是满秩矩阵（$\text{ran}(\boldsymbol{X})<k+1$或$|\boldsymbol{X'X}|=0$），此时为完全的共线性。大多数情况下解释变量间往往是近似的或不完全的共线性，即$|\boldsymbol{X'X}|\approx 0$。从这种程度上讲，我们关心的不是有无多重共线性，而是多重共线性的程度。

引起异方差的原因有多种，主要原因如下。

（1）经济变量在实际上往往存在共同变化的趋势。

（2）经济变量之间有着密切的关联。

（3）模型中引入滞后变量。

（4）解释变量选择不当。

（二）多重共线性的后果及检验

在完全共线性下，参数估计量不存在；在近似共线性下，用 OLS 估计的参数方差增大，引起 t 检验失效，预测精度降低等。

多重共线性的检验包括以下几种方法。

1. 相关系数检验

如果两个解释变量之间的相关系数的绝对值比较大，或者大于它们分别与被解释变量之间的相关系数，则认为存在多重共线性。

2. 方差膨胀因子检验

用任何一个解释变量对其他解释变量做辅助回归，得到拟合优度，构造方差膨胀因子VIF$\left(\text{VIF}_i=\dfrac{1}{1-R_i^2}\right)$，$(\text{VIF}_i>5)$或$(\text{VIF}_i>10)$时，认为模型存在较为严重的多重共线性。

3. 综合检验法

先对模型 OLS 回归，若 R^2，F 均很大，而各 t 值均偏小，或者系数的符号不合理，当一个变量删除后回归结果显著变化等，则认为存在多重共线性。在 OLS 法下：R^2 与 F 值较大，但 t 检验值较小，说明各解释变量对 Y 的联合线性作用显著，但各解释变量间存在共线性而使得它们对 Y 的独立作用不能分辨，故 t 检验不显著。

（三）多重共线性的处理

当存在多重共线性时，就应采取必要的补救措施，减少解释变量个数或者去掉与其他解释变量高度相关的变量。常用的方法如下。

1. 去掉可替代的解释变量或合并一些变量

计量模型建立必须以经济理论为依据，如果理论分析表明某些变量是影响被解释变量的关键因素，那么这些变量就是重要的变量，应该保留。而对于那些没有充分的理论基础或者相对不是重要影响因素的变量可以去除，或者适当合并，以减少解释变量个数，缓解共线性。

2. 利用参数约束条件减少解释变量

根据已知的一些参数信息，如根据 C–D 函数中的规模报酬不变假定（$\alpha+\beta=1$），将产出对劳动、资本的估计可以转化为人均产出对人均资本的估计，避免了劳动和资本之间的共线性。

3. 变换模型形式

通过对模型适当变换，如变换模型的函数形式，将线性模型转换成对数模型、半对数模型、多项式模型等；或者改变变量的形式，如用差分变量、相对数变量等。

4. 综合使用截面数据与时间序列数据

基本思路是利用约束最小二乘法（RLS），即先由截面数据求出一个或多个回归系数的估计值，再把它们代入原模型中，通过用因变量与上述估计值所对应的解释变量相减从而得到新的因变量，然后建立新因变量对那些保留解释变量的回归模型，并利用时间序列样本估计回归系数。

5. 逐步回归法

逐步回归法分为逐个剔除法与逐个引入法。“逐步”指的是在使用回归分析方法建立模型时，一次只能剔除（减少）一个解释变量或者一次只能引入（增加）一个解释变量。进行一次剔除或引入称为“一步”，这样逐步进行下去，直到最后得到模型达到“最优”——模型中无不显著解释变量。

引入的准则：引入解释变量后使模型的拟合优度（及 F）显著增加的，应当引入；否则不引入。

剔除的准则：剔除解释变量后使模型的拟合优度（及 F）不显著减少的，应当剔除；否则不剔除。

二、异方差

（一）异方差的来源及表现

在实际中，随机误差项不满足同方差的假定，即 μ_i 的方差随解释变量的变化而变化，常常表示为 $\mathrm{Var}(\mu_i)=\sigma_i^2$，称为异方差。

如果是多元线性回归模型：

$$\mathrm{Var}(u)=\sigma^2\boldsymbol{\Omega}=\sigma^2\begin{pmatrix}\lambda_{11} & 0 & \ldots & 0\\ 0 & \lambda_{22} & \ldots & 0\\ \ldots & \ldots & \ddots & \ldots\\ 0 & 0 & \ldots & \lambda_{mn}\end{pmatrix}\neq\sigma^2\boldsymbol{I} \tag{7.1}$$

即u的方差协方差矩阵主对角线的元素不相等，则表明存在异方差。

引起异方差的原因有多种，主要包括遗漏了重要的解释变量；模型函数设定误差；样本数据观测误差；截面数据中各单位的差异以及随机因素的影响等。

异方差的表现形式常常有三种：一是递增的异方差，即随机项的方差随着解释变量的增加而增大，如储蓄与收入之间往往是这种关系；二是递减的异方差，即随机项的方差随着解释变量的增加而减小，如出错率与工作时间；三是复杂的异方差，即随机项方差的变化表现出较大的波动，所以又称为自回归条件异方差，如金融时间序列常常是这种情况。

（二）异方差的后果及检验

当存在异方差时，用 OLS 估计的参数仍然具有无偏性和一致性，但不再具有有效性。

异方差的检验包括以下几种方法。

1. 图示法

利用残差趋势图，解释变量和残差的散点图可以大致判断是否存在异方差。

2. 怀特检验

基本思路是利用 OLS 估计得到残差，然后通过残差平方对解释变量一次项、二次项及交叉项做辅助回归，然后进行假设检验。零假设：不存在异方差；备择假设：存在异方差。最后卡方检验，如果$nR^2 > \chi^2_{\alpha,k}$，拒绝零假设，说明存在异方差；反之，说明不存在异方差。

3. 匡特检验

基本思路是将样本按解释变量的大小排序，中间去除c个样本，分成两个样本，分别对两个样本回归，构造F统计量，用F检验判断是否存在异方差。如果$F > F_\alpha$，则认为存在异方差。

4. 戈里瑟检验

利用 OLS 估计得到残差，用残差绝对值分别对解释变量的h次方回归（$h = \pm 1, 2, 0.5, \cdots$），如果某个形式非常显著，说明存在异方差。

5. 帕克检验

利用 OLS 估计得到残差，用残差平方对x^α回归，检验是否显著，如果显著说明存在异方差。

（三）异方差的处理

当存在异方差时，可以通过模型变换，即通过每个变量乘以一个权数，消除异方差，所以也称为加权最小二乘法（WLS）。事实上就是寻找一个正定矩阵$\boldsymbol{M}$，利用$\boldsymbol{M\Omega M'} = \boldsymbol{I}$，克服$\boldsymbol{\Omega} \neq \boldsymbol{I}$，从而消除异方差。

三、自相关

（一）自相关的来源及表现

如模型中随机误差项之间的协方差不为零，即$\mathrm{Cov}\left(\mu_i, \mu_j\right) \neq 0, i \neq j$，称为自相关。

引起自相关的原因有多种，主要有：经济惯性；遗漏了重要的解释变量；模型函数设定误差；样本数据观测误差等。

自相关的形式可以分为两大类：一阶自相关和高阶自相关。

当随机误差项只与其滞后一期有关时，即 $\mu_t = f\left(\mu_{t-1}\right) + v_t$，称为一阶自相关；当随机项不仅与其前一期有关，而且与其前若干期的值有关，即 $\mu_t = f\left(\mu_{t-1}, \mu_{t-2}, \cdots\right) + v_t$，则称为高阶自相关。通常假定随机项的自相关是线性的，最常见的是一阶线性自相关。

（二）自相关的后果及检验

当存在自相关时，用 OLS 估计的参数仍然具有无偏性和一致性，但不再具有有效性。自相关的检验包括以下几种方法。

1. 图示法

按时间顺序绘制残差图，或者绘制残差与其滞后一期的散点图可以大致判断是否存在自相关。

2. DW 检验

利用残差构造 DW 统计量，判断是否存在一阶自相关，其判断准则见表 7–1。

表 7–1　DW 检验准则

$0<DW<D_L$	$D_L<DW<D_U$	$D_U<DW<4-D_U$	$4-D_U<DW<4-D_L$	$4-D_L<DW<4$
正自相关	不确定	无自相关	不确定	负自相关

3. 回归检验

通过残差对其滞后项的各种形式进行回归，如果显著，从而确定具体的自相关形式，并可检验高阶自相关。

4. 偏相关系数检验

利用残差序列的偏相关系数来检验是否存在自相关，而且可以检验高阶自相关。

5. 拉格朗日乘数检验

又称 LM 检验。利用残差对自身若干期滞后项的辅助回归，构造 LM 统计量，若 $LM = nR^2 > \chi^2_{\alpha,P}$，则拒绝零假设，说明存在自相关。

（三）克服自相关

当存在自相关时，首先分析自相关产生的原因，如果遗漏了重要变量，就应将其纳入模型进一步检验；如果是模型形式设定不正确，就应该修改模型形式等。当这些原因都消除后还存在自相关，可以通过变换模型，即广义差分变换。

但广义差分变换需要知道自相关系数，这就需要对自相关系数进行估计，如杜宾两步法，用 DW 值进行估计、迭代法。其中迭代法在软件中实现更为方便，其基本思路是：先给定一个初始值，进行广义差分变换，再估计相关系数，进一步广义差分变换，直到收敛为止。

第二节　多重共线性的检验与处理

一、实验要求

理解多重共线性的检验方法，能够运用综合检验法、辅助回归检验等方法判别多重共线性，掌握逐步回归法处理多重共线性。

二、实验数据

全国 1994—2015 年城镇居民人均旅游支出及相关资料见表 7–2。

表 7–2 全国 1994—2015 年城镇居民人均旅游支出及相关资料

年份	人均旅游支出 / 元	恩格尔系数 /%	公路里程 / 万千米	高速公路里程 / 万千米	铁路里程 / 万千米
1994	414.7	50	111.78	0.16	5.9
1995	464	50.1	115.7	0.21	6.24
1996	534	48.8	118.58	0.34	6.49
1997	599	46.6	122.64	0.48	6.6
1998	607	44.7	127.85	0.87	6.64
1999	614.8	42.1	135.17	1.16	6.74
2000	678.6	39.4	167.98	1.63	6.87
2001	708.3	38.2	169.8	1.94	7.01
2002	739.7	37.7	176.52	2.51	7.19
2003	684.9	37.1	180.98	2.97	7.3
2004	731.8	37.7	187.07	3.43	7.44
2005	737.1	36.7	334.52	4.1	7.54
2006	766.4	35.8	345.7	4.53	7.71
2007	906.9	36.3	358.37	5.39	7.8
2008	849.4	37.9	373.02	6.03	7.97
2009	801.1	36.5	386.08	6.51	8.55
2010	883	35.7	400.82	7.41	9.12
2011	877.8	36.3	410.64	8.49	9.32
2012	914.5	36.2	423.75	9.62	9.76
2013	946.6	35	435.62	10.44	10.31
2014	975.4	36.2	446.39	11.19	11.18
2015	985.5	35.8	457.73	12.35	12.1

资料来源：《中国统计年鉴》。

三、实验内容

□ OLS 估计
□ 多重共线性检验
□ 逐步回归处理多重共线性

四、实验步骤

（一）建立模型并回归

创建一个时间在 1994—2015 年的时间序列工作文件（create a 1994 2015），用 cons、

engr、road、hway、rail 分别代表人均旅游支出、恩格尔系数、公路里程、高速公路里程和铁路里程，创建变量（data cons engr road hway rail），输入数据，并对其进行回归，结果如图 7–1 所示。

Equation: UNTITLED　Workfile: UNTITLED::Untitled\

View | Proc | Object | Print | Name | Freeze | Estimate | Forecast | Stats | Resids

Dependent Variable: CONS
Method: Least Squares
Date: 03/11/17　Time: 13:37
Sample: 1994 2015
Included observations: 22

Variable	Coefficient	Std. Error	t-Statistic	Prob.
C	1057.864	276.0998	3.831456	0.0013
ENGR	-14.33084	2.848931	-5.030253	0.0001
ROAD	0.192389	0.309063	0.622491	0.5419
HWAY	10.82455	24.17180	0.447817	0.6599
RAIL	19.19160	38.10950	0.503591	0.6210

R-squared	0.948642	Mean dependent var	746.3864
Adjusted R-squared	0.936557	S.D. dependent var	162.8870
S.E. of regression	41.02774	Akaike info criterion	10.46309
Sum squared resid	28615.68	Schwarz criterion	10.71105
Log likelihood	-110.0940	Hannan-Quinn criter.	10.52150
F-statistic	78.50170	Durbin-Watson stat	1.678665
Prob(F-statistic)	0.000000		

图 7–1　人均旅游回归结果

（二）多重共线性检验

1. 综合检验法

回归结果显示，调整 R^2 为 0.936557，F 统计量高度显著，表明模型总体拟合情况较好，但从单个参数的显著性看，只有变量恩格尔系数显著，其他解释变量均不显著，因此可以判断模型存在较强的多重共线性。

2. 相关系数检验法

在命令区输入命令：cor cons engr road hway rail，得到各变量之间的相关系数如图 7–2 所示。

Group: UNTITLED　Workfile: UNTITLED::Untitled\

View | Proc | Object | Print | Name | Freeze | Sample | Sheet | Stats | Spec

Correlation

	CONS	ENGR	ROAD	HWAY	RAIL
	CONS	ENGR	ROAD	HWAY	RAIL
CONS	1.000000	-0.886675	0.918817	0.924938	0.886311
ENGR	-0.886675	1.000000	-0.776259	-0.737134	-0.675527
ROAD	0.918817	-0.776259	1.000000	0.949766	0.885553
HWAY	0.924938	-0.737134	0.949766	1.000000	0.979420
RAIL	0.886311	-0.675527	0.885553	0.979420	1.000000

图 7–2　相关系数矩阵

从图 7–2 可以看出，解释变量之间的简单相关系数很大，特别是公路里程与高速公路里程、高速公路里程与铁路里程之间的相关系数高于它们分别与人均旅游支出的相关系数，因此解释变量之间相关程度较高，可能存在一定的多重共线性。

（三）修正多重共线性

这里我们运用逐个引入法，进行逐步回归。建立人均旅游支出与各个解释变量的一元回归模型，分别进行回归，确定引入的第一个变量。

人均旅游支出分别对恩格尔系数、公路里程、高速公路里程、铁路里程的回归结果分别如图 7–3 至图 7–6 所示。

Equation: UNTITLED Workfile: UNTITLED::Untitled\

View | Proc | Object | Print | Name | Freeze | Estimate | Forecast | Stats | Resids

Dependent Variable: CONS
Method: Least Squares
Date: 03/11/17 Time: 13:42
Sample: 1994 2015
Included observations: 22

Variable	Coefficient	Std. Error	t-Statistic	Prob.
C	1883.431	133.6065	14.09685	0.0000
ENGR	-28.72644	3.349755	-8.575684	0.0000

R-squared	0.786193	Mean dependent var	746.3864
Adjusted R-squared	0.775503	S.D. dependent var	162.8870
S.E. of regression	77.17771	Akaike info criterion	11.61661
Sum squared resid	119128.0	Schwarz criterion	11.71579
Log likelihood	-125.7827	Hannan-Quinn criter.	11.63997
F-statistic	73.54236	Durbin-Watson stat	0.516449
Prob(F-statistic)	0.000000		

图 7–3　人均旅游支出对恩格尔系数的回归结果

Equation: UNTITLED Workfile: UNTITLED::Untitled\

View | Proc | Object | Print | Name | Freeze | Estimate | Forecast | Stats | Resids

Dependent Variable: CONS
Method: Least Squares
Date: 03/11/17 Time: 13:43
Sample: 1994 2015
Included observations: 22

Variable	Coefficient	Std. Error	t-Statistic	Prob.
C	440.3339	32.57959	13.51564	0.0000
ROAD	1.124683	0.108028	10.41108	0.0000

R-squared	0.844225	Mean dependent var	746.3864
Adjusted R-squared	0.836437	S.D. dependent var	162.8870
S.E. of regression	65.87632	Akaike info criterion	11.29994
Sum squared resid	86793.79	Schwarz criterion	11.39913
Log likelihood	-122.2994	Hannan-Quinn criter.	11.32331
F-statistic	108.3907	Durbin-Watson stat	0.857760
Prob(F-statistic)	0.000000		

图 7–4　人均旅游支出对公路里程的回归结果

Equation: UNTITLED　Workfile: UNTITLED::Untitled\

View | Proc | Object | Print | Name | Freeze | Estimate | Forecast | Stats | Resids

Dependent Variable: CONS
Method: Least Squares
Date: 03/11/17　Time: 13:44
Sample: 1994 2015
Included observations: 22

Variable	Coefficient	Std. Error	t-Statistic	Prob.
C	566.8891	21.33181	26.57483	0.0000
HWAY	38.80641	3.566094	10.88205	0.0000

R-squared	0.855511	Mean dependent var	746.3864
Adjusted R-squared	0.848287	S.D. dependent var	162.8870
S.E. of regression	63.44513	Akaike info criterion	11.22474
Sum squared resid	80505.68	Schwarz criterion	11.32392
Log likelihood	-121.4721	Hannan-Quinn criter.	11.24810
F-statistic	118.4190	Durbin-Watson stat	0.592355
Prob(F-statistic)	0.000000		

图 7–5　人均旅游支出对高速公路里程的回归结果

Equation: UNTITLED　Workfile: UNTITLED::Untitled\

View | Proc | Object | Print | Name | Freeze | Estimate | Forecast | Stats | Resids

Dependent Variable: CONS
Method: Least Squares
Date: 03/11/17　Time: 13:44
Sample: 1994 2015
Included observations: 22

Variable	Coefficient	Std. Error	t-Statistic	Prob.
C	51.64692	82.82429	0.623572	0.5400
RAIL	86.95112	10.15874	8.559241	0.0000

R-squared	0.785547	Mean dependent var	746.3864
Adjusted R-squared	0.774825	S.D. dependent var	162.8870
S.E. of regression	77.29421	Akaike info criterion	11.61962
Sum squared resid	119487.9	Schwarz criterion	11.71881
Log likelihood	-125.8159	Hannan-Quinn criter.	11.64299
F-statistic	73.26061	Durbin-Watson stat	0.469973
Prob(F-statistic)	0.000000		

图 7–6　人均旅游支出对铁路里程的回归结果

综合对比，以高速公路为解释变量的一元线性回归模型拟合最好。以此为基础，分别引入其他变量进行回归，如图 7–7 至图 7–9 所示。

Equation: UNTITLED Workfile: UNTITLED::U...

View | Proc | Object | Print | Name | Freeze | Estimate | Forecast | Stats | Resids

Dependent Variable: CONS
Method: Least Squares
Date: 04/02/17 Time: 09:03
Sample: 1994 2015
Included observations: 22

Variable	Coefficient	Std. Error	t-Statistic	Prob.
C	1206.413	111.7408	10.79653	0.0000
HWAY	24.93082	3.265932	7.633600	0.0000
ENGR	-14.53555	2.521934	-5.763650	0.0000

R-squared	0.947428	Mean dependent var	746.3864
Adjusted R-squared	0.941894	S.D. dependent var	162.8870
S.E. of regression	39.26415	Akaike info criterion	10.30462
Sum squared resid	29291.80	Schwarz criterion	10.45340
Log likelihood	-110.3509	Hannan-Quinn criter.	10.33967
F-statistic	171.2048	Durbin-Watson stat	1.559563
Prob(F-statistic)	0.000000		

图 7-7 人均旅游对高速公路里程、恩格尔系数回归结果

Equation: UNTITLED Workfile: UNTITLED::U...

View | Proc | Object | Print | Name | Freeze | Estimate | Forecast | Stats | Resids

Dependent Variable: CONS
Method: Least Squares
Date: 04/02/17 Time: 09:04
Sample: 1994 2015
Included observations: 22

Variable	Coefficient	Std. Error	t-Statistic	Prob.
C	505.6089	44.10097	11.46480	0.0000
HWAY	22.39342	10.99799	2.036138	0.0559
ROAD	0.504175	0.320866	1.571295	0.1326

R-squared	0.872128	Mean dependent var	746.3864
Adjusted R-squared	0.858667	S.D. dependent var	162.8870
S.E. of regression	61.23612	Akaike info criterion	11.19348
Sum squared resid	71247.39	Schwarz criterion	11.34225
Log likelihood	-120.1282	Hannan-Quinn criter.	11.22852
F-statistic	64.79281	Durbin-Watson stat	0.751096
Prob(F-statistic)	0.000000		

图 7-8 人均旅游支出对高速公路里程、公路里程回归结果

Equation: UNTITLED Workfile: UNTITLED::U...

View | Proc | Object | Print | Name | Freeze | Estimate | Forecast | Stats | Resids

Dependent Variable: CONS
Method: Least Squares
Date: 04/02/17 Time: 09:06
Sample: 1994 2015
Included observations: 22

Variable	Coefficient	Std. Error	t-Statistic	Prob.
C	852.4789	248.9493	3.424307	0.0028
HWAY	58.57033	17.52660	3.341796	0.0034
RAIL	-47.18485	40.98229	-1.151347	0.2639

R-squared	0.864934	Mean dependent var	746.3864
Adjusted R-squared	0.850717	S.D. dependent var	162.8870
S.E. of regression	62.93490	Akaike info criterion	11.24820
Sum squared resid	75255.24	Schwarz criterion	11.39698
Log likelihood	-120.7302	Hannan-Quinn criter.	11.28325
F-statistic	60.83621	Durbin-Watson stat	0.660773
Prob(F-statistic)	0.000000		

图 7-9 人均旅游支出对高速公路里程、铁路里程回归结果

比较来看，图 7–7 的回归结果中，模型的 $\bar{R}^2$ 最高、F 值最大，而且两个参数全部显著，因此以此为基础，继续引入第三个解释变量，分别得到图 7–10、图 7–11 所示的结果。

Equation: UNTITLED　Workfile: UNTITLED::U...

View | Proc | Object | Print | Name | Freeze | Estimate | Forecast | Stats | Resids

Dependent Variable: CONS
Method: Least Squares
Date: 04/02/17　Time: 09:14
Sample: 1994 2015
Included observations: 22

Variable	Coefficient	Std. Error	t-Statistic	Prob.
C	1178.415	134.6930	8.748898	0.0000
HWAY	22.41787	7.214178	3.107474	0.0061
ENGR	-14.14415	2.765521	-5.114460	0.0001
ROAD	0.088670	0.225609	0.393027	0.6989

R-squared	0.947875	Mean dependent var	746.3864
Adjusted R-squared	0.939188	S.D. dependent var	162.8870
S.E. of regression	40.16810	Akaike info criterion	10.38699
Sum squared resid	29042.57	Schwarz criterion	10.58536
Log likelihood	-110.2569	Hannan-Quinn criter.	10.43372
F-statistic	109.1088	Durbin-Watson stat	1.595891
Prob(F-statistic)	0.000000		

图 7–10　人均旅游支出对高速公路里程、恩格尔系数、公路里程回归结果

Equation: UNTITLED　Workfile: UNTITLED::U...

View | Proc | Object | Print | Name | Freeze | Estimate | Forecast | Stats | Resids

Dependent Variable: CONS
Method: Least Squares
Date: 04/02/17　Time: 09:17
Sample: 1994 2015
Included observations: 22

Variable	Coefficient	Std. Error	t-Statistic	Prob.
C	1190.937	171.7345	6.934754	0.0000
HWAY	23.40543	13.03177	1.796029	0.0893
ENGR	-14.64915	2.754568	-5.318132	0.0000
RAIL	3.382831	27.92676	0.121132	0.9049

R-squared	0.947471	Mean dependent var	746.3864
Adjusted R-squared	0.938716	S.D. dependent var	162.8870
S.E. of regression	40.32365	Akaike info criterion	10.39472
Sum squared resid	29267.94	Schwarz criterion	10.59309
Log likelihood	-110.3419	Hannan-Quinn criter.	10.44145
F-statistic	108.2224	Durbin-Watson stat	1.563529
Prob(F-statistic)	0.000000		

图 7–11　人均旅游支出对高速公路里程、恩格尔系数、铁路里程回归结果

图 7–10、图 7–11 的结果没有图 7–7 中的好，说明引入公路里程、铁路里程是不恰当的，所以最终的模型应是图 7–7 的形式，即：

$$\widehat{cons} = 1206.413 + 24.93082\,hway - 14.53555\,engr$$

$$s.e \quad 111.7408 \quad 3.265932 \qquad 2.521934$$

$$t \quad 10.79653 \quad 7.633600 \qquad -5.763650$$

通过对输出结果的考察，发现多重共线性已经消除。模型比较理想，高速公路对旅游支

出产生正向影响，高速公路每增加 1 万千米，城镇人均旅游支出平均增加 23.4 元，说明高速公路建设方便了人们出行，尤其是节约了大量的时间，有力地促进了旅游发展。同时，恩格尔系数对旅游支出产生负向影响，恩格尔系数常常用来反映人们的生活水平，恩格尔系数每降低 1 个百分点，人均旅游支出平均增加 14.65 元。这说明，人们生活水平越高，有更多的支付能力，从而促进旅游发展。

第三节　异方差的检验与消除

一、实验要求

熟悉异方差的戈得菲尔德－匡特检验、怀特检验、戈里瑟检验和帕克检验方法，学会加权最小二乘法消除异方差。

二、实验数据

2015 年全国行业规模以上工业企业利润与主营业务收入见表 7–3。

表 7–3　2015 年全国行业规模以上工业企业利润与主营业务收入　　单位：亿元

行　业	利 润	主营收入	行　业	利 润	主营收入
煤炭开采和洗选业	405.07	23770.31	医药制造业	2717.35	25729.53
石油天然气开采业	692.37	7908.52	化学纤维制造业	306.79	7206.21
黑色金属矿采选业	519.26	7207.49	橡胶塑料制品业	1962.38	31015.89
有色矿采选业	450.82	6234.91	非金属矿制品业	3789.36	58877.11
非金属矿采选业	422.24	5414.6	黑色金属冶炼	589.94	63001.33
开采辅助活动	49.99	1739.96	有色金属冶炼	1459.53	51367.23
其他采矿业	1.45	24.58	金属制品业	2239.34	37257.26
农副食品加工业	3423.92	65378.24	通用设备制造业	3142.93	47039.64
食品制造业	1876.57	21957.58	专用设备制造业	2186.65	35873.75
酒饮料茶制造业	1799.65	17373.35	汽车制造业	6243.25	71069.4
烟草制品业	1199.6	9340.79	交通运输制造业	1106.68	19087.69
纺织业	2224.26	39986.96	电气机械制造业	4524.31	69183.18
纺织服装服饰业	1363.03	22232.83	通信设备制造业	4563.74	91606.58
皮革毛皮羽毛制品	980.8	14659.82	仪器仪表等机械	743.75	8741.75
木竹藤棕草制品业	874.09	13907.42	其他制造业	183.95	2771.98
家具制造业	512.64	7880.67	废弃资源利用业	210.86	3770.88
造纸及纸制品业	792.82	13942.34	金属制品机械修理	48.24	963.78
印刷和记录媒介复制	677.97	7401.81	电力热力生产供应	4976.28	56625.81
文教体用品制造业	927.82	15879.78	燃气生产和供应业	507.21	6343.74
石油炼焦核燃料	732.49	34604.49	水的生产和供应业	187.69	1909.23
化学原料化学制品	4669.98	83564.54			

资料来源：《中国统计年鉴》。

三、实验内容

□ 建立工作文件，创建序列（或变量）并输入数据
□ 异方差检验
□ 异方差处理

四、实验步骤

（一）初步回归

根据表 7–3 的数据，建立一个包含 41 个界面的工作文件（create u 41），企业利润用 prof 表示，主营业务收入用 inco 表示，创建序列组（data prof inco），将表中数据复制到序列组中，并用 OLS 进行初步回归（ls prof c inco），结果如图 7–12 所示。

Equation: UNTITLED　Workfile: UNTITLED::Untitled\

View | Proc | Object | Print | Name | Freeze | Estimate | Forecast | Stats | Resids

Dependent Variable: PROF
Method: Least Squares
Date: 03/11/17　Time: 14:17
Sample: 1 41
Included observations: 41

Variable	Coefficient	Std. Error	t-Statistic	Prob.
C	140.4573	187.0774	0.750798	0.4573
INCO	0.054537	0.005075	10.74721	0.0000

R-squared	0.747577	Mean dependent var	1616.758
Adjusted R-squared	0.741105	S.D. dependent var	1598.187
S.E. of regression	813.1858	Akaike info criterion	16.28735
Sum squared resid	25789572	Schwarz criterion	16.37094
Log likelihood	-331.8906	Hannan-Quinn criter.	16.31779
F-statistic	115.5026	Durbin-Watson stat	1.740183
Prob(F-statistic)	0.000000		

图 7–12　企业利润对主营业务收入的回归结果

（二）异方差检验

1. 图示法

运用命令或菜单方式做散点图（scat inco prof，图 7–13），可以看出，随着主营收入增加，主营利润呈现发散趋势，初步判断可能存在递增的异方差。

或者在回归方程窗口单击【Resids】，得到残差趋势图（图 7–14），可以看出残差有增大的趋势，说明存在异方差。

也可以利用命令方式，绘制解释变量与残差的散点图（scat inco resid，图 7–15），由此可以看出，随着解释变量的增加，残差呈现出发散趋势，说明存在异方差。

2. 怀特检验

在图 7–12 所示的回归方程窗口中执行【View】→【Residual Diagnostics】→【Heteroskedasticity Tests】命令，如图 7–16 所示。

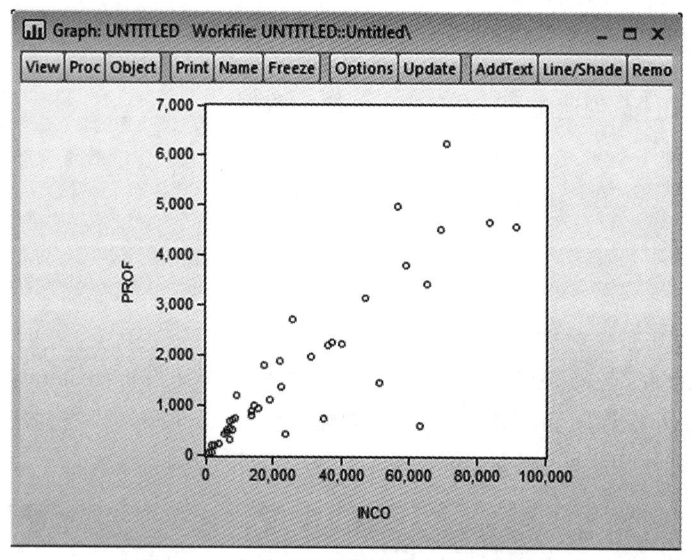

图 7–13　企业利润与主营业务收入散点图

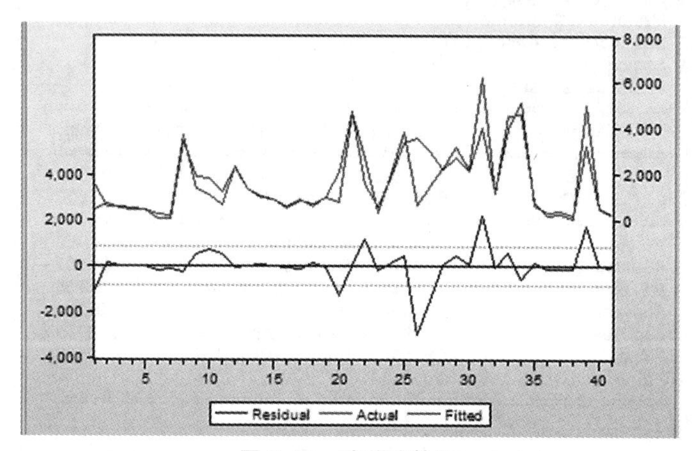

图 7–14　残差趋势图

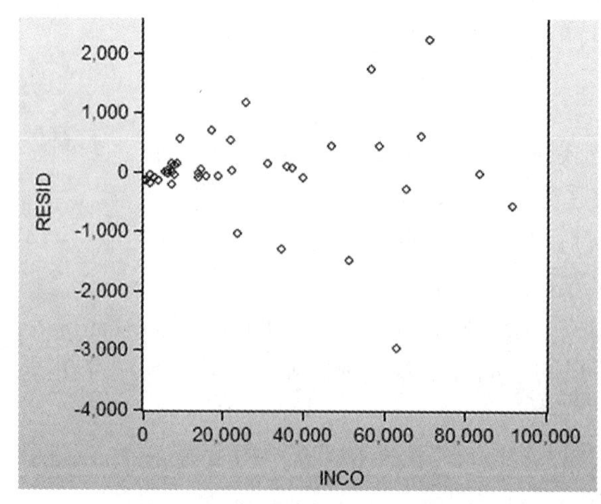

图 7–15　解释变量与残差散点图

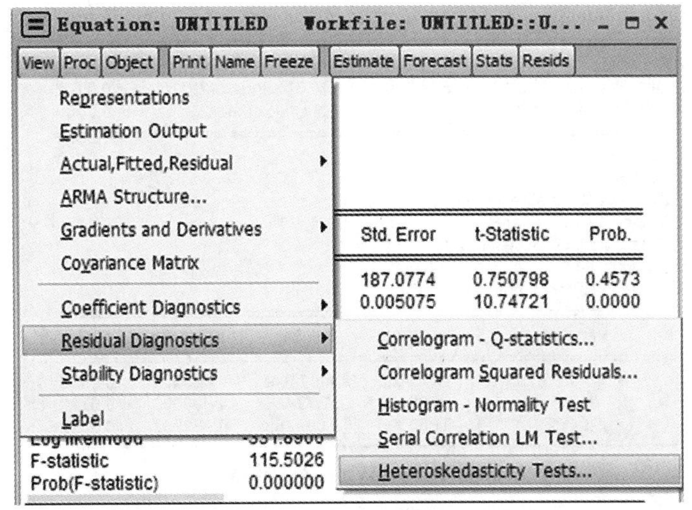

图 7–16　异方差检验菜单

完成后，出现异方差检验（Heteroskedasticity Tests）对话框，如图 7–17 所示。

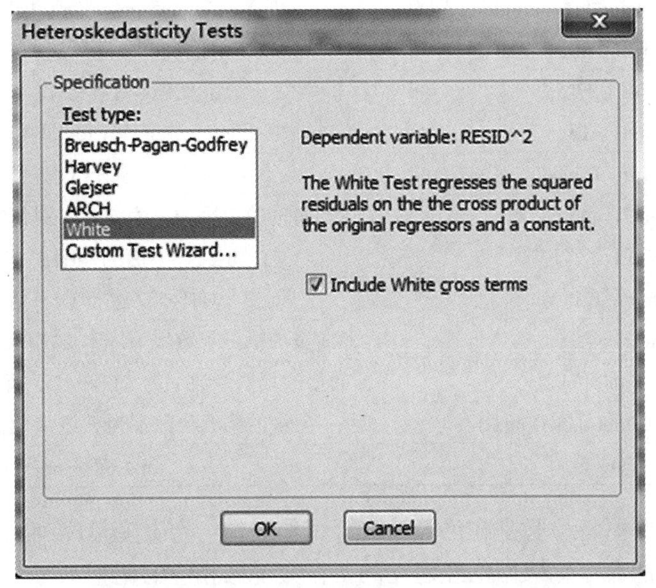

图 7–17　“Heteroskedasticity Tests”对话框

选 White，出现怀特检验结果，如图 7–18 所示。

怀特检验的统计量为 Obs*R–squared（nR^2），通过相伴概率（P 值）可以很方便地判断是否拒绝零假设（同方差）。F 统计量是对所有交叉项系数的显著性检验统计量。在本例中，Obs*R–squared 统计量为 8.50，P 值为 0.014，所以在 0.05 的显著性水平上拒绝零假设，即该模型存在异方差。

3. 匡特检验

匡特检验程序较为烦琐，需要依次执行以下命令，表 7–4 对相关命令做了进一步的说明。

Heteroskedasticity Test: White

F-statistic	4.971856	Prob. F(2,38)	0.0121
Obs*R-squared	8.503559	Prob. Chi-Square(2)	0.0142
Scaled explained SS	25.77373	Prob. Chi-Square(2)	0.0000

Test Equation:
Dependent Variable: RESID^2
Method: Least Squares
Date: 04/02/17 Time: 10:29
Sample: 1 41
Included observations: 41

Variable	Coefficient	Std. Error	t-Statistic	Prob.
C	-430572.3	460110.9	-0.935801	0.3553
INCO	58.99482	32.77485	1.800003	0.0798
INCO^2	-0.000395	0.000403	-0.982237	0.3322

图 7–18 White 检验结果

表 7–4 匡特检验的命令和含义

序号	命 令	含 义
1	vector(5) m	创建一个含有五个数字的向量文件 *m*
2	SORT inco	对解释变量序列进行排序
3	SMPL 1 15	定义样本 1 范围在 1~15
4	m(1)=13	向量的第一个数字为 13，即样本 1 的自由度
5	LS prof C inco	对样本 1 进行 OLS 估计
6	m(2)=@ssr	向量的第二个数字为样本 1 回归的残差平方和
7	SMPL 27 41	定义样本 2 的范围在 27~41
8	LS prof C inco	对样本 2 进行 OLS 估计
9	m(3)=@ssr	向量的第三个数字为样本 2 回归的残差平方和
10	m(4)=m(3)/m(2)	向量的第四个数字为 m(3)/m(2)，即计算 *F* 统计量
11	m(5)=@fdist(m(4),m(1),m(1))	向量的第五个数字为 *F* 统计量显著性水平
12	show m	显示向量 *m*

需要说明的是，匡特检验是在已经建立了工作文件、定义变量序列、输入数据的基础上进行的，因此表中的命令应根据已经建立的工作文件做相应的调整：

一是样本范围，即命令 3 和命令 7。本例中，总的截面数为 41，排序后中间去掉 c 个数据，一般 $n/4<c<n/3$，本例中 $10<c<14$。为简便起见，c 应取奇数，保证样本 1 和 2 的样本容量相等，所以取 11（也可取 13），由此可以计算出样本 1 的范围为 1~15，样本 2 的范围为 27~41。类似地，如果是时间序列数据，也应做相应的处理，只不过样本范围用年份界定，如 1980—2015 年的时间序列数据，中间去掉 10 个数据，则样本 1 的范围为：1980—1992，命令 3 调整为：smpl 1980 1992，样本 2 依次类推。

二是回归命令中的变量名应与已经建立的工作文件中的保持一致。

本例中，执行以上命令后，结果如图 7–19 所示，该图给出了匡特检验的最终结果，在创建的向量 *m* 中，分别包含了样本自由度、样本 1 和 2 回归的残差平方和、*F* 统计量以及相应的 *P* 值，第五个数据就是 *F* 检验的相伴概率（*P* 值），由此可以看出该值远远小于 0，由此拒绝零假设（样本 1 和样本 2 的方差相同，即同方差），说明模型存在异方差。

Vector: M　Workfile: UNTITLED::Untitled\

View | Proc | Object | Print | Name | Freeze | Edit+/- | Label+/- | Sheet | Stats | Graph

M

	C1
	Last updated: 04/02/17 - 11:11
R1	13.00000
R2	106414.4
R3	21813634
R4	204.9875
R5	7.92E-13

图 7-19　匡特检验结果

4. 戈里瑟检验

戈里瑟检验主要通过残差绝对值对解释变量的各种形式回归，选择最显著的回归结果，从而确定异方差的具体形式。所以，其检验程序一般为：首先对原模型进行初步的 OLS 估计，得到残差及其绝对值；其次生成解释变量的各种形式的序列，最后用残差绝对值对解释变量的各种形式进行回归。具体说来有两种方式。

（1）命令方式。

首先创建工作文件（create u 41），定义变量，生成序列组（data prof inco），复制粘贴数据到序列组中，然后进行戈里瑟检验。

由于前面已经做了怀特检验，存在相应的工作文件和相应的序列与数据，所以在这里只需要依次执行以下命令（以本例说明）。

命令 1：ls prof c inco　（得到残差序列）

命令 2：genr e1=abs（resid）（生成残差绝对值）

命令 3：ls e1 c inco　（对一次项回归）

命令 4：genr inco2=inco^2　（生成二次项）

命令 5：ls e1 c inco2　（对二次项回归）

重复第 4、5 个命令（第 4 个命令一般生成解释变量的 h 次方，$h=\pm1,\pm2,\pm0.5,\cdots$）。如输入命令 genr inco3=inco^（-1），生成 inco 的 -1 次方，输入命令 ls e1 c inco3，可对新模型进行回归。

根据上述命令，我们分别对模型 OLS 回归，生成残差绝对值序列和解释变量的 h 次方序列，并分别回归，我们对一次项回归得到图 7-20 的结果，对二次项回归的结果如图 7-21 所示，图 7-22、图 7-23 分别为解释变量的倒数和负二次方的回归结果。

从四个回归结果看，图 7-20 的拟合程度更好，而最后两个回归的参数都不显著，所以可以初步判断异方差的基本形式为解释变量的一次项。

（2）菜单方式。

与怀特检验非常类似。首先对原模型进行 OLS 回归，得到残差（单击戈里瑟检验自动生成残差的绝对值序列）。其次，在回归方程窗口执行【View】→【Residual Diagnostics】→【Heteroskedasticity Test】命令，弹出图 7-24 所示的对话框，选择“Glejser”，弹出图 7-24 的对话框，在对话框中输入回归表达式，如“c inco^2”，表示残差绝对值对解释变量二次项回归（其他幂次检验类似），具体结果如图 7-25 所示。

Equation: UNTITLED Workfile: UNTITLED::U...

View | Proc | Object | Print | Name | Freeze | Estimate | Forecast | Stats | Resids

Dependent Variable: E1
Method: Least Squares
Date: 04/02/17 Time: 14:45
Sample: 1 41
Included observations: 41

Variable	Coefficient	Std. Error	t-Statistic	Prob.
C	87.44843	133.0066	0.657474	0.5147
INCO	0.013301	0.003608	3.686643	0.0007

R-squared	0.258433	Mean dependent var	447.4978
Adjusted R-squared	0.239419	S.D. dependent var	662.9319
S.E. of regression	578.1517	Akaike info criterion	15.60510
Sum squared resid	13036114	Schwarz criterion	15.68869
Log likelihood	-317.9046	Hannan-Quinn criter.	15.63554
F-statistic	13.59134	Durbin-Watson stat	2.195299
Prob(F-statistic)	0.000690		

图 7–20 残差绝对值对解释变量一次项回归结果

Equation: UNTITLED Workfile: UNTITLED::U...

View | Proc | Object | Print | Name | Freeze | Estimate | Forecast | Stats | Resids

Dependent Variable: E1
Method: Least Squares
Date: 04/02/17 Time: 14:47
Sample: 1 41
Included observations: 41

Variable	Coefficient	Std. Error	t-Statistic	Prob.
C	261.0679	113.9756	2.290558	0.0275
INCO2	1.37E-07	4.65E-08	2.947792	0.0054

R-squared	0.182210	Mean dependent var	447.4978
Adjusted R-squared	0.161241	S.D. dependent var	662.9319
S.E. of regression	607.1383	Akaike info criterion	15.70294
Sum squared resid	14376058	Schwarz criterion	15.78653
Log likelihood	-319.9103	Hannan-Quinn criter.	15.73338
F-statistic	8.689481	Durbin-Watson stat	2.128751
Prob(F-statistic)	0.005381		

图 7–21 残差绝对值对解释变量二次项回归结果

Equation: UNTITLED Workfile: UNTITLED::U...

View | Proc | Object | Print | Name | Freeze | Estimate | Forecast | Stats | Resids

Dependent Variable: E1
Method: Least Squares
Date: 04/02/17 Time: 14:50
Sample: 1 41
Included observations: 41

Variable	Coefficient	Std. Error	t-Statistic	Prob.
C	457.0841	106.1397	4.306440	0.0001
INCO1	-8602.128	16694.51	-0.515267	0.6093

R-squared	0.006762	Mean dependent var	447.4978
Adjusted R-squared	-0.018706	S.D. dependent var	662.9319
S.E. of regression	669.1035	Akaike info criterion	15.89731
Sum squared resid	17460283	Schwarz criterion	15.98089
Log likelihood	-323.8948	Hannan-Quinn criter.	15.92774
F-statistic	0.265500	Durbin-Watson stat	1.888266
Prob(F-statistic)	0.609275		

图 7–22 残差绝对值对解释变量倒数的回归结果

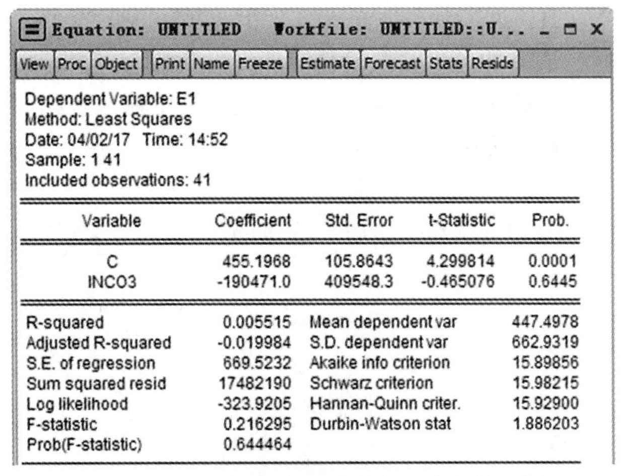
Equation: UNTITLED　Workfile: UNTITLED::U...

View | Proc | Object | Print | Name | Freeze | Estimate | Forecast | Stats | Resids

Dependent Variable: E1
Method: Least Squares
Date: 04/02/17　Time: 14:52
Sample: 1 41
Included observations: 41

Variable	Coefficient	Std. Error	t-Statistic	Prob.
C	455.1968	105.8643	4.299814	0.0001
INCO3	-190471.0	409548.3	-0.465076	0.6445

R-squared	0.005515	Mean dependent var	447.4978
Adjusted R-squared	-0.019984	S.D. dependent var	662.9319
S.E. of regression	669.5232	Akaike info criterion	15.89856
Sum squared resid	17482190	Schwarz criterion	15.98215
Log likelihood	-323.9205	Hannan-Quinn criter.	15.92900
F-statistic	0.216295	Durbin-Watson stat	1.886203
Prob(F-statistic)	0.644464		

图 7–23　残差绝对值对解释变量负二次方的回归结果

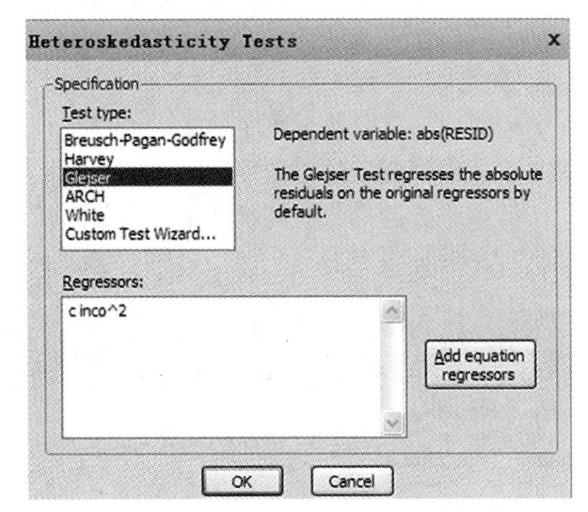

图 7–24　戈里瑟检验对话框

Heteroskedasticity Test: Glejser

F-statistic	8.689481	Prob. F(1,39)	0.0054
Obs*R-squared	7.470593	Prob. Chi-Square(1)	0.0063
Scaled explained SS	13.32994	Prob. Chi-Square(1)	0.0003

Test Equation:
Dependent Variable: ARESID
Method: Least Squares
Date: 04/02/17　Time: 15:20
Sample: 1 41
Included observations: 41

Variable	Coefficient	Std. Error	t-Statistic	Prob.
C	261.0679	113.9756	2.290558	0.0275
INCO^2	1.37E-07	4.65E-08	2.947792	0.0054

R-squared	0.182210	Mean dependent var	447.4978
Adjusted R-squared	0.161241	S.D. dependent var	662.9319
S.E. of regression	607.1383	Akaike info criterion	15.70294
Sum squared resid	14376058	Schwarz criterion	15.78653
Log likelihood	-319.9103	Hannan-Quinn criter.	15.73338
F-statistic	8.689481	Durbin-Watson stat	2.128751
Prob(F-statistic)	0.005381		

图 7–25　戈里瑟检验结果

比较图 7–25 与图 7–21，回归参数完全相同，但菜单方式给出了戈里瑟检验的统计量和检验结果，本例中，对二次项的戈里瑟检验的统计量为 7.47，P 值为 0.0063，说明高度显著，说明存在异方差。类似地可以进一步在戈里瑟检验对话框中输入解释变量其他幂次形式进行检验，然后进行比较，找出异方差的具体形式。

5. 帕克检验

帕克检验主要通过残差平方的对数对解释变量的对数回归。其假定为，μ的方差有如下形式：

$$\sigma_i^2 = \sigma^2 x^{\alpha} e^{v} \tag{7.2}$$

对上式两段取自然对数，并用 e_i^2 替代 σ_i^2，可得：

$$\ln e_i^2 = \alpha_0^* + \alpha \ln x + v \tag{7.3}$$

具体说来有以下两种方式。

（1）命令方式。

与前面的检验基本类似，在已经有工作文件的基础上，依次执行以下命令（以本例说明）。

ls prof c inco　　　　（得到残差序列）
genr e2=log（resid^2）（生成残差平方的对数序列）
genr linco=log（inco）（生成解释变量的对数序列）
ls e2 c linco　　　　（残差平方的对数对解释变量的对数回归）

执行命令后，结果如图 7–26 所示。

Equation: UNTITLED　Workfile: UNTITLED::U...

View | Proc | Object | Print | Name | Freeze | Estimate | Forecast | Stats | Resids

Dependent Variable: E2
Method: Least Squares
Date: 04/02/17　Time: 15:41
Sample: 1 41
Included observations: 41

Variable	Coefficient	Std. Error	t-Statistic	Prob.
C	3.740110	2.826588	1.323189	0.1935
LINCO	0.680609	0.292337	2.328162	0.0252

R-squared	0.122024	Mean dependent var	10.23972
Adjusted R-squared	0.099512	S.D. dependent var	2.985880
S.E. of regression	2.833423	Akaike info criterion	4.968399
Sum squared resid	313.1032	Schwarz criterion	5.051988
Log likelihood	-99.85217	Hannan-Quinn criter.	4.998837
F-statistic	5.420340	Durbin-Watson stat	1.773414
Prob(F-statistic)	0.025182		

图 7–26　帕克检验结果（命令式）

检验结果表明，残差平方的对数对解释变量的对数回归结果显著。

（2）菜单方式。

与戈里瑟检验类似。首先对原模型进行 OLS 回归，得到残差（单击帕克检验自动生成残差平方的对数序列），其次，在回归方程窗口执行【View】→【Residual Diagnostics】→【Heteroskedasticity Test】命令，在弹出的对话框中选择【Harvey】，在对话框中输入回归表达式，如“c log（inco）”（图 7–27），表示残差平方对数对解释变量的对数回归，结果如图 7–28 所示。

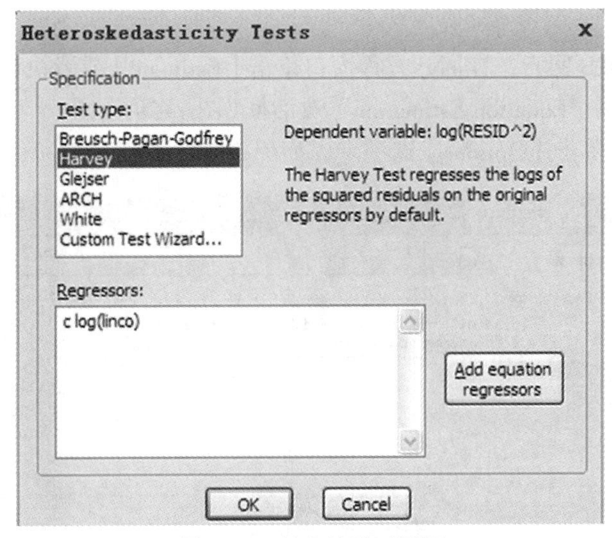

图 7–27　帕克检验对话框

Heteroskedasticity Test: Harvey

F-statistic	5.420340	Prob. F(1,39)	0.0252
Obs*R-squared	5.002977	Prob. Chi-Square(1)	0.0253
Scaled explained SS	8.818195	Prob. Chi-Square(1)	0.0030

Test Equation:
Dependent Variable: LRESID2
Method: Least Squares
Date: 04/02/17 Time: 15:56
Sample: 1 41
Included observations: 41

Variable	Coefficient	Std. Error	t-Statistic	Prob.
C	3.740110	2.826588	1.323189	0.1935
LOG(INCO)	0.680609	0.292337	2.328162	0.0252

R-squared	0.122024	Mean dependent var	10.23972
Adjusted R-squared	0.099512	S.D. dependent var	2.985880
S.E. of regression	2.833423	Akaike info criterion	4.968399
Sum squared resid	313.1032	Schwarz criterion	5.051988
Log likelihood	-99.85217	Hannan-Quinn criter.	4.998837
F-statistic	5.420340	Durbin-Watson stat	1.773414
Prob(F-statistic)	0.025182		

图 7–28　帕克检验结果（菜单式）

图 7–28 所示的回归结果与命令方式的相关参数即图 7–26 中的一致，但菜单方式给出了帕克检验的具体检验结果，检验统计量为 5.002977，P 值为 0.0253，说明在 5% 的水平上显著，说明随机项的方差与解释变量存在显著的关系，即存在异方差。

（三）异方差的处理

消除异方差的关键在于权数的选择，本例中，戈里瑟检验检验表明一次项最为显著，那么权数可以设定为“inco^（–1）”，当然，如果根据帕克检验结果，权数也可以设定为“inco^（–0.4）”（因为根据帕克检验假定，随机项方差是解释变量某个次方的函数，如果检验显著，权数应为该幂次的 –1/2 次方，本例近似为 –0.4），同样也可以消除异方差。这里选择权数为“inco^（–1）”。

1. 菜单式

对原模型进行 OLS 回归，在回归方程窗口单击【Estimate】或者执行【Proc】→【Specify/Estimate】命令，出现“Equation Estimation”对话框（图 7–29）。

在弹出对话框中单击【Options】选项卡，如图 7–30 所示。

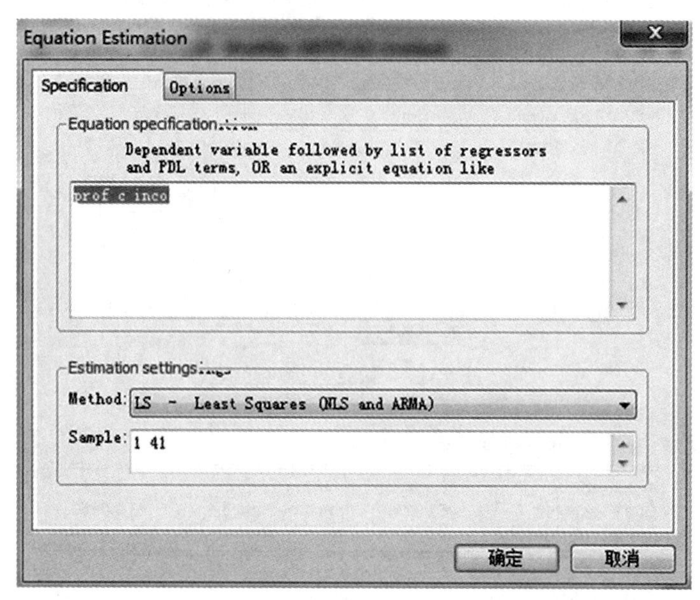

图 7–29 “Equation Estimation”对话框

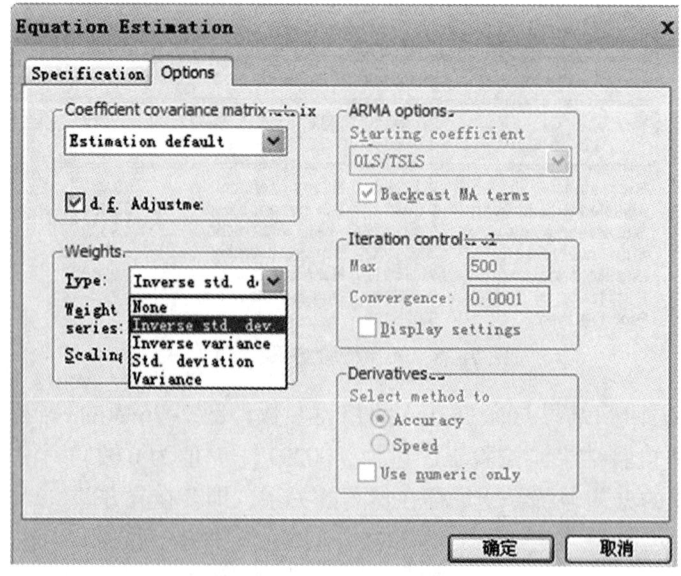

图 7–30 权数设定对话框

权数设定对话框左边中间有权数设定“Weights”一栏，首先选择类型“Type”，该下拉菜单有五种选项：“None”（无权数）、“Inverse std. dev.”（倒标准差）、“Inverse variance”（倒方差）、“Std. deviation”（标准差）、“Variance”（方差）。一般情况下，选择“Inverse std. dev.”。

其次，设置权数。在“Weight series”中输入权数，本例中输入“inco^(-1)”。单击“确定”按钮后输出加权最小二乘估计结果（图 7-31）。注意：当选择无权数“None”时，“Weight series”选项处于不可操作状态，只有选择某种类型后，才可以输入权数。

Equation: UNTITLED　Workfile: UNTITLED::U...

View | Proc | Object | Print | Name | Freeze | Estimate | Forecast | Stats | Resids

Dependent Variable: PROF
Method: Least Squares
Date: 04/02/17　Time: 16:38
Sample: 1 41
Included observations: 41
Weighting series: INCO^(-1)
Weight type: Inverse standard deviation (EViews default scaling)

Variable	Coefficient	Std. Error	t-Statistic	Prob.
C	-0.155181	0.611375	-0.253824	0.8010
INCO	0.065203	0.003887	16.77470	0.0000

Weighted Statistics

R-squared	0.878274	Mean dependent var	58.35385
Adjusted R-squared	0.875152	S.D. dependent var	21.72924
S.E. of regression	21.98790	Akaike info criterion	9.066412
Sum squared resid	18855.24	Schwarz criterion	9.150001
Log likelihood	-183.8615	Hannan-Quinn criter.	9.096851
F-statistic	281.3906	Durbin-Watson stat	1.638796
Prob(F-statistic)	0.000000	Weighted mean dep.	1.642455

Unweighted Statistics

R-squared	0.710183	Mean dependent var	1616.758
Adjusted R-squared	0.702752	S.D. dependent var	1598.187
S.E. of regression	871.3386	Sum squared resid	29610005
Durbin-Watson stat	1.496410		

图 7-31　加权最小二乘估计结果

2. 命令式

运用命令方式也可以进行加权最小二乘估计。在命令区输入命令：ls（权数表达式）被解释变量名 c 解释名，本例中输入命令：ls（w= inco^（-1））prof c inco，执行命令后也可以显示同图 7-31 一样的回归结果。不过，用命令方式进行 WLS 估计，默认的“Type”为倒标准差“Inverse std. dev.”，如果想改变选项，可以在执行命令后的回归方程窗口执行【Estimate】→【Options】命令，进一步更改类型。

再对 WLS 估计后的模型进行 White 检验，看异方差是否消除，结果如图 7-32 所示。

怀特检验结果显示，统计量的 P 值为 0.8086，不能拒绝原假设（同方差），说明异方差已经消除。所以本例中应该按照图 7-30 的加权最小二乘估计，报告回归结果：

$$\hat{prof} = -0.155181 + 0.065203 inco$$
$$\text{s.e}\quad 0.611375 \qquad 0.003887$$
$$t\quad -0.253824 \qquad 16.774770$$

回归分析表明，主营业务收入对企业利润产生正向的影响，当主营业务收入增加 1 亿元，企业利润平均增加 0.065203 亿元。

Equation: UNTITLED Workfile: UNTITLED::U...

View | Proc | Object | Print | Name | Freeze | Estimate | Forecast | Stats | Resids

Heteroskedasticity Test: White

F-statistic	0.198934	Prob. F(2,38)	0.8205
Obs*R-squared	0.424831	Prob. Chi-Square(2)	0.8086
Scaled explained SS	0.477293	Prob. Chi-Square(2)	0.7877

Test Equation:
Dependent Variable: WGT_RESID^2
Method: Least Squares
Date: 04/02/17 Time: 16:48
Sample: 1 41
Included observations: 41
Collinear test regressors dropped from specification

Variable	Coefficient	Std. Error	t-Statistic	Prob.
C	479.6117	141.5564	3.388133	0.0017
WGT^2	1.664473	19.06802	0.087291	0.9309
INCO*WGT^2	-0.082357	0.777762	-0.105890	0.9162

R-squared	0.010362	Mean dependent var	459.8840
Adjusted R-squared	-0.041724	S.D. dependent var	733.7170
S.E. of regression	748.8676	Akaike info criterion	16.14536
Sum squared resid	21310502	Schwarz criterion	16.27074
Log likelihood	-327.9798	Hannan-Quinn criter.	16.19101
F-statistic	0.198934	Durbin-Watson stat	1.723536
Prob(F-statistic)	0.820452		

图 7–32 加权最小二乘估计结果

第四节 自相关的检验与处理

一、实验要求

理解自相关的含义，学会自相关的图示法检验、DW 检验、偏相关系数检验、LM 检验，掌握一阶差分变换，消除自相关。

二、实验数据

1985—2015 年全国农村居民人均纯收入与消费见表 7–5。

表 7–5 1985—2015 年全国农村居民人均纯收入与消费 单位：亿元

年份	消费	收入	年份	消费	收入
1985	317.4	397.6	2001	1741.1	2366.4
1986	357	423.8	2002	1834.3	2475.6
1987	398.3	462.6	2003	1943.3	2622.2
1988	476.7	544.9	2004	2184.7	2936.4
1989	535.4	601.5	2005	2555.4	3254.9
1990	584.6	686.3	2006	2829	3587
1991	619.8	708.6	2007	3223.9	4140.4
1992	659	784	2008	3660.7	4760.6

续表

年份	消费	收入	年份	消费	收入
1993	769.7	921	2009	3993.5	5153.2
1994	1016.8	1221	2010	4381.8	5919
1995	1310.4	1577.7	2011	5221.1	6977.3
1996	1572.1	1926.1	2012	5908	7916.6
1997	1617.2	2090.1	2013	5978.7	8895.9
1998	1590.3	2162	2014	6716.7	9892
1999	1577.4	2210.3	2015	7392.1	10772
2000	1670.1	2253.4			

资料来源：《中国统计年鉴》。

三、实验内容

□ 创建工作文件，创建变量并输入数据

□ 建立模型并输出结果

□ 输出 Y 的实际观察值序列（Actual）、拟合值序列（Fitted）以及残差序列（Residual），并给出残差图（Residual Plot），输出残差 e_t 和 e_{t-1} 的散点图

□ DW 检验是否存在一阶自相关

□ 偏相关系数检验和 LM 检验是否存在高阶自相关

□ 自相关的消除

四、实验步骤

（一）OLS 估计

建立 1985—2015 年的时间序列工作文件，创建序列组，并输入数据，定义消费为 cons，收入为 inco，建立一元线性模型进行回归，结果如图 7-33 所示。

Equation: UNTITLED　Workfile: UNTITLED::U...

View | Proc | Object | Print | Name | Freeze | Estimate | Forecast | Stats | Resids

Dependent Variable: CONS
Method: Least Squares
Date: 04/02/17 Time: 17:12
Sample: 1985 2015
Included observations: 31

Variable	Coefficient	Std. Error	t-Statistic	Prob.
C	165.8502	41.12262	4.033065	0.0004
INCO	0.690529	0.009452	73.05802	0.0000

R-squared	0.994596	Mean dependent var	2407.629
Adjusted R-squared	0.994410	S.D. dependent var	2038.695
S.E. of regression	152.4293	Akaike info criterion	12.95362
Sum squared resid	673805.7	Schwarz criterion	13.04613
Log likelihood	-198.7811	Hannan-Quinn criter.	12.98378
F-statistic	5337.474	Durbin-Watson stat	0.682432
Prob(F-statistic)	0.000000		

图 7-33　农村居民人均消费对人均收入的初步回归结果

（二）自相关检验

1. 图示法

单击回归方程窗口【Resids】或执行【View】→【Actual，Fitted，Residual】→【Actual，Fitted，Residual Graph】命令，输出残差趋势图（图 7–34）。

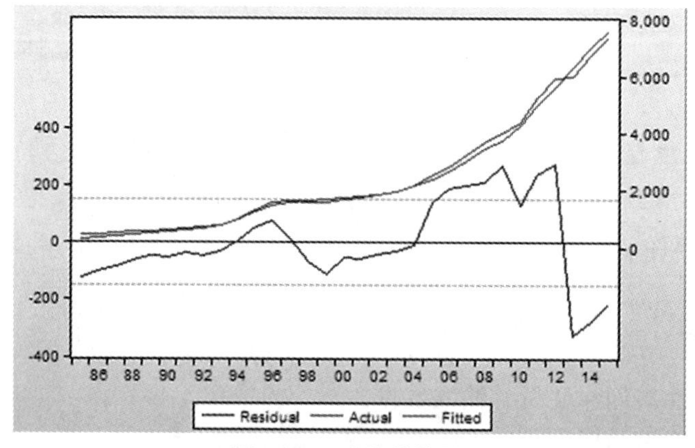

图 7–34　残差趋势图

由残差趋势图可以看出，残差随着时间的变化连续上升或下降，说明存在正的自相关趋势。

利用命令方式（scat resid（–1）resid）生成残差与其滞后项的散点图（图 7–35）。

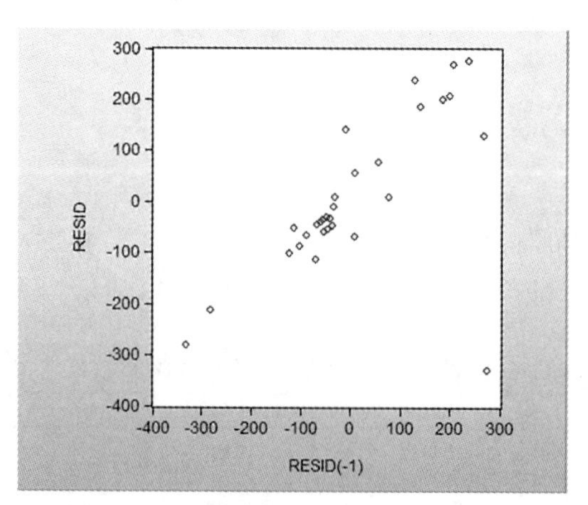

图 7–35　残差趋势与其滞后项的散点图

由图 7–35 可以看出，残差与其滞后项之间存在着明显的正相关关系，说明该模型存在自相关性。

2. DW 检验

图 7–33 的初步回归结果报告了 DW 统计量，为 0.68，查 DW 临界值表可知，$D_{L,\ 31}$=1.36；$D_{U,\ 31}$=1.50，显然 DW< $D_{L,\ 31}$，说明模型存在正的一阶自相关。

3. 偏相关系数检验（Q 检验）

（1）命令式。

在命令区输入命令：ident resid。

执行命令后，出现图 7–36 所示的对话框，滞后期默认为 16，单击 OK 按钮，出现偏相关系数检验结果（图 7–39）。

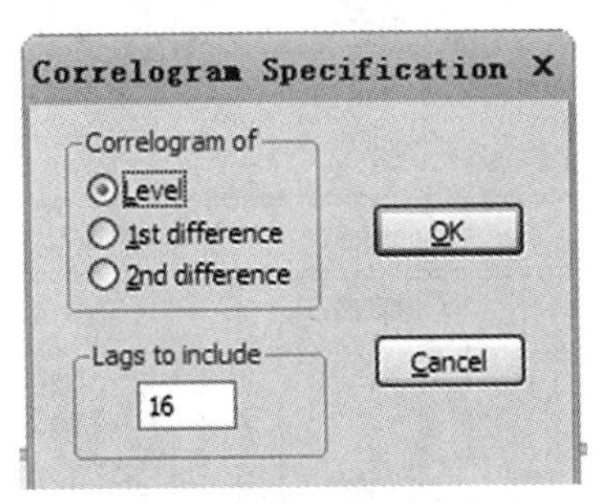

图 7–36　自相关检验对话框

（2）菜单式。

在回归方程窗口执行【View】→【Residual- Diagnostics】→【Correlogram–Q–statistics】命令，如图 7–37 所示。

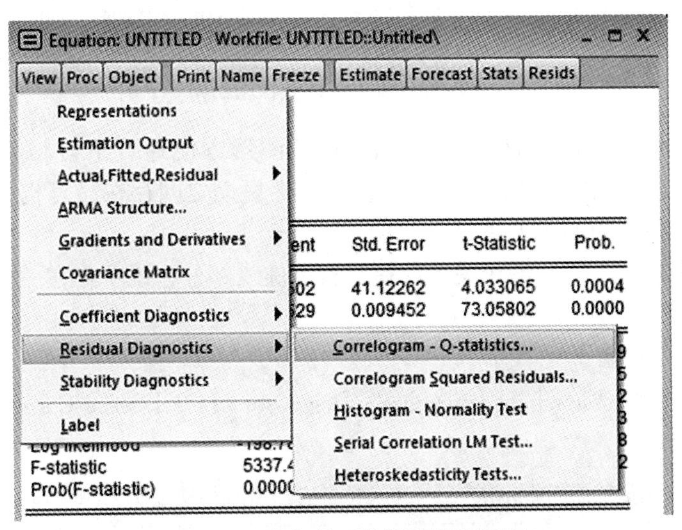

图 7–37　偏相关系数检验操作界面

选择“Correlogram–Q–statistics”后，软件会出现一个滞后期设定对话框（图 7–38），默认为 16，单击 OK 按钮后，出现最终的检验结果（图 7–39）。

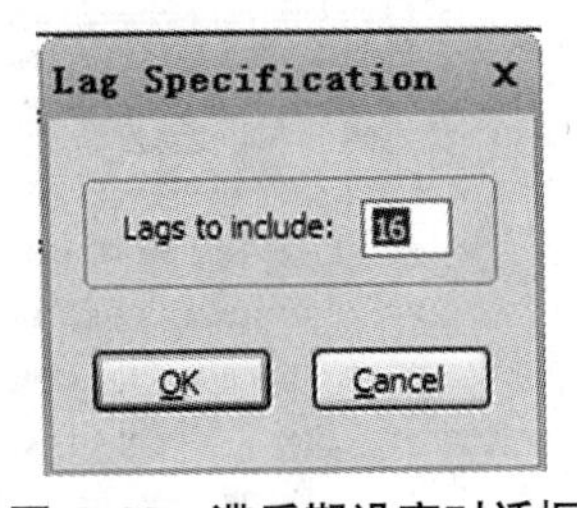

图 7–38　滞后期设定对话框

偏相关系数回归结果包括以下几个部分：Autocorrelation（自相关图）、Partial correlation（偏相关图）、滞后期、AC（自相关系数）、PAC（偏相关系数）、Q–Stat：（Q 统计量）、Prob（P 值）。

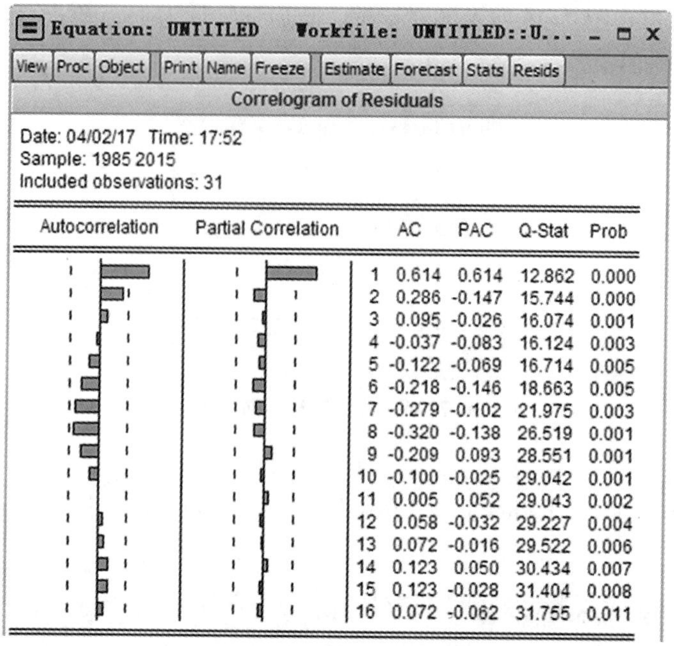

Equation: UNTITLED Workfile: UNTITLED::U...

View | Proc | Object | Print | Name | Freeze | Estimate | Forecast | Stats | Resids

Correlogram of Residuals

Date: 04/02/17 Time: 17:52
Sample: 1985 2015
Included observations: 31

Autocorrelation	Partial Correlation		AC	PAC	Q-Stat	Prob
		1	0.614	0.614	12.862	0.000
		2	0.286	-0.147	15.744	0.000
		3	0.095	-0.026	16.074	0.001
		4	-0.037	-0.083	16.124	0.003
		5	-0.122	-0.069	16.714	0.005
		6	-0.218	-0.146	18.663	0.005
		7	-0.279	-0.102	21.975	0.003
		8	-0.320	-0.138	26.519	0.001
		9	-0.209	0.093	28.551	0.001
		10	-0.100	-0.025	29.042	0.001
		11	0.005	0.052	29.043	0.002
		12	0.058	-0.032	29.227	0.004
		13	0.072	-0.016	29.522	0.006
		14	0.123	0.050	30.434	0.007
		15	0.123	-0.028	31.404	0.008
		16	0.072	-0.062	31.755	0.011

图 7–39 偏相关系数检验结果

这里只需要看第二列的偏相关系数图，可从图形方便地看出自相关情况，虚线表示 ±0.5，超出表明相关系数绝对值大于 0.5，即与某滞后期之间存在显著相关。同时，PAC 一列也给出了各滞后项之间的相关系数。

本例中，只有滞后 1 期的偏相关系数超出右边虚线部分，说明存在一阶正自相关，不存在高阶自相关。

4. LM 检验（BG 检验）

在方程窗口执行【View】→【Residual- Diagnostics】→【Serial Correlation LM Test】命令，如图 7–40 所示。

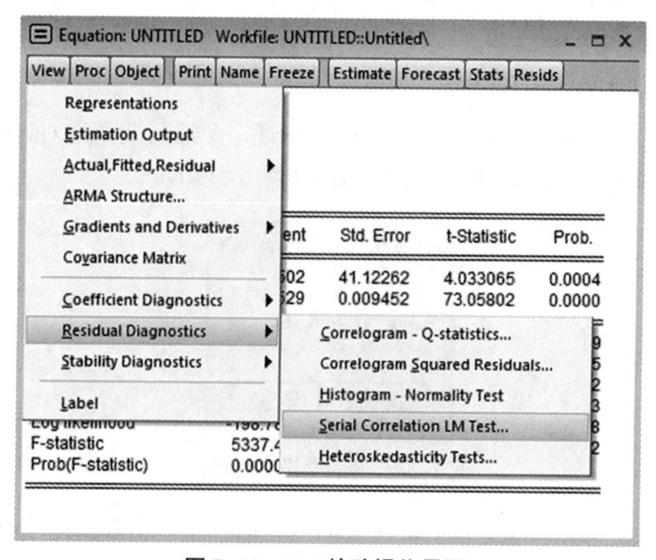

图 7–40 LM 检验操作界面

选择 LM 检验后，出现图 7–41 所示的滞后期设定对话框。

在对话框中输入滞后期长度，一般从滞后 2 期开始（因为 DW 已经检验了一阶自相关），单击 OK 按钮，可以显示检验结果（图 7–42），LM 检验需要依次增加滞后期数，逐个检验，直到不显著为止，从而确定自相关的阶数。

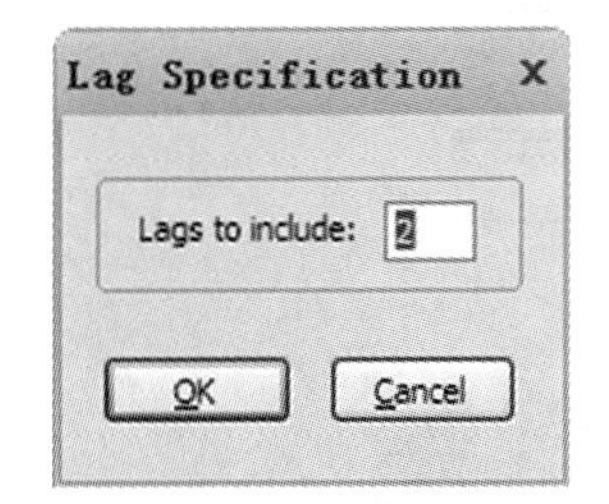

图 7–41 滞后期设定对话框

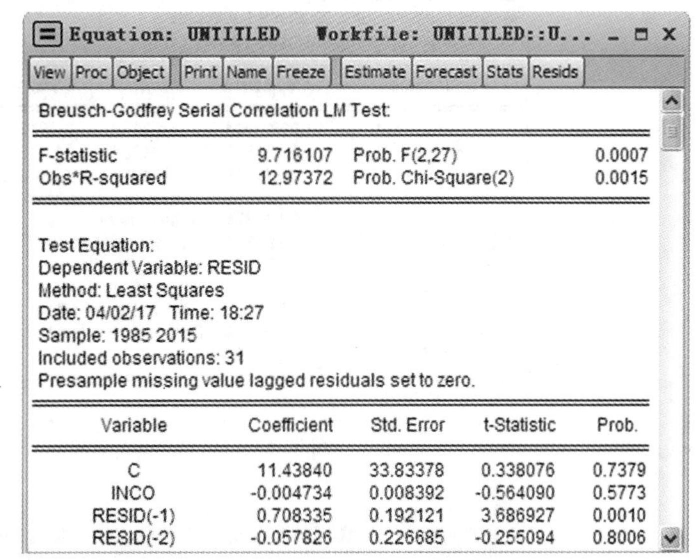

Equation: UNTITLED Workfile: UNTITLED::U...

View | Proc | Object | Print | Name | Freeze | Estimate | Forecast | Stats | Resids

Breusch-Godfrey Serial Correlation LM Test:

F-statistic	9.716107	Prob. F(2,27)	0.0007
Obs*R-squared	12.97372	Prob. Chi-Square(2)	0.0015

Test Equation:
Dependent Variable: RESID
Method: Least Squares
Date: 04/02/17 Time: 18:27
Sample: 1985 2015
Included observations: 31
Presample missing value lagged residuals set to zero.

Variable	Coefficient	Std. Error	t-Statistic	Prob.
C	11.43840	33.83378	0.338076	0.7379
INCO	-0.004734	0.008392	-0.564090	0.5773
RESID(-1)	0.708335	0.192121	3.686927	0.0010
RESID(-2)	-0.057826	0.226685	-0.255094	0.8006

图 7–42 LM 检验结果

（三）自相关处理

以上检验表明，农村居民人均消费与人均收入回归模型存在一阶自相关，需要通过广义差分变化进行消除。如前所述，广义差分变换需要知道自相关系数，迭代法就是一种常用的方法，EViews 给出了用迭代法进行估计的命令 ar，如果检验存在几阶自相关就分别在 ar 后的括号中加上自相关阶数，例如 ar（1）、ar（2）等。

本例的检验结果表明存在一阶自相关，故最后回归命令为 ls cons c inco ar（1）。

执行命令后回归结果如图 7–43 所示。从迭代估计结果可以看出，DW=1.966，由于 $D_{L,31}=1.36$；$D_{U,31}=1.50$，$D_{U,31}<DW<4-D_{U,31}$，说明已经不存在一阶自相关，进一步可以对其进行偏相关系数检验，结果如图 7–44 所示。由此可以看出，没有任何一期的偏相关系数超过虚线部分，说明自相关已经消除，所以本例最终回归结果应为迭代估计，如图 7–43 所示的结果。具体报告如下：

$$\hat{cons} = 232.9901 + 0.673518\,inco$$

$$s.e \quad 111.9236 \quad 0.021397$$

$$t \quad 2.081688 \quad 31.47694$$

$$[AR(1)=0.680330 \quad t=4.390477]$$

（注：AR 项的含义相当于：$\hat{\mu}_t = 0.68033\mu_{t-1}$）。回归分析表明，农村居民收入对消费产生正向影响，平均边际消费倾向为 0.68。

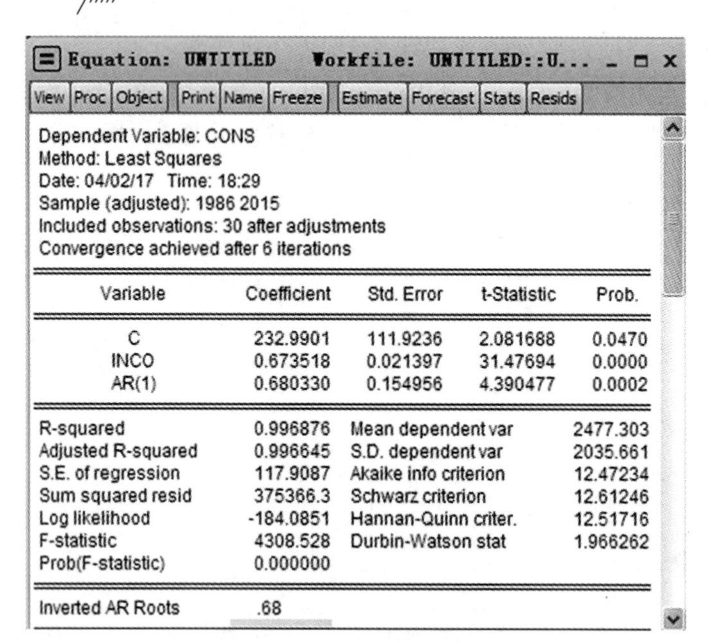
Equation: UNTITLED Workfile: UNTITLED::U...

View | Proc | Object | Print | Name | Freeze | Estimate | Forecast | Stats | Resids

Dependent Variable: CONS
Method: Least Squares
Date: 04/02/17 Time: 18:29
Sample (adjusted): 1986 2015
Included observations: 30 after adjustments
Convergence achieved after 6 iterations

Variable	Coefficient	Std. Error	t-Statistic	Prob.
C	232.9901	111.9236	2.081688	0.0470
INCO	0.673518	0.021397	31.47694	0.0000
AR(1)	0.680330	0.154956	4.390477	0.0002

R-squared	0.996876	Mean dependent var	2477.303
Adjusted R-squared	0.996645	S.D. dependent var	2035.661
S.E. of regression	117.9087	Akaike info criterion	12.47234
Sum squared resid	375366.3	Schwarz criterion	12.61246
Log likelihood	-184.0851	Hannan-Quinn criter.	12.51716
F-statistic	4308.528	Durbin-Watson stat	1.966262
Prob(F-statistic)	0.000000		

Inverted AR Roots	.68

图 7–43 迭代法估计结果

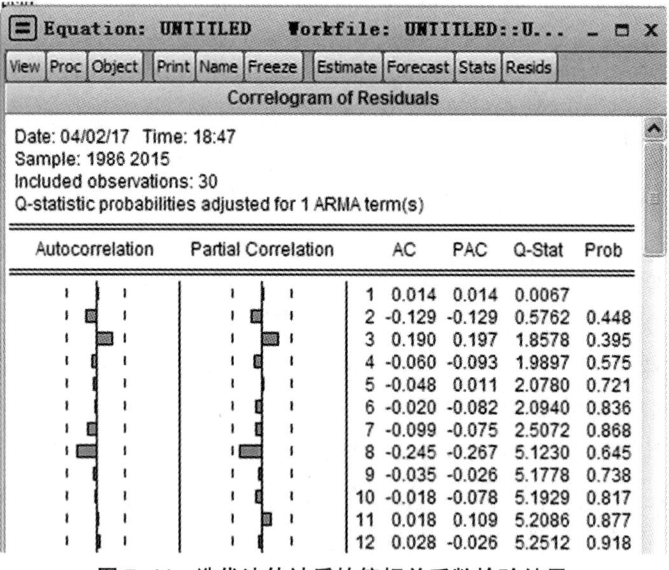
Equation: UNTITLED Workfile: UNTITLED::U...

View | Proc | Object | Print | Name | Freeze | Estimate | Forecast | Stats | Resids

Correlogram of Residuals

Date: 04/02/17 Time: 18:47
Sample: 1986 2015
Included observations: 30
Q-statistic probabilities adjusted for 1 ARMA term(s)

	AC	PAC	Q-Stat	Prob
1	0.014	0.014	0.0067	
2	-0.129	-0.129	0.5762	0.448
3	0.190	0.197	1.8578	0.395
4	-0.060	-0.093	1.9897	0.575
5	-0.048	0.011	2.0780	0.721
6	-0.020	-0.082	2.0940	0.836
7	-0.099	-0.075	2.5072	0.868
8	-0.245	-0.267	5.1230	0.645
9	-0.035	-0.026	5.1778	0.738
10	-0.018	-0.078	5.1929	0.817
11	0.018	0.109	5.2086	0.877
12	0.028	-0.026	5.2512	0.918

图 7–44 迭代法估计后的偏相关系数检验结果

小 结

现实中，经济变量之间往往存在较高的共线性，如果多元模型中，解释变量之间高度相关，则容易产生多重共线性，引起参数估计量的方差增大，精度差和 t 值较低等。多重共线性的检验方法包括：相关系数检验、方差膨胀因子检验和综合检验法等。解决共线性的方法包括减少估计参数、改变变量形式等多种方法。

异方差是在现实中常遇到的问题，表现为递增、递减或不规则的异方差，使得参数估计量失去有效性。它常常采用图示法、怀特检验、匡特检验、戈里瑟检验和帕克检验。消除异方差主要通过加权最小二乘法（WLS）进行。

时间序列数据往往存在较多的自相关，导致 OLS 估计失去有效性。检验方法包括图示法、DW 检验、回归检验、偏相关系数检验和拉格朗日乘数（LM）检验。消除自相关的方法往往进行广义差分变换。

思　考　题

1. 多重共线性的实质是什么？为什么会出现多重共线性？
2. 什么是加权最小二乘法？它的基本思想是什么？
3. DW 检验的应用范围是什么？如何进行检验？该方法的不足之处有哪些？
4. 广义差分变换的实质是什么？

第三部分　扩展计量模型

第八章　虚拟变量模型

第一节　知识准备

一、虚拟变量模型的含义

在实际建模过程中，一些定性因素如性别、民族、不同历史时期、季节差异、企业所有制性质等对被解释变量的影响常常需要考虑在内，所以模型中应纳入这些因素。但定性因素往往表现为某种特征的有和无，很难用数据直接度量，所以构造一个人工变量，取值为 1 或 0，这种变量称作虚拟变量，用 D 表示。含有虚拟变量的模型称为虚拟变量模型。

二、虚拟变量的设置

当某定性因素具有 m 种属性时，应该引入 $m-1$ 个虚拟变量，如季节具有四个属性，则应引入三个虚拟变量：

$$D_1=\begin{cases}1 & (1季度)\\ 0 & (2,3,4季度)\end{cases}\qquad D_2=\begin{cases}1 & (2季度)\\ 0 & (1,3,4季度)\end{cases}\qquad D_3=\begin{cases}1 & (3季度)\\ 0 & (1,2,4季度)\end{cases}$$

如果引入四个虚拟变量，则恒有 $D_1+D_2+D_3+D_4=1$，则会产生完全的多重共线性。但是，如果模型没有常数项，则应引入四个虚拟变量。

需要注意的是，关于定性变量中的哪个类别取 0，哪个类别取 1，并不影响检验结果。一般将比较的基础设置为 0。

三、虚拟变量模型的应用

（一）测定截距变动

将虚拟变量作为一个单独的解释变量引入模型，就可以测定截距变动，如：

$$y=\beta_0+\beta_1 x+\beta_2 D+\mu \tag{8.1}$$

其中：y,x 为定量变量；D 为虚拟变量。当 $D=0$ 或 1 时，模型可表达为：

$$y=\begin{cases}\beta_0+\beta_1 x+\mu & D=0\\ (\beta_0+\beta_2)+\beta_1 x+\mu & D=1\end{cases} \tag{8.2}$$

对于虚拟变量的两种情况比较看，仅仅是截距不同，该差异被认为是虚拟变量引起的，这种引入方式称为加法模型（方式）。

（二）测定斜率变动

将虚拟变量与解释变量的交叉项引入模型，就可以测定斜率变动，例如：

$$y = \beta_0 + \beta_1 x + \beta_2 x \times D + \mu \tag{8.3}$$

模型中的变量含义与（8.1）相同。当 $D=0$ 或 1 时，模型（8.3）可表示为：

$$y = \begin{cases} \beta_0 + \beta_1 x + \mu & D=0 \\ \beta_0 + (\beta_1 + \beta_2)x + \mu & D=1 \end{cases} \tag{8.4}$$

比较虚拟变量的两种情况，只是斜率不同，该差异被认为是虚拟变量引起的，这种引入方式称为乘法模型（方式）。

事实上，人们在回归时为了检验虚拟变量的影响，常常是加法和乘法同时引入，称为混合方式，例如：

$$y = \beta_0 + \beta_1 x + \beta_2 D + \beta_3 x \times D + \mu \tag{8.5}$$

通过检验虚拟变量 D 以及虚拟变量与解释变量交互项的系数是否显著，进而确定具体形式。

（三）模型结构的稳定性检验

如有两个样本，是否可以合并？

样本 1：$y = b_0 + b_1 x + \mu_t$

样本 2：$y = a_0 + a_1 x + \mu_t$

设定虚拟变量 $D = \begin{cases} 1 \ldots\ldots \text{样本 2} \\ 0 \ldots\ldots \text{样本 1} \end{cases}$

将两个样本合并，（以取值为 0 的样本模型为基础，引入虚拟变量的系数等于取值为 1 的参数与取值为 0 的相应参数之差），建立以下模型：

$$y = b_0 + (a_0 - b_0)D_1 + b_1 x + (a_1 - b_1)xD_1 + \mu_t \tag{8.6}$$

（1）重合回归：D_1、xD_1 的系数均为零。

（2）平行回归：D_1 的系数不等于零，xD_1 的系数为零。

（3）汇合回归：D_1 的系数等于零，xD_1 的系数不等于零。

（4）相异回归：D_1、xD_1 的系数均不等于零。

只有第一种情况下，模型结构是稳定的。

（四）分段回归

在回归模型中加入一个虚拟变量与解释变量和间断点观测值差的乘积项，可以测定回归模型中的断点问题，形式如下：

$$y = \beta_0 + \beta_1 x + \beta_2 (x - x^*)D_1 + \mu \tag{8.7}$$

第二节　虚拟变量模型回归

一、实验要求

掌握虚拟变量的应用方法。学会构建虚拟变量模型，能够利用软件对虚拟变量模型参数估计并检验。

二、实验数据

2015 年全国部分地区居民人均消费与收入见表 8–1。

表 8–1　2015 年全国部分地区居民人均消费与收入　　单位：元

地区	人均消费 / CONS	人均收入 / INCO	D1	D2	IND1	IND2
北京	33802.8	48458	1	0	48458	0
天津	24162.5	31291.4	1	0	31291.4	0
河北	13030.7	18118.1	1	0	18118.1	0
山西	11729.1	17853.7	0	1	0	17853.7
内蒙古	17178.5	22310.1	0	1	0	22310.1
辽宁	17199.8	24575.6	1	0	24575.6	0
吉林	13763.9	18683.7	0	1	0	18683.7
黑龙江	13402.5	18592.7	0	1	0	18592.7
上海	34783.6	49867.2	1	0	49867.2	0
江苏	20555.6	29538.9	1	0	29538.9	0
浙江	24116.9	35537.1	1	0	35537.1	0
安徽	12840.1	18362.6	0	1	0	18362.6
福建	18850.2	25404.4	1	0	25404.4	0
江西	12403.4	18437.1	0	1	0	18437.1
山东	14578.4	22703.2	1	0	22703.2	0
河南	11835.1	17124.8	0	1	0	17124.8
湖北	14316.5	20025.6	0	1	0	20025.6
湖南	14267.3	19317.5	0	1	0	19317.5
广东	20975.7	27858.9	1	0	27858.9	0
广西	11401	16873.4	0	0	0	0
海南	13575	18979	1	0	18979	0
重庆	15139.5	20110.1	0	0	0	0
四川	13632.1	17221	0	0	0	0
贵州	10413.8	13696.6	0	0	0	0
云南	11005.4	15222.6	0	0	0	0
西藏	8245.8	12254.3	0	0	0	0
陕西	13087.2	17395	0	0	0	0

续表

地区	人均消费 / CONS	人均收入 / INCO	D1	D2	IND1	IND2
甘肃	10950.8	13466.6	0	0	0	0
青海	13611.3	15812.7	0	0	0	0
宁夏	13815.6	17329.1	0	0	0	0
新疆	12867.4	16859.1	0	0	0	0

资料来源：《中国统计年鉴》。IND1=INCO × D1，IND2=INCO × D2。

三、实验内容

☐ 创建工作文件，创建变量并输入数据
☐ 构建虚拟变量模型
☐ 估计虚拟变量模型
☐ 适当调整模型

四、实验步骤

（一）基础准备

1. 创建工作文件

创建一个时间包含 31 个截面的工作文件（create u 31）。

2. 创建序列组

用 cons 表示消费，inco 表示收入，引入两个虚拟变量 D_1、D_2。

$$D_1=\begin{cases}1\ 东部\\0\ 其他\end{cases},\quad D_2=\begin{cases}1\ 中部\\0\ 其他\end{cases} \tag{8.8}$$

在命令窗口输入命令：data cons inco d1 d2 ind1 ind2，创建变量，并输入数据。

（二）构建虚拟变量模型

1. 加法方式

为分析不同地区之间农村居民消费的差异，我们以加法方式引入，建立如下虚拟变量模型：

$$\mathrm{con}\,s_i=\beta_0+\beta_1\,\mathrm{inco}+\beta_2 D_1+\beta_3 D_2+\mu \tag{8.9}$$

2. 乘法方式

如果想进一步分析不同地区之间农村居民边际消费倾向的差异，我们可以通过乘法方式引入虚拟变量，构建模型如下：

$$\mathrm{con}\,s_i=\beta_0+\beta_1\,\mathrm{inco}+\beta_2\,\mathrm{in}\,D_1+\beta_3\,\mathrm{in}\,D_2+\mu \tag{8.10}$$

（三）估计虚拟变量模型

1. 估计加法模型

对式（8.9）式的估计，可以在命令区输入命令：ls cons c inco d1 d2，执行命令后估计结果如图 8–1 所示。

Equation: UNTITLED Workfile: UNTITLED::U...

View | Proc | Object | Print | Name | Freeze | Estimate | Forecast | Stats | Resids

Dependent Variable: CONS
Method: Least Squares
Date: 04/09/17 Time: 13:26
Sample: 1 31
Included observations: 31

Variable	Coefficient	Std. Error	t-Statistic	Prob.
C	989.3226	495.6894	1.995852	0.0561
INCO	0.699540	0.025897	27.01239	0.0000
D1	-702.8065	531.1724	-1.323123	0.1969
D2	-731.6120	411.4184	-1.778268	0.0866

R-squared	0.980987	Mean dependent var	15856.05
Adjusted R-squared	0.978875	S.D. dependent var	6188.567
S.E. of regression	899.4758	Akaike info criterion	16.56142
Sum squared resid	21844533	Schwarz criterion	16.74645
Log likelihood	-252.7019	Hannan-Quinn criter.	16.62173
F-statistic	464.3705	Durbin-Watson stat	1.882333
Prob(F-statistic)	0.000000		

图 8–1　加法模型估计结果

由估计结果可以看出，D_1 的系数不显著，D_2 的系数在 10% 的水平上显著，说明东部和西部地区农村居民消费没有显著差异，而中部与其他地区存在差异。

2. 估计乘法模型

利用命令对式（8.10）进行估计，估计命令为：ls cons c inco ind1 ind2，结果如图 8–2 所示。

Equation: UNTITLED Workfile: UNTITLED::U...

View | Proc | Object | Print | Name | Freeze | Estimate | Forecast | Stats | Resids

Dependent Variable: CONS
Method: Least Squares
Date: 04/09/17 Time: 13:34
Sample: 1 31
Included observations: 31

Variable	Coefficient	Std. Error	t-Statistic	Prob.
C	156.3007	764.5355	0.204439	0.8395
INCO	0.752327	0.049753	15.12123	0.0000
IND1	-0.049967	0.030524	-1.636966	0.1132
IND2	-0.045357	0.023822	-1.904015	0.0676

R-squared	0.981304	Mean dependent var	15856.05
Adjusted R-squared	0.979226	S.D. dependent var	6188.567
S.E. of regression	891.9599	Akaike info criterion	16.54463
Sum squared resid	21480996	Schwarz criterion	16.72966
Log likelihood	-252.4418	Hannan-Quinn criter.	16.60495
F-statistic	472.3817	Durbin-Watson stat	1.926397
Prob(F-statistic)	0.000000		

图 8–2　乘法模型估计结果

估计结果表明，ind1 的系数不显著，ind2 的系数在 10% 的水平上显著，说明东部和西部地区农村居民的边际消费倾向没有显著差异，而中部与东部和西部地区有一定差异。

（四）模型调整

有前面分析可知，无论是加法模型还是乘法模型，D_1 的系数都不显著，而 D_2 的系数显著，说明东部和西部地区之间没有显著性差异，所以可以考虑将这两个地区合并，为了尽快检验具体形式，这里可以采用混合方式构建如下模型：

$$\text{cons}_i = \beta_0 + \beta_1 \text{inco} + \beta_2 D_2 + \beta_3 \text{in} D_2 + \mu \tag{8.11}$$

式（8.11）中，虚拟变量的实质是分析中部地区和东、西部地区农村居民消费的差异研究（当 D_2 为 1 时，表示中部地区，为 0 时表示非中部地区，即东部地区和西部地区）。

在命令区输入命令：ls cons c inco d2 ind2，得到的估计结果如图 8–3 所示。

Equation: UNTITLED　Workfile: UNTITLED::U...

View | Proc | Object | Print | Name | Freeze | Estimate | Forecast | Stats | Resids

Dependent Variable: CONS
Method: Least Squares
Date: 04/09/17　Time: 13:49
Sample: 1 31
Included observations: 31

Variable	Coefficient	Std. Error	t-Statistic	Prob.
C	1259.425	456.9430	2.756198	0.0104
INCO	0.672655	0.018080	37.20460	0.0000
D2	-8279.590	3919.172	-2.112587	0.0440
IND2	0.410587	0.205448	1.998500	0.0558

R-squared	0.982364	Mean dependent var	15856.05
Adjusted R-squared	0.980404	S.D. dependent var	6188.567
S.E. of regression	866.3125	Akaike info criterion	16.48628
Sum squared resid	20263426	Schwarz criterion	16.67131
Log likelihood	-251.5374	Hannan-Quinn criter.	16.54660
F-statistic	501.3065	Durbin-Watson stat	1.701432
Prob(F-statistic)	0.000000		

图 8–3　混合模型估计结果

结果显示，加法项的系数通过了 5% 的显著水平，乘法项系数接近 5% 的显著水平，比前面两个模型更为显著，拟合优度和 F 统计量也显著提高，说明调整后的模型更优。从最终结果看，中部农村居民消费与东部、西部地区有着显著的差异。

小　结

对于定性因素，由于难以定量度量，常常通过引入虚拟变量建立模型进行研究。虚拟变量的设置常常将比较的基础取值为 0，如果因素有 m 个属性，则引入 $m-1$ 个虚拟变量，通过加法或乘法形式引入模型之中。虚拟变量模型在分析季节变动、分段回归、模型稳定性检验等方面有着较多的应用。

思　考　题

1. 什么是虚拟变量？它在模型中的主要作用是什么？
2. 虚拟变量的引入方式是什么？它们各种适用什么情况？
3. 引入虚拟变量的背景是什么？不同引入方式会产生何种效应？

第九章　滞后变量模型

第一节　知识准备

一、滞后效应与滞后变量模型

（一）滞后效应

解释变量与被解释变量的因果联系不可能在短时间内完成，在这一过程中通常都存在时间滞后。也就是说，解释变量需要通过一段时间才能完全作用于被解释变量。此外，由于经济活动的惯性，一个经济指标以前的变化态势往往会延续到本期，从而形成被解释变量的当期变化同自身过去取值水平相关的情形。这种被解释变量受自身或其他经济变量过去值影响的现象称为滞后效应。

（二）滞后变量模型

在经济运行过程中，广泛存在时间滞后效应。某个经济变量不仅受到同期各种因素的影响，而且也受到过去时期的各种因素甚至自身的过去值的影响。通常把这种过去时期的，具有滞后作用的变量叫作滞后变量（Lagged Variable）。含有滞后变量的模型称为滞后变量模型。

滞后变量模型考虑了时间因素的作用，使静态分析成为动态分析，这在理论上和方法上都是一个进步，模型也更接近于真实的经济过程。

（三）滞后变量模型的分类

1. 分布滞后模型

被解释变量受解释变量的影响分布在解释变量不同时期的滞后值上，例如以下模型：

$$y_t = \alpha + \beta_0 x_t + \beta_1 x_{t-1} + \cdots + \beta_k x_{t-k} + \mu_t \tag{9.1}$$

具有这种滞后分布结构的模型称为分布滞后模型，其中 k 为滞后长度。根据滞后长度 k 取为有限和无限，模型分别称为有限分布滞后模型和无限分布滞后模型。

2. 自回归模型

如果滞后变量模型的解释变量仅包括自变量 X 的当期值和被解释变量的若干期滞后值，即模型形如：

$$y_t = \alpha + \beta_0 x_t + \gamma_1 y_{t-1} + \cdots + \gamma_p y_{t-p} + \mu_t \tag{9.2}$$

则称这类模型为自回归模型，其中 p 称为自回归模型的阶数。

二、产生滞后效应的原因

产生滞后效应的原因主要如下。

（1）经济变量自身原因。

（2）心理因素。在经济转型变革时期，人们往往由于心理定式，而不能及时适应新的变化，表现为行为决策滞后。

（3）技术原因。投入和产出之间总是存在时间滞后。

（4）制度原因。契约因素：合同，定期存款；管理因素：管理层次过多，信息不灵。

三、分布滞后模型的估计

分布滞后模型估计主要面临以下困难：自由度问题、多重共线性问题、滞后长度难于确定的问题。

处理方法：对于有限分布滞后模型，其基本思想是设法有目的地减少需要直接估计的模型参数个数，以缓解多重共线性，保证自由度。对于无限分布滞后模型，主要是通过适当的模型变换，使其转化为只需估计有限个参数的自回归模型。

（一）经验加权法

所谓经验加权估计法，是根据实际经济问题的特点及经验判断，对滞后变量赋予一定的权数，利用这些权数构成各滞后变量的线性组合，以形成新的变量，再应用最小二乘法进行估计。

常见的滞后结构类型：递减滞后结构；不变滞后结构；A 型滞后结构。

对于如下模型：

$$y_t = \alpha + \beta_0 x_t + \beta_1 x_{t-1} + \beta_2 x_{t-2} + \beta_3 x_{t-3} + \mu_t \tag{9.3}$$

假定权数结构为：1，$\frac{1}{2}$，$\frac{1}{4}$，$\frac{1}{8}$；其含义相当于 $\beta_0 : \beta_1 : \beta_2 : \beta_3 = 1 : \frac{1}{2} : \frac{1}{4} : \frac{1}{8}$，将这种关系代入式（9.3），有：

$$y_t = \alpha + \beta_0 \left(x_t + \frac{1}{2} x_{t-1} + \frac{1}{4} x_{t-2} + \frac{1}{8} x_{t-3} \right) + \mu_t \tag{9.4}$$

令 $z_1 = x_t + \frac{1}{2} x_{t-1} + \frac{1}{4} x_{t-2} + \frac{1}{8} x_{t-3}$，则式（9.4）成为一个一元线性回归模型：

$$y_t = \alpha + \beta_0 z_1 + \mu_t \tag{9.5}$$

对式（9.5）用 OLS 回归可以得到相关参数，再利用前面的权数结构，可以进一步计算出原模型中所有的参数。

优点：简单易行、不损失自由度、避免多重共线性干扰及参数估计具有一致性。

缺点：设置权数的主观随意性较大，要求分析者对实际问题的特征有比较透彻的了解。通常的做法是依据先验信息，多选几组权数分别估计多个模型，然后根据可决系数、F- 检验值、t- 检验值、估计标准误以及 DW 值，从中选出最佳估计方程。

（二）阿尔蒙法

基本原理：在有限分布滞后模型滞后长度 s 已知的情况下，滞后项系数有一取值结构，把它看成是相应滞后期 i 的函数。在以滞后期 i 为横轴、滞后系数取值为纵轴的坐标系中，如果这些滞后系数落在一条光滑曲线上，或近似落在一条光滑曲线上，则可以由一个关于 i 的次数较低的 m 次多项式很好地逼近，即：

$$\beta_i = \alpha_0 + \alpha_1 i + \alpha_2 i^2 + \ldots + \alpha_m i^m \\ i = 0,1,2,\ldots,k, m < k \tag{9.6}$$

将阿尔蒙多项式变换代入分布滞后模型并整理，模型变为如下形式：

$$y_t = \alpha + \alpha_0 z_{0t} + \alpha_1 z_{1t} + \ldots + \alpha_m z_{mt} + \mu_t \tag{9.7}$$

其中：

$$z_{0t} = x_t + x_{t-1} + x_{t-2} + \ldots + x_{t-k}$$
$$z_{1t} = x_{t-1} + 2x_{t-2} + 3x_{t-3} + \ldots + kx_{t-k}$$
$$z_{2t} = x_{t-1} + 2^2 x_{t-2} + 3^2 x_{t-3} + \ldots + k^2 x_{t-k}$$
$$\ldots$$
$$z_{mt} = x_{t-1} + 2^m x_{t-2} + 3^m x_{t-3} + \ldots + k^m x_{t-k}$$

对于上述模型，在满足古典假定的条件下，可用最小二乘法进行估计。将估计的参数代入阿尔蒙多项式，就可求出原分布滞后模型参数的估计值。

在实际应用中，阿尔蒙多项式的次数 m 通常取得较低，一般取 2 或 3，很少超过 4。

第二节　分布滞后模型的估计

一、实验要求

学会建立分布滞后模型，掌握经验加权法和阿尔蒙变换以及对有限分布滞后模型进行估计。

二、实验数据

1985—2015 年全国进口总额与 GDP 见表 9-1。

表 9-1　1985—2015 年全国进口总额与 GDP　　单位：亿元

年份	进口总额	GDP	年份	进口总额	GDP
1985	1257.8	9098.9	2001	20159.2	110863.1
1986	1498.3	10376.2	2002	24430.3	121717.4
1987	1614.2	12174.6	2003	34195.6	137422
1988	2055.1	15180.4	2004	46435.8	161840.2
1989	2199.9	17179.7	2005	54273.7	187318.9
1990	2574.3	18872.9	2006	63376.9	219438.5
1991	3398.7	22005.6	2007	73286.9	270232.3
1992	4443.3	27194.5	2008	79526.5	319515.3
1993	5986.2	35673.2	2009	68618.4	349081.4
1994	9960.1	48637.5	2010	94699.3	413030.3

续表

年份	进口总额	GDP	年份	进口总额	GDP
1995	11048.1	61339.9	2011	113161.4	489300.6
1996	11557.4	71813.6	2012	114801	540367.4
1997	11806.5	79715	2013	121037.5	595244.4
1998	11626.1	85195.5	2014	120358	643974
1999	13736.5	90564.4	2015	104336.1	685505.8
2000	18638.8	100280.1			

资料来源：《中国统计年鉴》。

三、实验内容

□ 创建工作文件，创建变量序列并输入数据
□ 判断滞后期长度，建立分布滞后模型
□ 运用经验加权法估计参数
□ 运用阿尔蒙估计参数

四、实验步骤

（一）创建工作文件

根据资料建立 1985—2015 年的工作文件（create a 1985 2015），定义进口为 im，国内生产总值为 gdp，创建序列组并输入数据（data im gdp）。

（二）建立分布滞后模型

使用交叉相关分析命令 cross，在命令区输入命令：cross im gdp，结果如图 9–1 所示。

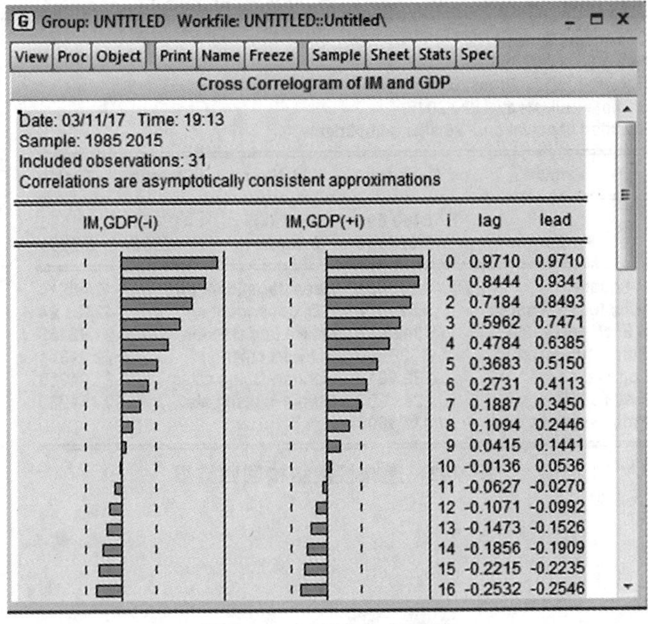

图 9–1　互相关分析结果

图 9–1 中分别显示出口与 GDP 各滞后期及超前期的相关系数，我们可以观察第一列的滞后期相关系数，超过虚线的部分表明相关显著，对应的滞后期 i 为 5，说明两者之间存在 5 期滞后，因此建立滞后期为 5 的多项式模型：

$$\text{im}_t = \alpha + \beta_0 \,\text{gdp}_t + \beta_1 \,\text{gdp}_{t-1} + \cdots + \beta_5 \,\text{gdp}_{t-5} + \mu_t \tag{9.8}$$

（三）经验加权法

运用经验加权法估计首先需要给定权数结构，在此给定以下三种权数结构。

（1）递减结构：1，5/6，4/6，3/6，2/6，1/6。

（2）不变结构：1/6，1/6，1/6，1/6，1/6，1/6。

（3）A 型结构：2/6，4/6，5/6，3/6，2/6，1/6。

利用软件生成 Z_1, Z_2, Z_3 三个序列，对应上述三种结构，并分别作回归。在命令区分别执行以下命令：

```
genr z1=gdp+5/6*gdp(-1)+ 4/6*gdp(-2)+ 3/6*gdp(-3)+ 2/6*gdp(-4)+ 1/6*gdp(-5)
genr z2=1/6*gdp+1/6*gdp(-1)+1/6*gdp(-2)+1/6*gdp(-3)+1/6*gdp(-4)+1/6*gdp(-5)
genr z3=2/6*gdp+4/6*gdp(-1)+5/6*gdp(-2)+3/6*gdp(-3)+2/6*gdp(-4)+1/6*gdp(-5)
ls im c z1
ls im c z2
ls im c z3
```

结果如图 9–2 至图 9–4 所示。

比较而言，第一种权数结构的拟合优度、F 统计量、t 统计量更大，说明递减结构更适合该问题的研究。需要说明的是，经验加权法带有很大的主观性，本例中初步确定为递减结构后，可以多取几种递减的结构进行比较，找出更优的估计结果。

Equation: UNTITLED Workfile: UNTITLED::U...

View | Proc | Object | Print | Name | Freeze | Estimate | Forecast | Stats | Resids

Dependent Variable: IM
Method: Least Squares
Date: 04/02/17 Time: 20:54
Sample (adjusted): 1990 2015
Included observations: 26 after adjustments

Variable	Coefficient	Std. Error	t-Statistic	Prob.
C	5460.595	3847.003	1.419441	0.1686
Z1	0.064614	0.004301	15.02308	0.0000

R-squared	0.903882	Mean dependent var	47595.10
Adjusted R-squared	0.899877	S.D. dependent var	42431.84
S.E. of regression	13426.37	Akaike info criterion	21.92163
Sum squared resid	4.33E+09	Schwarz criterion	22.01841
Log likelihood	-282.9812	Hannan-Quinn criter.	21.94950
F-statistic	225.6930	Durbin-Watson stat	0.454230
Prob(F-statistic)	0.000000		

图 9–2　递减权数结构回归结果

Equation: UNTITLED　Workfile: UNTITLED::U...

View | Proc | Object | Print | Name | Freeze | Estimate | Forecast | Stats | Resids

Dependent Variable: IM
Method: Least Squares
Date: 04/02/17　Time: 20:55
Sample (adjusted): 1990 2015
Included observations: 26 after adjustments

Variable	Coefficient	Std. Error	t-Statistic	Prob.
C	6131.102	4043.566	1.516261	0.1425
Z2	0.247162	0.017491	14.13052	0.0000

R-squared	0.892700	Mean dependent var	47595.10
Adjusted R-squared	0.888229	S.D. dependent var	42431.84
S.E. of regression	14185.89	Akaike info criterion	22.03169
Sum squared resid	4.83E+09	Schwarz criterion	22.12846
Log likelihood	-284.4119	Hannan-Quinn criter.	22.05955
F-statistic	199.6716	Durbin-Watson stat	0.447931
Prob(F-statistic)	0.000000		

图 9–3　不变权数结构回归结果

Equation: UNTITLED　Workfile: UNTITLED::U...

View | Proc | Object | Print | Name | Freeze | Estimate | Forecast | Stats | Resids

Dependent Variable: IM
Method: Least Squares
Date: 04/02/17　Time: 20:56
Sample (adjusted): 1990 2015
Included observations: 26 after adjustments

Variable	Coefficient	Std. Error	t-Statistic	Prob.
C	6174.171	4040.428	1.528098	0.1396
Z3	0.083318	0.005895	14.13394	0.0000

R-squared	0.892746	Mean dependent var	47595.10
Adjusted R-squared	0.888277	S.D. dependent var	42431.84
S.E. of regression	14182.83	Akaike info criterion	22.03125
Sum squared resid	4.83E+09	Schwarz criterion	22.12803
Log likelihood	-284.4063	Hannan-Quinn criter.	22.05912
F-statistic	199.7681	Durbin-Watson stat	0.447230
Prob(F-statistic)	0.000000		

图 9–4　A 型权数结构回归结果

（四）阿尔蒙法

在 EViews 中，用阿尔蒙变换估计的命令为 pdl，格式为：ls 被解释变量名 c pdl（解释变量名，k，m，d））。其含义分别如下。

k：滞后期长度。

m：多项式次数。

d：分布滞后特征控制的参数。其有三个参数供选择。

1——近端约束，强制在分布的近期（即 β_0 ）趋近于 0。

2——远端约束，强制在分布的远期（即 β_k ）趋近于 0。

3——同时采用近端和远端约束，限制在分布的近期和远期（即 β_0， β_k ）都趋近于 0。实践中，不加任何限制，即默认为 0。本例的命令为：ls im c pdl（gdp，5，2）（当然，m 也可以取 3），结果如图 9–5 所示。

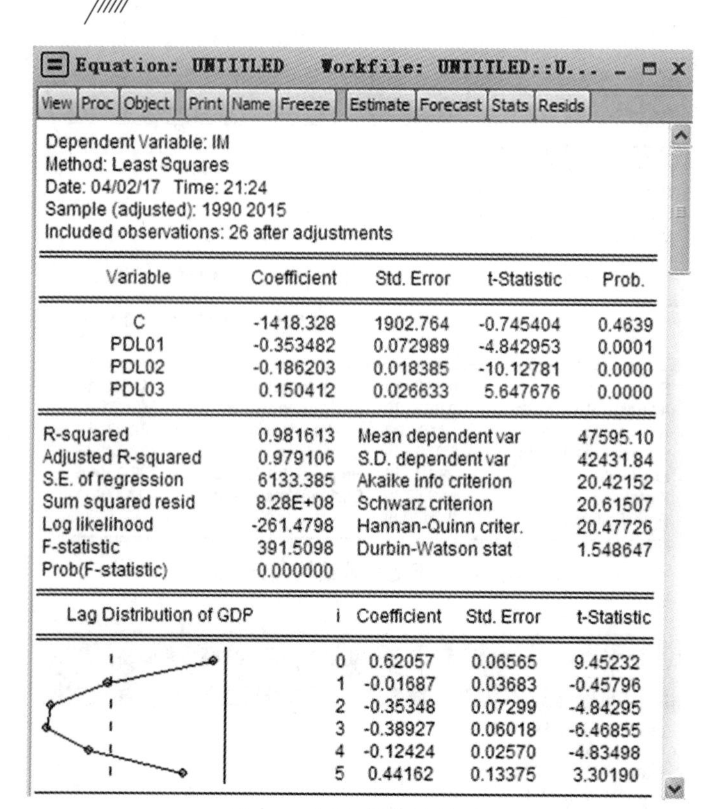

Equation: UNTITLED Workfile: UNTITLED::U...

View | Proc | Object | Print | Name | Freeze | Estimate | Forecast | Stats | Resids

Dependent Variable: IM
Method: Least Squares
Date: 04/02/17 Time: 21:24
Sample (adjusted): 1990 2015
Included observations: 26 after adjustments

Variable	Coefficient	Std. Error	t-Statistic	Prob.
C	-1418.328	1902.764	-0.745404	0.4639
PDL01	-0.353482	0.072989	-4.842953	0.0001
PDL02	-0.186203	0.018385	-10.12781	0.0000
PDL03	0.150412	0.026633	5.647676	0.0000

R-squared	0.981613	Mean dependent var	47595.10
Adjusted R-squared	0.979106	S.D. dependent var	42431.84
S.E. of regression	6133.385	Akaike info criterion	20.42152
Sum squared resid	8.28E+08	Schwarz criterion	20.61507
Log likelihood	-261.4798	Hannan-Quinn criter.	20.47726
F-statistic	391.5098	Durbin-Watson stat	1.548647
Prob(F-statistic)	0.000000		

Lag Distribution of GDP	i	Coefficient	Std. Error	t-Statistic
	0	0.62057	0.06565	9.45232
	1	-0.01687	0.03683	-0.45796
	2	-0.35348	0.07299	-4.84295
	3	-0.38927	0.06018	-6.46855
	4	-0.12424	0.02570	-4.83498
	5	0.44162	0.13375	3.30190

图 9–5　阿尔蒙估计结果

需要说明的是，EViews 所采用的滞后项系数变换不是阿尔蒙多项式，而是阿尔蒙多项式的派生公式：$\hat{\beta}_i=\alpha_0+(i-1)\alpha_1+(i-1)^2\alpha_2$，但这并不影响估计系数的最终结果。

根据多项式公式可以计算出解释变量及其滞后项的系数，不过，软件已经报告了换算的最终结果。在图 9–5 的回归结果最下端 “Lag Distribution of GDP” 中报告了各个系数及其统计量。

本例最终的结果显示，gdp 及其滞后 5 期对 im 的边际影响分别为：0.62057、–0.01687、–0.35348、–0.38927、–0.12424、0.44162。

小　　结

由于心理、技术及制度等原因，经济变量之间的影响往往具有滞后效应。含义滞后变量的模型成为滞后变量模型，如果滞后变量只是解释变量的滞后则称为分布滞后模型，如果只是被解释变量的滞后称为自回归模型。

对于分布滞后模型根据滞后期长度可以分为有限分布滞后模型与无限分布滞后模型，对于前者，由于各滞后变量之间的共线性、自由度损失较多、滞后期长度难以确定等原因，给模型估计带来困难。实践中通过经验加权法和阿尔蒙变换进行估计。对于无限分布滞后模型则不能直接估计，往往通过库伊克变换进行估计。

对于自回归模型，包括库伊克模型、自适应预期模型和具备调整模型，经三者形式一致，但前两个模型存在随机解释变量和自相关问题，常常通过引入工具变量进行估计，而最后一个模型则可以直接进行 OLS 估计。

思考题

1. 何为滞后效应，其产生原因有哪些？
2. 有限分布滞后模型估计存在哪些困难，如何克服？其核心思想是什么？
3. 为什么库伊克模型、自适应预期模型不能直接用 OLS 方法估计？如何进行估计？
4. 什么是工具变量？其选择条件有哪些？

第十章　时间序列分析

第一节　知识准备

一、平稳和非平稳时间序列

（一）平稳时间序列

平稳是指时间序列的统计规律不会随着时间变化而变化。直观上看，平稳序列是一个围绕其平均值上下波动的曲线，理论上可分为严平稳和弱平稳。

1. 严平稳

如果$P\left\{y_{t_1}\leqslant b_1,y_{t_2}\leqslant b_2,\cdots,y_{t_n}\leqslant b_n\right\}=P\left\{y_{t_1+m}\leqslant b_1,y_{t_{2+m}}\leqslant b_2,\cdots,y_{t_{n+m}}\leqslant b_n\right\}$，则称序列是严平稳的。其中，$m$，$n$为任意正整数，$t_1<t_2<\cdots<t_n,t_i\in T$，$b_1,t_2,\cdots,b_n$是实数。

2. 弱平稳

如果满足：① $\mathrm{E}(y_t)=\mu$；② $\mathrm{Var}(y_t)=\sigma^2$；③ $\mathrm{Cov}(y_t,y_{t+k})=r_k$。其中$t=1,2,\cdots$，$r_k$与$t$无关，则称时间序列$\left\{y_{t_1},t=1,2,\cdots\right\}$是弱平稳的。

通常所说的平稳指的是弱平稳。

（二）非平稳时间序列

非平稳是指时间序列的统计规律随着时间的位移而发生变化，几种非平稳序列。

1. 随机游走序列

随机游走序列由下式确定：

$$y_t=y_{t-1}+\mu_t \tag{10.1}$$

式中，μ_t为白噪声。（10.1）是一个简单的随机过程，由此可知，$\mathrm{E}(y_t)=\mathrm{E}(y_{t-1})$，$\mathrm{Var}(y_t)=\mathrm{Var}\left(y_0+\sum_{i=1}^{t}\mu_i\right)=t\sigma^2$，弱平稳的第二个条件不满足，所以随机游走是非平稳时间序列。但将其写成一阶差分形式：

$$\Delta y_t=y_t-y_{t-1}=\mu_t \tag{10.2}$$

则一阶差分Δy_t是一个平稳序列。

2. 带漂移项的随机游走序列

带漂移项的随机游走序列形式如下：

$$y_t=\mu+y_{t-1}+\mu_t \tag{10.3}$$

式中，μ为非零常数，μ_t为白噪声。其一阶差分为$\Delta y_t=y_t-y_{t-1}=\mu+\mu_t$，表明时间序

列向上或向下漂移，所以 μ 被称为“漂移项”。由式（10.3）可知，$\mathrm{E}(y_t)=y_0+t\mu$，$\mathrm{Var}(y_t)=\mathrm{Var}\left(y_0+t\mu+\sum_{i=1}^{t}\mu_i\right)=t\sigma^2$，弱平稳的第一、二个条件不满足，所以带漂移的随机游走也是非平稳时间序列。

3. 带趋势项的随机游走序列

带趋势项的随机游走序列 y_t 可以表示如下：

$$y_t=\mu+\beta t+y_{t-1}+\mu_t \tag{10.4}$$

同理可知，带趋势项的随机游走也是非平稳序列。

二、时间序列的平稳性检验

（一）用散点图判断

绘制某序列与时间的散点图，如果散点图围绕其均值上下波动，则认为是平稳的。如果存在明显的上升或下降趋势，则该序列是非平稳的。

（二）用样本自相关函数判断

样本自相关函数如下：

$$\hat{\rho}_k=\frac{\sum_{t=1}^{T-k}(y_t-\bar{y})(y_{t+k}-\bar{y})}{\sum_{i=1}^{T}(y_t-\bar{y})^2} \tag{10.5}$$

当 K 增大，样本自相关系数 $\hat{\rho}_k$ 迅速衰减，则认为该序列是平稳的，如果衰减缓慢，则认为是非平稳的。

（三）单位根检验

事实上，式（10.1）~式（10.3）是式（10.6）的特例，其更一般的形式为：

$$y_t=\alpha+\gamma y_{t-1}+\mu_t \tag{10.6}$$

如果 $\alpha=0$，式（10.6）可以写为：

$$y_t=\gamma y_{t-1}+\mu_t \tag{10.7}$$

式（10.7）是一个一阶自回归过程，当 $|\gamma|<1$ 时，可以证明序列是平稳的。其他情况是非平稳的。上式两端同时减去 y_{t-1}，可得：

$$\Delta y_t=\gamma y_{t-1}-y_{t-1}+\mu_t=\delta y_{t-1}+\mu_t,(\delta=\gamma-1) \tag{10.8}$$

对多数时间序列而言，γ 为正，所以检验等价于检验 $\delta<0$，假设检验为：

$$H_0:\ \delta\geqslant 0;\ H_1:\ \delta<0 \tag{10.9}$$

如果 $\delta<0$，序列是平稳的，如果 $\delta\geqslant 0$，序列是非平稳的，但是，当 $\delta=0$ 是，即 $\gamma=1$，序列是一个随机游走，即一阶差分是平稳的，所以平稳性检验常常简化为是检验 $\delta=0$ 或 $\gamma=1$ 的问题，称为单位根检验。

1. DF 检验（Dickey–Fuller Test）

其基本思路是对式（10.8）进行估计，得到 t_δ 统计量，然后进行检验（左单侧检验），如果 $t_\delta<\tau$（τ 为临界值），拒绝 H_0，序列为平稳的；反之，说明序列存在单位根，序列是非平稳的。

2. ADF 检验（Augmented Dickey–Fuller Test）

DF 检验没有考虑到自相关问题，因此现在多用扩展的 DF 检验即 ADF 检验进行单位根检验。该检验的基本模型有以下三种：

$$\Delta y_t = \delta y_{t-1} + \sum_{j=1}^{p} \lambda_j \Delta y_{t-j} + \mu_t \quad \text{模型 1}$$

$$\Delta y_t = \mu + \delta y_{t-1} + \sum_{j=1}^{p} \lambda_j \Delta y_{t-j} + \mu_t \quad \text{模型 2}$$

$$\Delta y_t = \mu + \beta t + \delta y_{t-1} + \sum_{j=1}^{p} \lambda_j \Delta y_{t-j} + \mu_t \quad \text{模型 3}$$

检验由模型 3 开始，逐步检验模型 2 和模型 1。如果其中任何一个模型不存在单位根，停止检验，说明序列是平稳的；如果所有的检验都有单位根，说明序列是非平稳的。

三、协整分析

当变量为非平稳序列时，对其回归可能导致伪回归现象，如现实中多数经济现象都具有长期向上的趋势，直接对其估计往往会出现较好的拟合优度和较高的显著性。为了解决此类问题，协整分析方法被广泛应用于时间序列分析中。

（一）单整

协整分析之前应进行单整，单整的内在含义就是对非平稳序列不断差分变换进行平稳性检验。如果一个非平稳序列经过 d 阶差分变换后为平稳序列，称该序列是 d 阶单整的，记为 $y_t \sim I(d)$。

当然，有些序列不管差分多少次，都不能变为平稳序列，则称为“非单整的”。

（二）协整

如果两个时间序列 $y_t \sim I(d), x_t \sim I(d)$，其线性组合是（$d-b$，$d \geqslant b \geqslant 0$）阶单整的，则称 x_t, y_t 是 (d, b) 阶协整的，记为 $y_t, x_t \sim CI(d,b)$。需要注意的是，只有变量的单整阶数相同时，才有可能协整。

协整实际上是表示变量间存在长期均衡关系的另一种方式，若长期均衡存在，则均衡误差应当围绕均衡值 0 波动，即均衡误差 μ_t 应是一个平稳序列。

1. 一元模型的协整检验

一元模型只有两个变量，常用恩格尔 – 格兰杰（Engle–Grange，EG），简称 EG 两步法。其思路是，对于单整阶数相同的变量，首先估计长期均衡方程，保存残差；其次对残差序列进行平稳性检验，即：

$$\Delta e_t = \delta e_{t-1} + \sum_{j=2}^{p} \delta_j \Delta e_{t-j+1} + \upsilon_t \quad (10.10)$$

如果残差是平稳的，则解释变量与被解释变量是协整的，反之就不是协整的。需要注意的是，式（10.10）的检验中不包括常数项，而且临界值与单位根检验中的不同，必须用协整检验的临界值。

2. 多元模型的协整检验

在多个变量的协整关系分析中，常用的是 Johansen 协整方法，首先检验协整关系的个数，其次获得协整矢量估计值。进一步可以估计误差修正模型（ECM）和向量自回归模型（VAR）。

协整检验过程是通过计算迹统计量（Trace）和最大特征值（Max-Eigenvalue）等统计量进行的。采用循环检验规则，第一原假设为“None”，表示没有协整关系。如果 P 值大于显著水平表示没有协整关系，检验结束；如果小于显著水平，认为至少存在一个协整关系，继续下一个原假设最多有一个协整关系“At most 1”，依次检验，K 个变量之间最多有 $K-1$ 个协整关系。

四、误差修正模型

按照协整理论，如果变量间存在协整关系，则它们之间存在着长期均衡关系。而这种长期稳定的关系是在短期动态过程的不断调整下得以维持的。即是说存在一种内在的纠偏机制，可以用误差修正模型（Error Correction Model，ECM）来描述。

$$\Delta y_t = \alpha ECM_{t-1} + lagged\left(\Delta y, \Delta x\right) + \upsilon_t \qquad (10.11)$$

误差修正项（ECM）反映了变量之间偏离长期均衡关系的非均衡误差，其系数为调整参数，一般取值为（-1，0），反映了短期调整系数，以及消除非均衡误差或调整到均衡关系的速度。

五、向量自回归模型

向量自回归模型（Vector Auto-regression Mode，VAR）采用多方程联立的形式，在模型的每一个方程中，内生变量对模型的全部内生变量的滞后项进行回归，从而估计全部内生变量的动态关系。一般的 VAR 模型可用下式表示：

$$Y_t = C + \sum_{i=1}^{t} \Pi \, Y_{t-i} + U_t \qquad (10.12)$$

式中：Y_t 为内生变量列向量，C 为常数项列向量，Π_i 为系数向量，U_t 为随机列向量，i 为滞后阶数。

（一）格兰杰因果检验

实际上，变量之间的因果关系并不是那么一目了然，所以，建立 VAR 模型时常常对变量之间的因果关系进行检验，格兰杰因果检验是最为著名的一种。其检验思路是对以下两个模型进行检验：

$$y_t = \sum_{i=1}^{q} \alpha_i x_{t-i} + \sum_{j=1}^{q} \beta_j y_{t-j} + \mu_{1t} \qquad (10.13)$$

$$x_t = \sum_{i=1}^{s} \lambda_i x_{t-i} + \sum_{j=1}^{s} \delta_j y_{t-j} + \mu_{2t} \qquad (10.14)$$

（1）如果式（10.13）中 x 的系数显著不为 0，且式（10.14）中 y 的系数显著为 0，说明 x 是引起 y 变化的原因。

（2）如果式（10.14）中 y 的系数显著不为 0，且式（10.13）中 x 的系数显著为 0，说明 y 是引起 x 变化的原因。

（3）如果式（10.13）中 x 的系数显著不为 0，且式（10.14）中 y 的系数显著不为 0，说明 x 与 y 互为因果关系。

（4）如果式（10.13）中 x 的系数显著为 0，且式（10.14）中的系数显著为 0，说明 x 与 y 之间不存在因果关系。

（二）VAR 模型的稳定条件和滞后期选择

VAR 模型稳定的充分与必要条件是式（10.12）中 Π_i 的所有特征值都要在单位圆以内（在以横轴为实数轴，纵轴为虚数轴的坐标体系中，以原点为圆心，半径为 1 的圆称为单位圆），或特征值倒数的模都要小于 1。

VAR 模型估计涉及滞后期的选择，一般根据经济理论或统计量如赤池信息准则 AIC、施瓦茨准则 SC 选择。最佳滞后期的选择原则应该符合经济理论，如季度数据为 4，等等；如果根据统计量选择，滞后期 K 选择的原则是在增加 K 的过程中使 AIC、SC 的值达到最小。

（三）脉冲响应函数和方差分解

由于 VAR 模型参数的 OLS 估计量只具有一致性，单个参数估计值的经济解释是很困难的。要想对一个 VAR 模型做出分析，通常是观察系统的脉冲响应函数和方差分解。

1. 脉冲响应函数

脉冲响应函数描述一个内生变量对误差冲击的反应。具体来说，它描述的是在随机误差项上施加一个标准差大小的冲击后，对内生变量的当期值和未来值所带来的影响。

2. 方差分解

VAR 模型的另一种分析方法是方差分解，即分析未来 $t+s$ 期的 $y_{j,\ t+s}$ 的预测误差的方差由不同信息的冲击影响的比例。

第二节　单整与协整

一、实验要求

熟悉序列平稳性，掌握单位根检验方法，学会单整、一元模型协整检验。熟悉多元模型的序列平稳性，能够对多元进行协整检验，掌握 Johansen 协整检验方法，建立多元协整回归模型。

二、实验数据

1985—2015 年中国 GDP 与 FDI 资料见表 10–1。

表 10–1　1985—2015 年中国 GDP 与 FDI 资料

年份	GDP/ 亿元	FDI/ 亿美元	年份	GDP/ 亿元	FDI/ 亿美元
1985	9098.9	19.56	2001	110863.1	468.78
1986	10376.2	22.44	2002	121717.4	527.43
1987	12174.6	23.14	2003	137422	535.05
1988	15180.4	31.94	2004	161840.2	606.3
1989	17179.7	33.92	2005	187318.9	603.25
1990	18872.9	34.87	2006	219438.5	630.21
1991	22005.6	43.66	2007	270232.3	747.68
1992	27194.5	110.08	2008	319515.3	923.95

续表

年份	GDP/ 亿元	FDI/ 亿美元	年份	GDP/ 亿元	FDI/ 亿美元
1993	35673.2	275.15	2009	349081.4	900.33
1994	48637.5	337.67	2010	413030.3	1057.35
1995	61339.9	375.21	2011	489300.6	1160.11
1996	71813.6	417.26	2012	540367.4	1117.16
1997	79715	452.57	2013	595244.4	1175.86
1998	85195.5	454.63	2014	643974	1195.62
1999	90564.4	403.19	2015	685505.8	1262.67
2000	100280.1	407.15	—	—	—

资料来源:《中国统计年鉴》。

三、实验内容

□ 创建工作文件，定义变量并输入数据
□ 平稳性检验
□ 单整
□ 一元协整与多元协整

四、实验步骤

（一）基础准备

用命令或菜单方式建立 1985—2015 年的工作文件，定义变量序列并输入数据（本例的两个变量序列分别为 GDP 和 FDI）。这里拟建立双对数模型，故用 genr 命令生成两个对数序列 LGDP 和 LFDI（gner lgdp=log（gdp） genr lfdi=log（fdi））。

（二）平稳性检验

1. 自相关函数检验

在工作文件中，打开待检验的序列如 LFDI，执行【View】→【Correlogram】命令，出现如图 10–1 的对话框。默认情况下是原序列的自相关函数图，当然，可进一步在 “Correlogram of” 栏中选择一阶或二阶差分等。滞后期系统默认为 16，一般不用调整。单击 OK 按钮后显示 LFDI 的自相关函数图（图 10–2）。

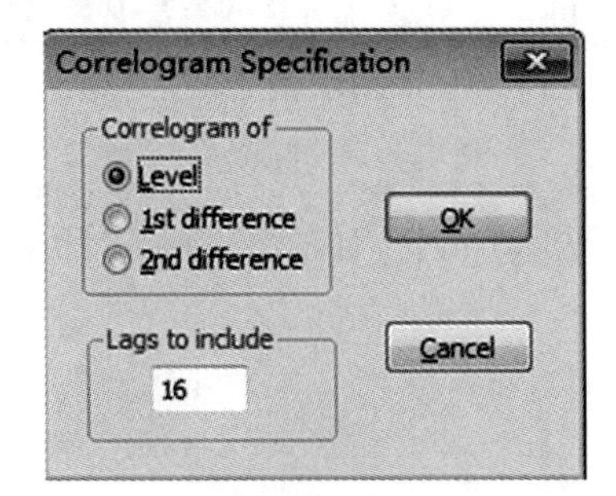

图 10–1　自相关函数设定对话框

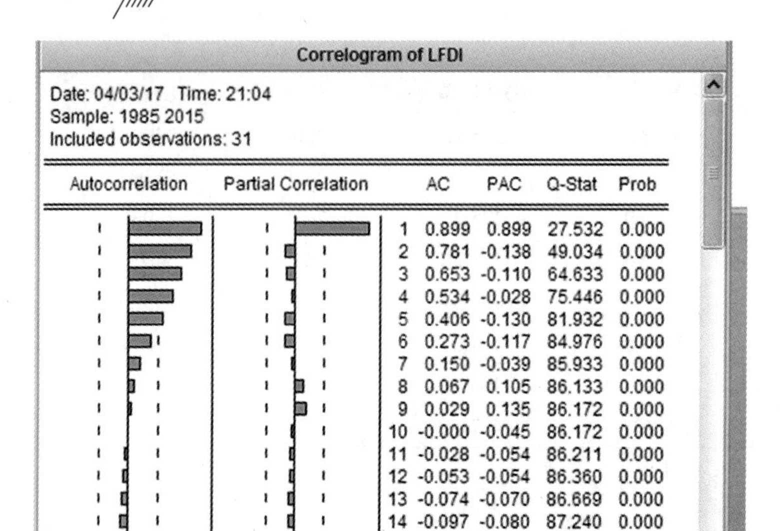

Correlogram of LFDI

Date: 04/03/17 Time: 21:04
Sample: 1985 2015
Included observations: 31

	AC	PAC	Q-Stat	Prob
1	0.899	0.899	27.532	0.000
2	0.781	-0.138	49.034	0.000
3	0.653	-0.110	64.633	0.000
4	0.534	-0.028	75.446	0.000
5	0.406	-0.130	81.932	0.000
6	0.273	-0.117	84.976	0.000
7	0.150	-0.039	85.933	0.000
8	0.067	0.105	86.133	0.000
9	0.029	0.135	86.172	0.000
10	-0.000	-0.045	86.172	0.000
11	-0.028	-0.054	86.211	0.000
12	-0.053	-0.054	86.360	0.000
13	-0.074	-0.070	86.669	0.000
14	-0.097	-0.080	87.240	0.000
15	-0.129	-0.061	88.307	0.000
16	-0.164	-0.001	90.148	0.000

图 10-2　LFDI 的自相关函数图

观察图 10-2 中第一列的柱状图是否随着滞后阶数增加而快速下降为 0，如果是，则为平稳序列；如果不是，则为非平稳序列。本例中，LFDI 到滞后 10 期时才下降到 0，说明该序列是非平稳的。类似地，也可以检验 LGDP 序列，也是非平稳的（图 10-3）。

Correlogram of LGDP

Date: 04/03/17 Time: 21:09
Sample: 1985 2015
Included observations: 31

Autocorrelation	Partial Correlation		AC	PAC	Q-Stat	Prob
		1	0.906	0.906	27.964	0.000
		2	0.806	-0.076	50.901	0.000
		3	0.705	-0.064	69.076	0.000
		4	0.607	-0.045	83.022	0.000
		5	0.507	-0.068	93.136	0.000
		6	0.408	-0.062	99.952	0.000
		7	0.313	-0.050	104.12	0.000
		8	0.221	-0.053	106.29	0.000
		9	0.139	-0.019	107.20	0.000
		10	0.072	0.005	107.45	0.000
		11	0.013	-0.019	107.45	0.000
		12	-0.040	-0.034	107.54	0.000
		13	-0.088	-0.041	107.98	0.000
		14	-0.136	-0.061	109.09	0.000
		15	-0.183	-0.068	111.24	0.000
		16	-0.229	-0.058	114.82	0.000

图 10-3　LGDP 的自相关函数图

2. 单位根检验——ADF 检验

在工作文件中，打开待检验的序列，如 FDI，执行【View】→【Unit Root Test】命令，出现图 10-4 的对话框。

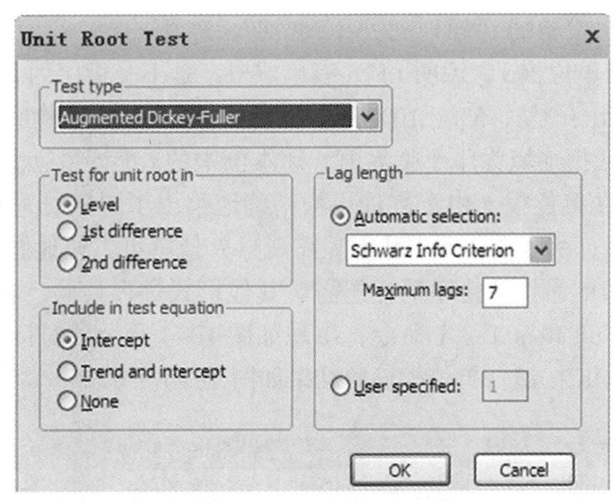

图 10–4　单位根检验对话框

对话框中有“Test for unit root in”和“Include in test equation”两个选项组。前者是检验 Level（原序列）、1st difference（一阶差分）、2nd difference（二阶差分）序列选项；后者是检验方程形式选项，包括 Intercept（带常数项）、Trend and intercept（带趋势项和常数项）None（和都不带）三种选择。三种方式的选择次序如下。

（1）选择“Trend and intercept”进行检验，如不存在单位根，停止检验，说明该序列是平稳的，否则进行下一步。

（2）选择“Intercept”进行检验，如不存在单位根，停止检验，说明该序列是平稳的，否则进行下一步。

（3）选择“None”进行检验，如不存在单位根，停止检验，说明该序列是平稳的，否则说明该序列是非平稳的。

总之，这三种形式中，只要有一种形式检验表明不存在单位根，说明序列是平稳的；当三种形式检验都存在单位根时，该序列是非平稳的。

以 LFDI 序列为例，首先检验原序列，选择“Level”（默认为 Level），其次选择方程形式，先选择“Trend and intercept”，单击 OK 按钮，单位根检验结果如图 10–5 所示。

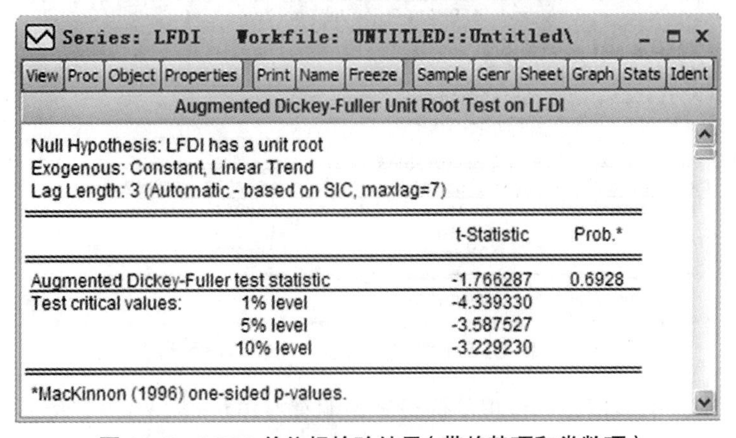

图 10–5　LFDI 单位根检验结果（带趋势项和常数项）

检验表第二行显示检验的 t 统计量为 -1.766287，P 值 =0.6928，远大于显著水平，所以不能拒绝零假设（存在单位根），说明 LFDI 有单位根，是不平稳序列。

表中第三行还给出了 1%、5%、10% 三种显著水平下 ADF 检验的 δ 临界值，由于是左单侧检验，所以检验的拒绝域为小于临界值，而本例中的 t 统计量远大于 δ 临界值，所以不能拒绝零假设，即存在单位根。由于软件更为精确地给出了 P 值，意在拒绝零假设犯第一类错误（拒真）的概率，所以在实践中我们只需观察 P 值就可方便地做出决策。

本例中，由于 LFDI 是非平稳序列，还需对其他形式进行检验，在图 10-5 所示的界面中执行【View】→【Unit Root Test】命令，出现如图 10-4 所示的对话框，在该对话框中选择“Intercept”，单击 OK 按钮，单位根检验结果如图 10-6 所示。

Series: LFDI   Workfile: UNTITLED::Untitled\

View | Proc | Object | Properties | Print | Name | Freeze | Sample | Genr | Sheet | Graph | Stats | Ident

Augmented Dickey-Fuller Unit Root Test on LFDI

Null Hypothesis: LFDI has a unit root
Exogenous: Constant
Lag Length: 2 (Automatic - based on SIC, maxlag=7)

		t-Statistic	Prob.*
Augmented Dickey-Fuller test statistic		-2.494446	0.1275
Test critical values:	1% level	-3.689194	
	5% level	-2.971853	
	10% level	-2.625121	

*MacKinnon (1996) one-sided p-values.

图 10-6　LFDI 单位根检验结果（带常数项）

从图 10-6 所示的检验结果看，t 统计量为 -2.494446，P 值为 0.1275，所以不能拒绝零假设，即存在单位根，说明 LFDI 是非平稳序列。所以还需进一步检验，在图 10-6 所示的界面中执行【View】→【Unit Root Test】命令，出现图 10-4 所示的对话框，选择“None”，单击 OK 按钮，单位根检验结果如图 10-7 所示。

Series: LFDI   Workfile: UNTITLED::Untitled\

View | Proc | Object | Properties | Print | Name | Freeze | Sample | Genr | Sheet | Graph | Stats | Ident

Augmented Dickey-Fuller Unit Root Test on LFDI

Null Hypothesis: LFDI has a unit root
Exogenous: None
Lag Length: 2 (Automatic - based on SIC, maxlag=7)

		t-Statistic	Prob.*
Augmented Dickey-Fuller test statistic		1.356372	0.9523
Test critical values:	1% level	-2.650145	
	5% level	-1.953381	
	10% level	-1.609798	

*MacKinnon (1996) one-sided p-values.

图 10-7　LFDI 单位根检验结果（无趋势项和常数项）

检验结果显示，不能拒绝单位根的假设，说明存在单位根。由于三种形式的检验都表明 LFDI 存在单位根，说明该序列是非平稳的。同理，对 LGDP 进行检验，三种形式都存在单位根，所以也是一个非平稳序列。

（三）单整

LFDI 是非平稳序列，能否单整，还需对其差分进行检验，检验程序与单位根检验基本类似，其程序如下。

（1）在单位根检验对话框（图 10–4）中选择“1st difference”，对 LFDI 的一阶差分序列进行平稳性检验，检验过程与前面相同。如果某种形式的检验不存在单位根，停止检验，说明该序列的一阶差分是平稳的，也即原序列是一阶单整的；如果所有形式检验都表明存在单位根，说明该序列的一阶差分是非平稳的，进入下一步。

（2）同第一步类似，但在对话框中选择“2nd difference”，对二阶差分继续检验，如果平稳则停止检验，如果不平稳则继续检验，如对三阶差分检验，依此类推。

需要指出的是，软件只给出了二阶差分，如果要检验序列更高阶差分的平稳性，可以利用命令方式生成差分序列，进行检验。例如本例中，要检验 FDI 的三阶、四阶差分，可以在命令区输入以下命令：genr xx=d（fdi）或 genr xxx=d（fdi，2），前者表示 xx 是 fdi 的一阶差分，后者表示 xxx 是 fdi 的二阶差分。相应地进行高阶差分检验，实质是对 xx、xxx 的较低阶数的检验，如对 xx 的一阶、二阶差分检验等价于对原序列 FDI 的二阶、三阶差分检验；对 xxx 的一阶、二阶差分检验等价于对原序列 FDI 的三阶、四阶差分检验等。

本例中，执行图 10–7 所示检验界面中的【View】→【Unit Root Test】命令，在弹出的对话框中选择“1st difference”，并选择“Trend and Intercept”进行检验，结果如图 10–8 所示。

Series: LFDI　Workfile: UNTITLED::Untitled\

View | Proc | Object | Properties | Print | Name | Freeze | Sample | Genr | Sheet | Graph | Stats | Ident

Augmented Dickey-Fuller Unit Root Test on D(LFDI)

Null Hypothesis: D(LFDI) has a unit root
Exogenous: Constant, Linear Trend
Lag Length: 0 (Automatic - based on SIC, maxlag=7)

		t-Statistic	Prob.*
Augmented Dickey-Fuller test statistic		-3.101602	0.1247
Test critical values:	1% level	-4.309824	
	5% level	-3.574244	
	10% level	-3.221728	

*MacKinnon (1996) one-sided p-values.

图 10–8　LFDI 一阶差分单位根检验结果（带趋势项和常数项）

检验结果中，D（FDI）平稳检验的 t 统计量为 –3.101602，P 值 =0.1247，不能拒绝存在单位根的假设，说明 FDI 的一阶差分序列是非平稳的，继续进行其他形式检验。

图 10–9 显示的是带常数项的 LFDI 一阶差分的单位根检验结果，从参数显著性看，P 值为 0.0619，表明在 10% 的显著水平上拒绝原假设，即不存在单位根，为平稳序列，但在 5% 的水平上又不能拒绝原假设，即存在单位根。

对此，我们进一步对第三种形式即不带趋势项和常数项的形式进行检验，结果如图 10–10 所示。

检验结果表明，t 统计量为 –2.433790，P 值 =0.0168，在 5% 的水平上拒绝零假设，说明该序列不存在单位根，是平稳序列。所以，LFDI 是一阶单整的。

同样，对 GDP 一阶差分的检验结果如图 10–11 所示。

检验结果表明，LGDP 的一阶差分不存在单位根，是平稳序列，说明 GDP 是一阶单整的。

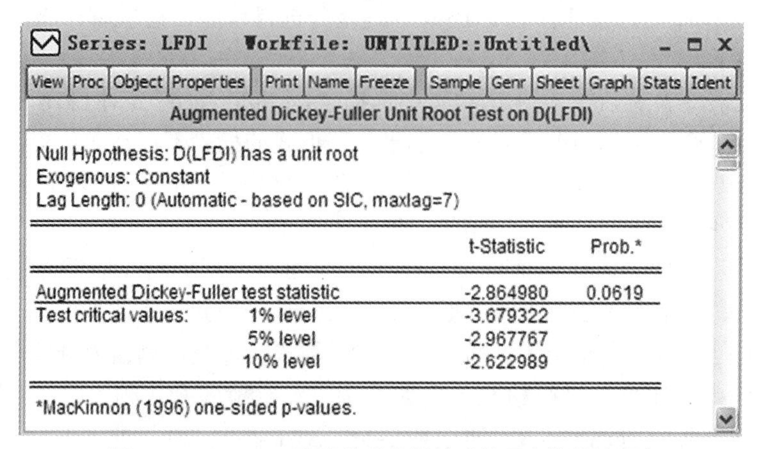

Series: LFDI Workfile: UNTITLED::Untitled\

View Proc Object Properties Print Name Freeze Sample Genr Sheet Graph Stats Ident

Augmented Dickey-Fuller Unit Root Test on D(LFDI)

Null Hypothesis: D(LFDI) has a unit root
Exogenous: Constant
Lag Length: 0 (Automatic - based on SIC, maxlag=7)

		t-Statistic	Prob.*
Augmented Dickey-Fuller test statistic		-2.864980	0.0619
Test critical values:	1% level	-3.679322	
	5% level	-2.967767	
	10% level	-2.622989	

*MacKinnon (1996) one-sided p-values.

图 10-9 LFDI 一阶差分单位根检验结果（带常数项）

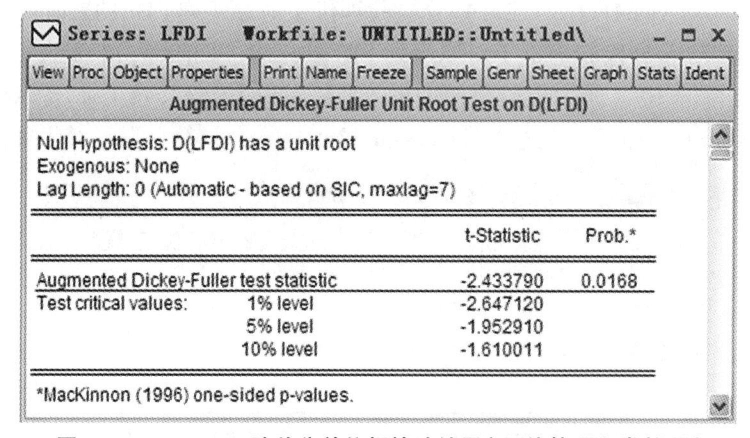

Series: LFDI Workfile: UNTITLED::Untitled\

View Proc Object Properties Print Name Freeze Sample Genr Sheet Graph Stats Ident

Augmented Dickey-Fuller Unit Root Test on D(LFDI)

Null Hypothesis: D(LFDI) has a unit root
Exogenous: None
Lag Length: 0 (Automatic - based on SIC, maxlag=7)

		t-Statistic	Prob.*
Augmented Dickey-Fuller test statistic		-2.433790	0.0168
Test critical values:	1% level	-2.647120	
	5% level	-1.952910	
	10% level	-1.610011	

*MacKinnon (1996) one-sided p-values.

图 10-10 LFDI 一阶差分单位根检验结果（无趋势项和常数项）

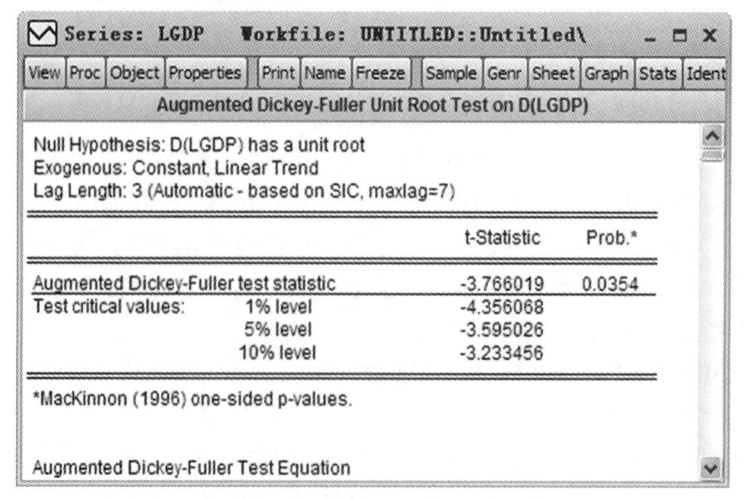

Series: LGDP Workfile: UNTITLED::Untitled\

View Proc Object Properties Print Name Freeze Sample Genr Sheet Graph Stats Ident

Augmented Dickey-Fuller Unit Root Test on D(LGDP)

Null Hypothesis: D(LGDP) has a unit root
Exogenous: Constant, Linear Trend
Lag Length: 3 (Automatic - based on SIC, maxlag=7)

		t-Statistic	Prob.*
Augmented Dickey-Fuller test statistic		-3.766019	0.0354
Test critical values:	1% level	-4.356068	
	5% level	-3.595026	
	10% level	-3.233456	

*MacKinnon (1996) one-sided p-values.

Augmented Dickey-Fuller Test Equation

图 10-11 LGDP 一阶差分单位根检验结果（带趋势项和常数项）

（四）协整

1. 一元协整

（1）协整回归。

由前面分析可知，LFDI、LGDP 都是一阶单整序列，它们之间是否存在长期均衡关系，首先建立协整回归方程，并进行回归，结果如图 10–12 所示。

Equation: UNTITLED　Workfile: UNTITLED::...

View | Proc | Object | Print | Name | Freeze | Estimate | Forecast | Stats | Resids

Dependent Variable: LGDP
Method: Least Squares
Date: 04/05/17　Time: 10:16
Sample: 1985 2015
Included observations: 31

Variable	Coefficient	Std. Error	t-Statistic	Prob.
C	6.237708	0.338695	18.41690	0.0000
LFDI	0.916876	0.057885	15.83961	0.0000

R-squared	0.896389	Mean dependent var	11.45582
Adjusted R-squared	0.892816	S.D. dependent var	1.337705
S.E. of regression	0.437950	Akaike info criterion	1.248918
Sum squared resid	5.562209	Schwarz criterion	1.341433
Log likelihood	-17.35822	Hannan-Quinn criter.	1.279075
F-statistic	250.8932	Durbin-Watson stat	0.169492
Prob(F-statistic)	0.000000		

图 10–12　LGDP 与 LFDI 协整回归结果

（2）残差的平稳性检验。

协整回归后，用 genr 命令生成残差序列，如取名为 e1（genr e1=resid），单击 e1 序列进行平稳性检验。需要说明的是，由于是残差，应该不包括常数项，所以我们选择无常数项和趋势项进行检验，结果如图 10–13 所示。

Augmented Dickey-Fuller Unit Root Test on E1

Null Hypothesis: E1 has a unit root
Exogenous: None
Lag Length: 3 (Automatic - based on SIC, maxlag=7)

		t-Statistic	Prob.*
Augmented Dickey-Fuller test statistic		-1.214039	0.2002
Test critical values:	1% level	-2.653401	
	5% level	-1.953858	
	10% level	-1.609571	

图 10–13　残差单位根检验结果（不带趋势项和常数项）

图 10–13 所示的检验结果显示存在单位根，说明残差是一个非平稳序列。不过，我们进一步发现，图 10–12 的回归结果的 DW=0.1694，说明序列存在自相关，因此我们进行了自相关检验，结果表明存在二阶自相关（检验过程略），所以我们用迭代法重新回归，结果如图 10–14 所示。

迭代法估计后，用 genr 命令生成残差序列，如取名为 e2（genr e2=resid），单击 e2 序列进行平稳性检验，结果如图 10–15 所示。

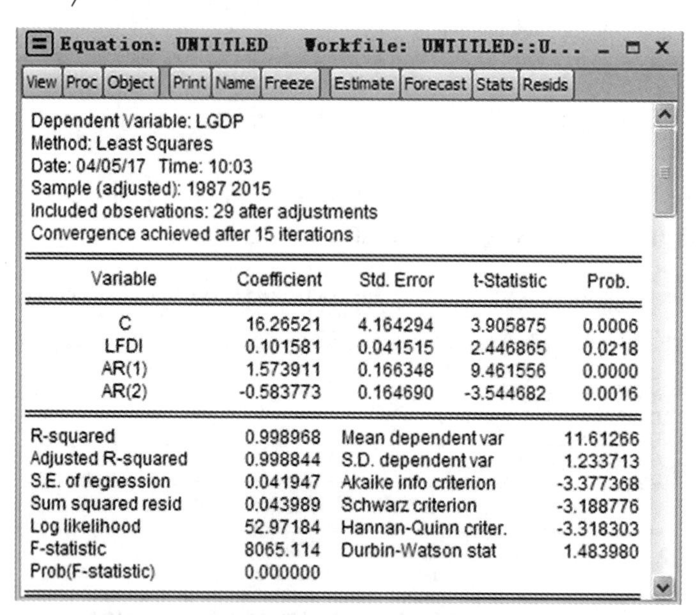

Equation: UNTITLED Workfile: UNTITLED::U...

View | Proc | Object | Print | Name | Freeze | Estimate | Forecast | Stats | Resids

Dependent Variable: LGDP
Method: Least Squares
Date: 04/05/17 Time: 10:03
Sample (adjusted): 1987 2015
Included observations: 29 after adjustments
Convergence achieved after 15 iterations

Variable	Coefficient	Std. Error	t-Statistic	Prob.
C	16.26521	4.164294	3.905875	0.0006
LFDI	0.101581	0.041515	2.446865	0.0218
AR(1)	1.573911	0.166348	9.461556	0.0000
AR(2)	-0.583773	0.164690	-3.544682	0.0016

R-squared	0.998968	Mean dependent var	11.61266
Adjusted R-squared	0.998844	S.D. dependent var	1.233713
S.E. of regression	0.041947	Akaike info criterion	-3.377368
Sum squared resid	0.043989	Schwarz criterion	-3.188776
Log likelihood	52.97184	Hannan-Quinn criter.	-3.318303
F-statistic	8065.114	Durbin-Watson stat	1.483980
Prob(F-statistic)	0.000000		

图 10-14　迭代法估计结果

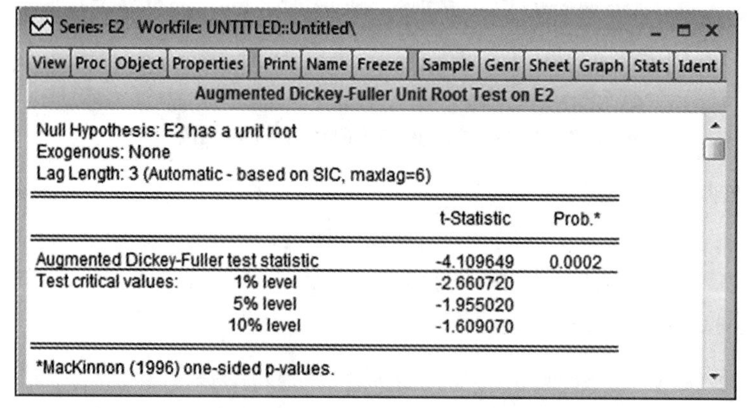

Series: E2 Workfile: UNTITLED::Untitled\

View | Proc | Object | Properties | Print | Name | Freeze | Sample | Genr | Sheet | Graph | Stats | Ident

Augmented Dickey-Fuller Unit Root Test on E2

Null Hypothesis: E2 has a unit root
Exogenous: None
Lag Length: 3 (Automatic - based on SIC, maxlag=6)

		t-Statistic	Prob.*
Augmented Dickey-Fuller test statistic		-4.109649	0.0002
Test critical values:	1% level	-2.660720	
	5% level	-1.955020	
	10% level	-1.609070	

*MacKinnon (1996) one-sided p-values.

图 10-15　残差单位根检验结果（不带趋势项和常数项）

残差单位根检验显示不存在单位根，即残差是平稳序列，说明 LGDP 和 LFDI 之间存在协整关系，最终回归结果如图 10-14 所示。可以用如下形式报告回归结果。

$$\widehat{LGDP} = 16.26521 + 0.101581LFDI$$

$$s.e \quad 4.164294 \quad 0.041515$$

$$t \quad 3.905875 \quad 2.446865$$

$$[AR(1)=1.573911,\ AR(2)=-0.583773]$$

$$t=(9.461556) \qquad (-3.544682)$$

回归结果表明，FDI 对经济增长产生正向影响，当 FDI 增加 1%，国内生产总值平均增加 0.1%。

2. 多元协整

多元模型的协整检验与一元模型有一定的相似之处，但也存在着较大的差异，其检验较为烦琐，最常用的是 Johansen 协整检验方法。

与一元模型类似，在协整检验之前应该进行每个序列的平稳性检验，求得其单整阶数，只有各序列的单整阶数相同时，才可进行协整检验。为此，这里选择了 1952—2015 年间，中国 GDP、资本形成总额、从业人员的数据（见表 10-2），这里拟以 CD 函数为基础建立模型对其进行协整检验。

表 10-2　1952—2015 年中国 GDP、资本形成总额、从业人员　　单位：亿元、万人

年份	GDP（Y）	资本（K）	劳动（L）	年份	GDP（Y）	资本（K）	劳动（L）
1952	1952	679	153.7	1984	7346	2560	48197
1953	1953	824	198.3	1985	9180	3630	49873
1954	1954	859	226.9	1986	10474	4002	51282
1955	1955	910	221.5	1987	12294	4645	52783
1956	1956	1028	257.6	1988	15332	6060	54334
1957	1957	1068	280	1989	17360	6512	55329
1958	1958	1307	432	1990	19067	6555	64749
1959	1959	1439	621.7	1991	22124	7893	65491
1960	1960	1457	575	1992	27334	10834	66152
1961	1961	1220	274.6	1993	35900	15783	66808
1962	1962	1149.3	178.1	1994	48823	19916	67455
1963	1963	1233.3	265.3	1995	61539	24343	68065
1964	1964	1454	350.3	1996	72102	27557	68950
1965	1965	1716.1	462.1	1997	80025	28966	69820
1966	1966	1868	569.8	1998	85486	30397	70637
1967	1967	1773.9	425.7	1999	90824	31666	71394
1968	1968	1723.1	432.2	2000	100577	34526	72085
1969	1969	1937.9	485.9	2001	111250	40379	72797
1970	1970	2252.7	744.9	2002	122292	45130	73280
1971	1971	2426.4	819	2003	138315	55837	73736
1972	1972	2518.1	791.1	2004	162742	69421	74264
1973	1973	2820.9	903.5	2005	189190	77534	74647
1974	2789.9	936.1	37369	2006	221207	89823	74978
1975	2997.3	1062.3	38168	2007	271699	112047	75321
1976	2943.7	990.1	38834	2008	319936	138243	75564
1977	3201.9	1098.1	39377	2009	349883	162118	75828
1978	3634	1413	40152	2010	410708	196653	76105
1979	4078	1520	41024	2011	486038	233327	76420
1980	4575	1623	42361	2012	540989	255240	76704
1981	4957	1663	43725	2013	596963	282073	76977
1982	5426	1760	45295	2014	647182	302717	77253
1983	6079	1968	46436	2015	696594	313070	77451

资料来源：《新中国 55 年统计资料汇编（1949—2004）》《中国统计年鉴》。

（1）平稳性检验。

与前面的单位根检验相同，我们分别对三个序列 lny、lnk、lnl 进行单位根检验。对 lny 的检验结果如图 10–16 所示。

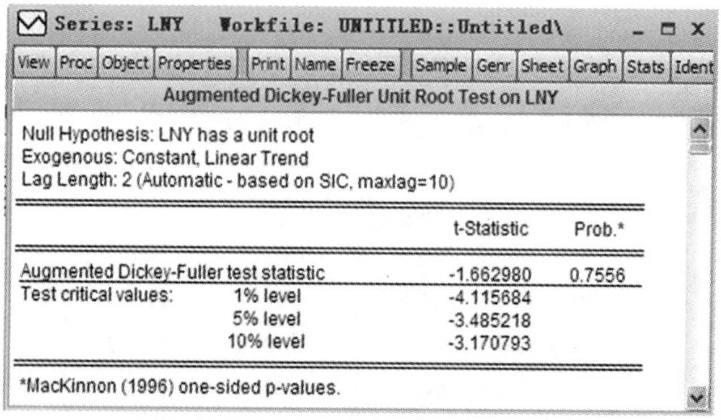
Series: LNY Workfile: UNTITLED::Untitled\

View | Proc | Object | Properties | Print | Name | Freeze | Sample | Genr | Sheet | Graph | Stats | Ident

Augmented Dickey-Fuller Unit Root Test on LNY

Null Hypothesis: LNY has a unit root
Exogenous: Constant, Linear Trend
Lag Length: 2 (Automatic - based on SIC, maxlag=10)

		t-Statistic	Prob.*
Augmented Dickey-Fuller test statistic		-1.662980	0.7556
Test critical values:	1% level	-4.115684	
	5% level	-3.485218	
	10% level	-3.170793	

*MacKinnon (1996) one-sided p-values.

图 10–16 lny 单位根检验结果（带趋势项和常数项）

结果显示存在单位根，对另外两种形式的检验也表明存在单位根，说明 lny 是非平稳序列。类似地，对 lnk、lnl 进行单位根检验，经检验，三种形式的检验都表明存在单位根，所以 lnk、lnl 也是非平稳序列（具体结果略）。

（2）单整。

平稳性检验表明，lny、lnk、lnl 都是非平稳序列，进一步对其一阶差分进行检验，结果如图 10–17 至图 10–19 所示。

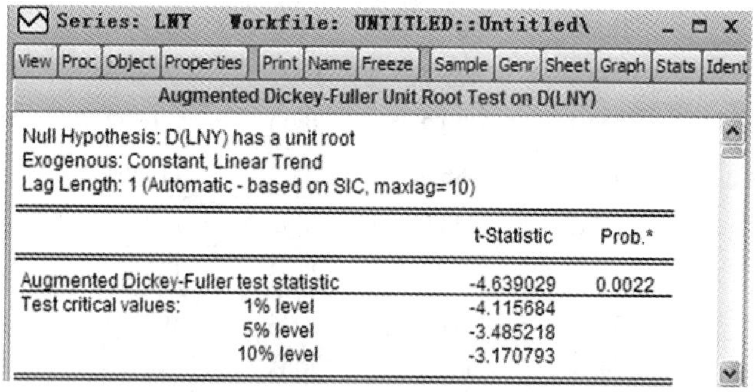
Series: LNY Workfile: UNTITLED::Untitled\

View | Proc | Object | Properties | Print | Name | Freeze | Sample | Genr | Sheet | Graph | Stats | Ident

Augmented Dickey-Fuller Unit Root Test on D(LNY)

Null Hypothesis: D(LNY) has a unit root
Exogenous: Constant, Linear Trend
Lag Length: 1 (Automatic - based on SIC, maxlag=10)

		t-Statistic	Prob.*
Augmented Dickey-Fuller test statistic		-4.639029	0.0022
Test critical values:	1% level	-4.115684	
	5% level	-3.485218	
	10% level	-3.170793	

图 10–17 lny 一阶差分的单位根检验结果（带趋势项和常数项）

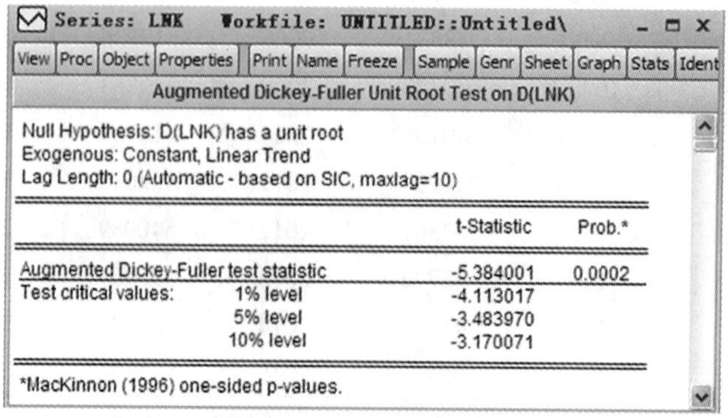
Series: LNK Workfile: UNTITLED::Untitled\

View | Proc | Object | Properties | Print | Name | Freeze | Sample | Genr | Sheet | Graph | Stats | Ident

Augmented Dickey-Fuller Unit Root Test on D(LNK)

Null Hypothesis: D(LNK) has a unit root
Exogenous: Constant, Linear Trend
Lag Length: 0 (Automatic - based on SIC, maxlag=10)

		t-Statistic	Prob.*
Augmented Dickey-Fuller test statistic		-5.384001	0.0002
Test critical values:	1% level	-4.113017	
	5% level	-3.483970	
	10% level	-3.170071	

*MacKinnon (1996) one-sided p-values.

图 10–18 lnk 一阶差分的单位根检验结果（带趋势项和常数项）

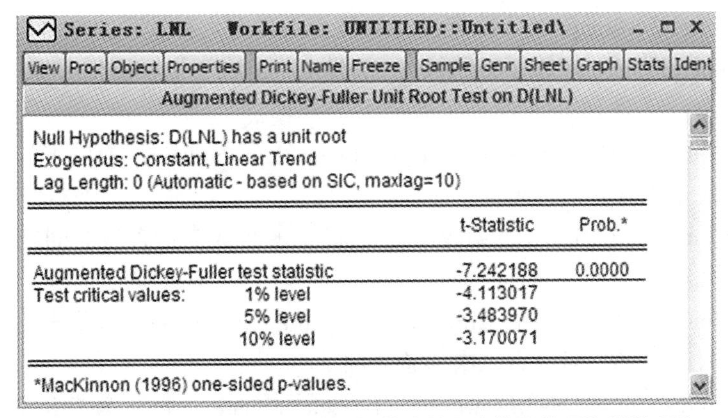

图 10–19　lnl 一阶差分的单位根检验结果（带趋势项和常数项）

由此表明，lny、lnk、lnl 都是一阶单整的。

（3）Johansen 协整检验。

a. 打开协整分析变量组

有两种方法可以打开协整变量组，一是按住 Ctrl 键，在工作文件窗口点选变量序列，单击鼠标右键，选择【Open】→【as Group】命令；二是使用 data 命令，在命令区输入以下命令：data 变量名 1、变量名 2…。本例中应输入：data lny、lnk、lnl。

操作完成后，组窗口打开，在 Group（组）窗口执行【View】→【Cointegration Test】→【Johansen System Cointegration Test】命令（图 10–20）。

Group: UNTITLED Workfile: UNTITLED::Untitled\
View Proc Object Print Name Freeze Default Sort Transpose Edit+/- Smpl+/-
Group Members
Spreadsheet
Dated Data Table
Graph...
Descriptive Stats
Covariance Analysis...
N-Way Tabulation...
Tests of Equality...
Principal Components...
Correlogram (1) ...
Cross Correlation (2) ...
Long-run Covariance...
Unit Root Test...
Cointegration Test
Granger Causality...
Label
Johansen System Cointegration Test...
Single-Equation Cointegration Test...

LNK	LNL
973732	11.08967
290445	11.09971
666689	11.10958
899279	11.11922
.10000	11.12822
.22401	11.14114
.27388	11.15368
.32210	11.16531
.36300	11.17597
.44947	11.18560
.60607	11.19543
.71730	11.20204
.93019	11.20825
.14794	11.21538
.25847	11.22053
.40560	11.22495

图 10–20　Johansen 协整检验操作

b. 协整参数选择

选择“Johansen system Cointegration Test”后，弹出检验对话框（图 10–21），对话框中包括以下几个方面。

Deterministic trend assumption（确定性趋势假设）共有六种选项，软件默认为第三种。

① No intercept or trend in CE or test VAR：假设 Y 的组成变量、协整矢量都不含确定趋势，即常数项。

② Intercept（no trend）in CE–no Allow for linear deterministic：假设 Y 的组成变量都不含常数项，而协整矢量中含有常数项。

③ Intercept（no trend）in CE–test VAR：假设 Y 的组成变量含有时间趋势，而协整矢量中含有常数项。

④ Intercept and trend in CE–no Allow for quardratic deterministic：假设 Y 的组成变量和协整矢量中都含有时间趋势，但没有二次型趋势项。

⑤ Intercept and trend in CE–linear quardratic deterministic：假设 Y 的组成变量含有二次型趋势，协整关系等式含有时间趋势。

⑥ Summarize all 5 sets of assumptions：将以上五种情况全部报告出来。

实际中，如果没有先验信息表明应采用哪种形式，可以选择第 6 种，即将 5 种形式全部报告，通过结果比较进行选择。

Exog variables（外生变量）。

一般默认，除非有明确的理论支撑才进行设定。如要设定，在对应的文本框中输入外生变量名称，如有多个变量，以空格分开。

Lag intervals（滞后期）。

该设置框中包括两个数字，第一个为 1，表示从滞后 1 期开始，空格后第二个数字表示滞后期结束，如本例为 2。

Critical Values（置信水平）。

默认为 5%，一般不用调整。如有特殊需要可以调整，但一般不超过 10%。

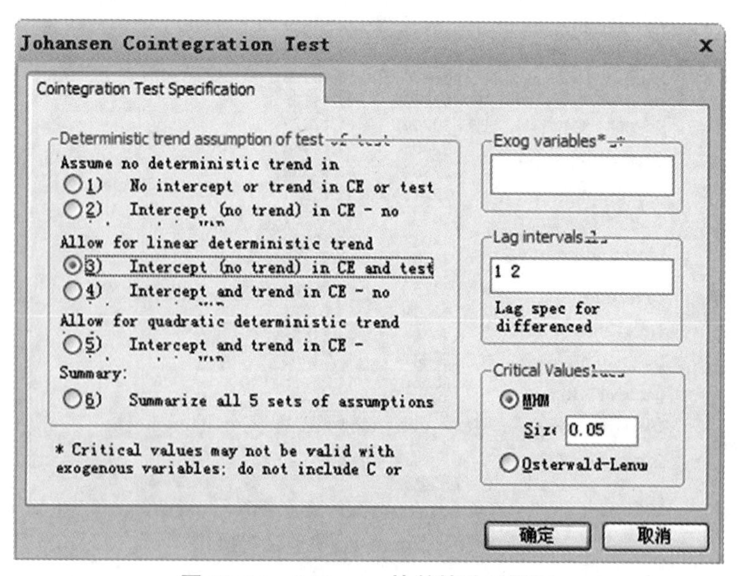

图 10–21　Johansen 协整检验对话框

本例中，无法准确判断确定性趋势的形式，所以选第 6 种，即报告出所有的检验结果，如图 10–22 所示。

EViews - [Group: UNTITLED Workfile: UNTITLED:... _ □ X

File Edit Object View Proc Quick Options Add-ins Window Help

View Proc Object Print Name Freeze Sample Sheet Stats Spec

Johansen Cointegration Test Summary

Date: 04/05/17 Time: 14:24
Sample: 1952 2015
Included observations: 61
Series: LNY LNK LNL
Lags interval: 1 to 2

Selected (0.05 level*) Number of Cointegrating Relations by Model

Data Trend:	None	None	Linear	Linear	Quadratic
Test Type	No Intercept No Trend	Intercept No Trend	Intercept No Trend	Intercept Trend	Intercept Trend
Trace	3	3	3	1	1
Max-Eig	3	0	0	0	0

*Critical values based on MacKinnon-Haug-Michelis (1999)

Information Criteria by Rank and Model

Data Trend:	None	None	Linear	Linear	Quadratic
Rank or No. of CEs	No Intercept No Trend	Intercept No Trend	Intercept No Trend	Intercept Trend	Intercept Trend
	Log Likelihood by Rank (rows) and Model (columns)				
0	286.7391	286.7391	291.8500	291.8500	297.9408
1	297.1767	297.4017	300.2310	303.7972	309.5672
2	303.8288	304.9744	306.8176	311.9362	314.5966
3	306.5982	310.8765	310.8765	316.1086	316.1086
	Akaike Information Criteria by Rank (rows) and Model (columns)				
0	-8.811119	-8.811119	-8.880327	-8.880327	-8.981666
1	-8.956612	-8.931205	-8.958394	-9.042530	-9.166138*
2	-8.977993	-8.949979	-8.977627	-9.079874	-9.134314
3	-8.872072	-8.913982	-8.913982	-8.987168	-8.987168
	Schwarz Criteria by Rank (rows) and Model (columns)				
0	-8.188238*	-8.188238*	-8.153632	-8.153632	-8.151158
1	-8.126104	-8.066093	-8.024073	-8.073604	-8.128003
2	-7.939858	-7.842636	-7.835679	-7.868717	-7.888552
3	-7.626311	-7.564407	-7.564407	-7.533779	-7.533779

-9.166138* Path = d:\my documents DB = none WF = untitled

图 10–22 Johansen 协整检验结果(全部形式)

从检验结果看，第 1 种形式中，迹统计量（Trace）和最大特征值（Max-Eigenvalue）检验都表明存在三个协整关系；而其他形式的检验中，迹统计量显示有三个（第 2、3 种形式）或一个（第 4、5 种形式），最大特征值检验没有协整关系。另外，各种形式的赤池信息准则、施瓦茨准则在当前和各滞后期中基本接近，差别不大。综合考虑，选择第 1 种形式进行协整（事实上，经过比较，第 1 种的结果更符合现实情况，在此略去比较），结果较长，分别如图 10–23 至图 10–25 所示。

检验结果的上半段报告了迹统计量的检验结果，下半段为最大特征根检验的结果。两者极为相似，第 1 列为协整关系原假设；第 2 列为特征根；第 3 列为检验统计量；第 4 列为 5% 的临界值，第 5 列为 P 值，我们只需根据 P 值便可方便地看出协整关系。本例中，最多存在两个协整关系的假设拒绝，说明至少存在两个协整关系。

Unrestricted Cointegration Rank Test (Trace)

Hypothesized No. of CE(s)	Eigenvalue	Trace Statistic	0.05 Critical Value	Prob.**
None *	0.289804	39.71817	24.27596	0.0003
At most 1 *	0.195956	18.84306	12.32090	0.0035
At most 2 *	0.086800	5.538850	4.129906	0.0221

Trace test indicates 3 cointegrating eqn(s) at the 0.05 level
* denotes rejection of the hypothesis at the 0.05 level
**MacKinnon-Haug-Michelis (1999) p-values

Unrestricted Cointegration Rank Test (Maximum Eigenvalue)

Hypothesized No. of CE(s)	Eigenvalue	Max-Eigen Statistic	0.05 Critical Value	Prob.**
None *	0.289804	20.87511	17.79730	0.0167
At most 1 *	0.195956	13.30421	11.22480	0.0213
At most 2 *	0.086800	5.538850	4.129906	0.0221

Max-eigenvalue test indicates 3 cointegrating eqn(s) at the 0.05 level
* denotes rejection of the hypothesis at the 0.05 level
**MacKinnon-Haug-Michelis (1999) p-values

图 10–23 Johansen 检验——协整关系检验

图 10–24 显示了无约束的参数估计值。上半段为协整向量的估计值，第 1 行表示第 1 个协整矢量，依此类推。下半段为调整参数估计值。第 1 列为第一个调整参数矩阵，依此类推。

Unrestricted Cointegrating Coefficients (normalized by b'*S11*b=I):

LNY	LNK	LNL
-4.806262	3.867176	1.356913
7.965236	-7.552668	-1.178522
2.569607	-1.974307	-0.533814

Unrestricted Adjustment Coefficients (alpha):

D(LNY)	-0.002597	0.003816	0.017726
D(LNK)	-0.040533	0.030356	0.027089
D(LNL)	0.007631	0.008975	0.001224

图 10–24 Johansen 检验——无约束的参数估计

1 Cointegrating Equation(s): Log likelihood 297.1767

Normalized cointegrating coefficients (standard error in parentheses)

LNY	LNK	LNL
1.000000	-0.804612	-0.282322
	(0.03045)	(0.02465)

Adjustment coefficients (standard error in parentheses)

D(LNY)	0.012482
	(0.03984)
D(LNK)	0.194813
	(0.08573)
D(LNL)	-0.036674
	(0.01563)

图 10–25 Johansen 检验—极大似然的协整关系式

图 10–25 给出了对数似然值最大的协整关系式，列于数据表中第 1 行。第一位的变量系

数标准化为 1，后面的是其他变量的系数。数据表下半部分还给出了相应的调整系数向量。根据协整关系，可以写出本例的协整方程为：

$$\ln \hat{y} = 0.804612 \ln k + 0.282332 \ln l \quad (10.15)$$

通过协整回归表明，资本、劳动与经济增长存在着长期均衡的关系，资本增加 1%，GDP 平均增加 0.8%，劳动增加 1%，GDP 平均增加 0.28%。

第三节　误差修正（VEC）模型 *

一、实验要求

理解误差修正模型的含义，能够根据单整、协整检验，建立误差修正模型，学会误差修正模型的估计方法。

二、实验数据

1990—2015 年中国国内生产总值与居民储蓄见表 10–3。

表 10–3　1990—2015 年中国国内生产总值与居民储蓄　　单位：亿元

年份	居民储蓄（save）	国内生产总值（gdp）	年份	居民储蓄（save）	国内生产总值（gdp）
1990	7119.60	18872.90	2003	103617.65	137422.00
1991	9244.90	22005.60	2004	119555.39	161840.20
1992	11757.30	27194.50	2005	141050.99	187318.90
1993	15203.50	35673.20	2006	161587.30	219438.50
1994	21518.80	48637.50	2007	172534.19	270232.30
1995	29662.30	61339.90	2008	217885.35	319515.50
1996	38520.80	71813.60	2009	260771.66	349081.40
1997	46279.80	79715.00	2010	303302.49	413030.30
1998	53407.47	85195.50	2011	343635.89	489300.60
1999	59621.83	90564.40	2012	399551.00	540367.40
2000	64332.38	100280.10	2013	447601.57	595244.40
2001	73762.43	110863.10	2014	485261.30	643974.00
2002	86910.65	121717.40	2015	526508.51*	685505.80

资料来源：《中国统计年鉴》、国家统计局网站数据查询链接。其中，2015 年的储蓄数据还未公布，根据央广网（http：//news.cnr.cn）报道的“李克强在第十二届全国人民代表大会第四次会议中的 2015 年年末居民储蓄增长 8.5%”，进行推算得出。

三、实验内容

□ 创建工作文件，定义变量并输入数据

□ 平稳性检验

□ 协整检验

□ 建立误差修正模型

四、实验步骤

（一）基础准备

创建一个时间在 1990—2015 年的时间序列工作文件，创建变量序列 SAVE 和 GDP，将数据复制到序列组中。

（二）平稳性检验

与前面的单位根检验相同，这里分别对 SAVE 和 GDP 进行单位根检验。在工作文件中，打开待检验的序列，执行【View】→【Unit Root Test】命令，首先选择“Level”，并按照“Trend and Intercept”“Intercept”“None”的次序依次检验，对 save 的检验结果如图 10–26 至图 10–28 所示。

Augmented Dickey-Fuller Unit Root Test on SAVE

Null Hypothesis: SAVE has a unit root
Exogenous: Constant, Linear Trend
Lag Length: 0 (Automatic - based on SIC, maxlag=5)

		t-Statistic	Prob.*
Augmented Dickey-Fuller test statistic		1.440098	0.9999
Test critical values:	1% level	-4.374307	
	5% level	-3.603202	
	10% level	-3.238054	

图 10–26　SAVE 的单位根检验（带趋势项和常数项）

Augmented Dickey-Fuller Unit Root Test on SAVE

Null Hypothesis: SAVE has a unit root
Exogenous: Constant
Lag Length: 1 (Automatic - based on SIC, maxlag=5)

		t-Statistic	Prob.*
Augmented Dickey-Fuller test statistic		1.740237	0.9994
Test critical values:	1% level	-3.737853	
	5% level	-2.991878	
	10% level	-2.635542	

图 10–27　SAVE 的单位根检验（带常数项）

Augmented Dickey-Fuller Unit Root Test on SAVE

Null Hypothesis: SAVE has a unit root
Exogenous: None
Lag Length: 1 (Automatic - based on SIC, maxlag=5)

		t-Statistic	Prob.*
Augmented Dickey-Fuller test statistic		1.663497	0.9729
Test critical values:	1% level	-2.664853	
	5% level	-1.955681	
	10% level	-1.608793	

图 10–28　SAVE 的单位根检验（不带趋势项和常数项）

检验结果表明 SAVE 存在单位根，是非平稳序列。同时对 GDP 进行单位根检验（过程略），结果显示，GDP 也是非平稳序列。进一步对 SAVE、GDP 的一阶差分进行检验，也存在单位根。继续对两个序列的二阶差分进行检验，结果表明两个序列的二阶差分都不存在单位根（图 10–29、图 10–30），是平稳序列，说明 SAVE、GDP 是二阶单整的，即 save，gdp~I（2）。

Augmented Dickey-Fuller Unit Root Test on D(SAVE,2)

Null Hypothesis: D(SAVE,2) has a unit root
Exogenous: Constant, Linear Trend
Lag Length: 0 (Automatic - based on SIC, maxlag=5)

		t-Statistic	Prob.*
Augmented Dickey-Fuller test statistic		-6.207928	0.0002
Test critical values:	1% level	-4.416345	
	5% level	-3.622033	
	10% level	-3.248592	

图 10–29　SAVE 二阶差分的单位根检验（带趋势项和常数项）

Augmented Dickey-Fuller Unit Root Test on D(GDP,2)

Null Hypothesis: D(GDP,2) has a unit root
Exogenous: Constant, Linear Trend
Lag Length: 1 (Automatic - based on SIC, maxlag=5)

		t-Statistic	Prob.*
Augmented Dickey-Fuller test statistic		-5.662338	0.0008
Test critical values:	1% level	-4.440739	
	5% level	-3.632896	
	10% level	-3.254671	

图 10–30　GDP 二阶差分的单位根检验（带趋势项和常数项）

（三）协整检验

建立误差修正模型之前必须进行协整关系检验，至少存在一个协整关系时才可建立误差修正模型。由于 SAVE 和 GDP 单整阶数相同，我们进一步对其进行协整检验。首先进行协整回归（ls save c gdp），结果如图 10–31 所示。

Equation: UNTITLED　Workfile: UNTITLED::U...

View | Proc | Object | Print | Name | Freeze | Estimate | Forecast | Stats | Resids

Dependent Variable: SAVE
Method: Least Squares
Date: 04/05/17　Time: 19:07
Sample: 1990 2015
Included observations: 26

Variable	Coefficient	Std. Error	t-Statistic	Prob.
C	-11645.33	2507.757	-4.643721	0.0001
GDP	0.765014	0.008187	93.44032	0.0000

R-squared	0.997259	Mean dependent var	161546.3
Adjusted R-squared	0.997145	S.D. dependent var	161185.9
S.E. of regression	8613.242	Akaike info criterion	21.03379
Sum squared resid	1.78E+09	Schwarz criterion	21.13057
Log likelihood	-271.4393	Hannan-Quinn criter.	21.06166
F-statistic	8731.093	Durbin-Watson stat	1.207750
Prob(F-statistic)	0.000000		

图 10–31　SAVE 对 GDP 的协整回归

其次，检验残差的平稳性。在命令区输入命令：genr e1=resid，保存残差到 E1 中（软件不允许直接对 resid 进行单位根检验），单击工作文件中的 E1，打开序列，进行平稳性检验，结果如图 10-32 所示。

Series: E1 Workfile: UNTITLED::Untitled\

View | Proc | Object | Properties | Print | Name | Freeze | Sample | Genr | Sheet | Graph | Stats

Augmented Dickey-Fuller Unit Root Test on E1

Null Hypothesis: E1 has a unit root
Exogenous: None
Lag Length: 0 (Automatic - based on SIC, maxlag=5)

		t-Statistic	Prob.*
Augmented Dickey-Fuller test statistic		-3.104071	0.0033
Test critical values:	1% level	-2.660720	
	5% level	-1.955020	
	10% level	-1.609070	

图 10-32　E1 的平稳性检验（不带趋势项和常数项）

检验结果在 1% 的水平上拒绝了单位根的假设，即 E1 是平稳序列，表明 SAVE 和 GDP 之间存在长期均衡关系，如图 10-31 所示的协整回归显示，GDP 对 SAVE 产生正向影响，从长期看，GDP 增加一亿元，SAVE 平均增加 0.7650 亿元。

（四）误差修正模型

进一步而言，居民储蓄和国内生产总值之间存在着长期均衡关系，那么它们之间是否具有短期的调整机制呢？我们试图通过建立误差修正模型进行分析。

在主菜单上执行【Quick】→【Estimate VAR】命令，如图 10-33 所示。

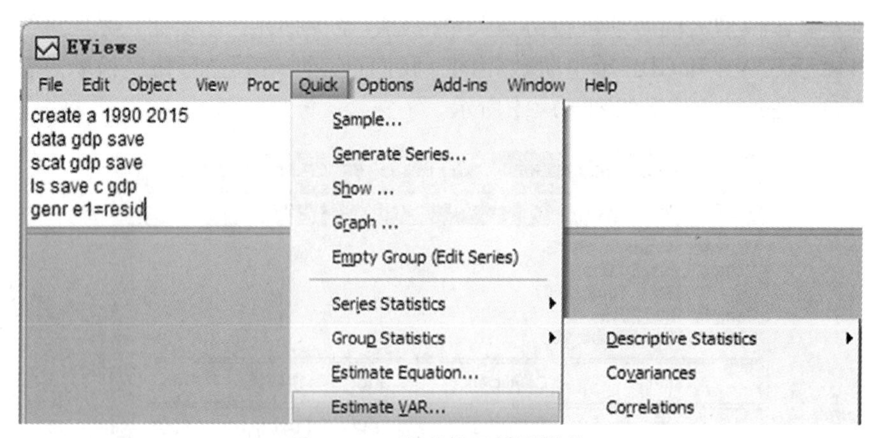

图 10-33　误差修正模型操作

点选“Estimate VAR”后，出现向量自回归设定“VAR Specification”对话框（误差修正模型和向量自回归非常类似，在同一对话框中设置，图 10-34），向量自回归设定对话框包括以下几个部分。

（1）“VAR Type”：VAR 形式设定，共有两种选择，默认为向量自回归 VAR，另一种是误差修正“Vector Error Correct”。

（2）“Estimation Samle”：样本设定。默认为工作文件的样本范围，一般不需要变动。如有特殊需要，可以更改范围，但不应超出原工作文件样本范围。

（3）“Endogenous Variables”：内生变量设定，输入模型中涉及的变量，用空格隔开。

（4）“Lag Intervals for Endogenous”：内生变量的滞后期。

（5）“Exogenous Variables”：外生变量。一般很少涉及，默认的外生变量为 C。

我们选择滞后期为 3，输入内生变量 save gdp，结果如图 10-35 所示。结果分为两部分：上半部分为协整关系方程估计结果，下半部分为误差修正参数。根据协整关系表达式可以计算出误差修正项。软件已经将误差修正项计算出列于下半部分，用“CointEq1”表示。

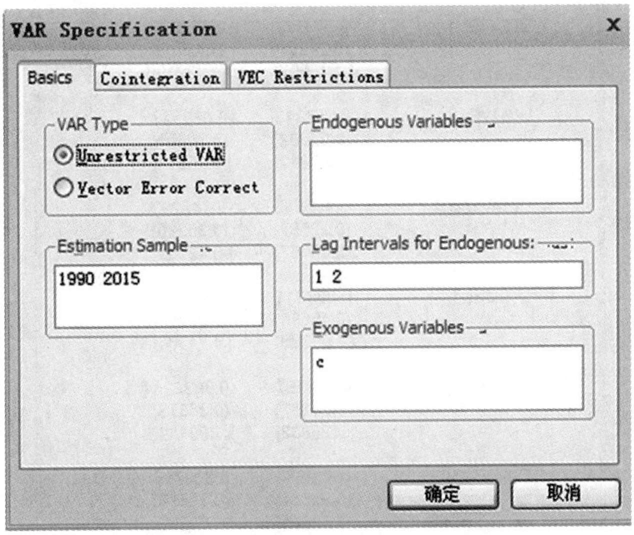

图 10-34　“VAR Specification”对话框

本例中，根据图 10-35 的协整关系，误差修正项可以表示为：

$$\text{Co}\operatorname{int}Eq1=\text{save}-0.909671\,\text{gdp}+46516.8 \tag{10.16}$$

误差修正模型可以表示为式（10.17）。由“CointEq1”的系数可知，短期中，储蓄与其长期均衡值的偏差，在下一期有 41.38% 被修正。

$$\Delta\text{save}_t=16407.44-0.413821\text{Co}\operatorname{int}Eq_{t-1}+\begin{bmatrix}0.343571 & 0.265813 & -0.466545\end{bmatrix}\begin{bmatrix}\Delta\text{save}_{t-1}\\ \Delta\text{save}_{t-2}\\ \Delta\text{save}_{t-3}\end{bmatrix}+$$

$$\begin{bmatrix}0.298911 & 0.063797 & -0.319674\end{bmatrix}\begin{bmatrix}\Delta\text{gdp}_{t-1}\\ \Delta\text{gdp}_{t-2}\\ \Delta\text{gdp}_{t-3}\end{bmatrix} \tag{10.17}$$

Vector Error Correction Estimates

Cointegrating Eq:	CointEq1	
SAVE(-1)	1.000000	
GDP(-1)	-0.909671 (0.04480) [-20.3064]	
C	46516.80	
Error Correction:	**D(SAVE)**	**D(GDP)**
CointEq1	-0.413821 (0.24317) [-1.70177]	0.967086 (0.35814) [2.70032]
D(SAVE(-1))	0.343571 (0.29851) [1.15097]	-0.409820 (0.43963) [-0.93219]
D(SAVE(-2))	0.265813 (0.22002) [1.20812]	0.633543 (0.32404) [1.95511]
D(SAVE(-3))	-0.466545 (0.22597) [-2.06467]	-0.142233 (0.33280) [-0.42739]
D(GDP(-1))	0.298911 (0.18528) [1.61330]	1.286223 (0.27288) [4.71360]
D(GDP(-2))	0.063797 (0.24697) [0.25832]	0.393234 (0.36373) [1.08111]
D(GDP(-3))	-0.319674 (0.22854) [-1.39875]	0.539767 (0.33659) [1.60362]
C	16407.44 (8839.17) [1.85622]	-30828.87 (13018.1) [-2.36815]

图 10–35 误差修正估计结果

第四节 向量自回归（VAR）模型

一、实验要求

理解向量自回归模型的含义，学会 VAR 模型的构建，掌握格兰杰因果关系检验、稳定性检验、脉冲响应函数和方差分解。

二、实验数据

1983—2015 年北京市出口与资本形成数据见表 10–4。

表 10-4　1983—2015 年北京市出口与资本形成数据

年份	出口 / 亿美元	资本形成 / 亿元	年份	出口 / 亿美元	资本形成 / 亿元
1983	146.87	62.90	2000	119.69	1697.39
1984	175.17	84.70	2001	117.72	1936.48
1985	43.74	150.60	2002	126.14	2332.74
1986	37.13	178.80	2003	168.87	2737.78
1987	35.44	201.20	2004	205.69	3167.50
1988	39.59	251.10	2005	308.66	3580.89
1989	30.23	271.50	2006	379.54	3936.74
1990	44.13	296.50	2007	489.26	4469.29
1991	45.71	327.30	2008	575.00	4722.88
1992	56.10	414.60	2009	483.58	5049.94
1993	66.99	535.00	2010	554.39	6059.70
1994	83.42	787.50	2011	589.98	6683.61
1995	102.50	1036.00	2012	596.32	7409.60
1996	81.20	1034.80	2013	630.98	7989.60
1997	96.11	1235.10	2014	623.36	8309.40
1998	105.13	1360.28	2015	546.66	8489.98
1999	99.04	1533.86			

资料来源：《北京统计年鉴》。

三、实验内容

□ 创建工作文件，定义变量并输入数据
□ 格兰杰因果关系检验
□ VAR 稳定性检验
□ 脉冲响应函数
□ 方差分解

四、实验步骤

（一）基础准备

创建一个时间在 1983—2015 年的时间序列工作文件，定义变量序列 EX 和 K，将数据复制到序列组中。

与第一节类似，对序列 EX 和 K 进行平稳性检验，结果表明两个序列都是一阶单整的，如图 10-36、图 10-37 所示。

Series: EX Workfile: UNTITLED::Untitled\

View | Proc | Object | Properties | Print | Name | Freeze | Sample | Genr | Sheet | Graph | Stats | Ident

Augmented Dickey-Fuller Unit Root Test on D(EX)

Null Hypothesis: D(EX) has a unit root
Exogenous: Constant, Linear Trend
Lag Length: 0 (Automatic - based on SIC, maxlag=8)

		t-Statistic	Prob.*
Augmented Dickey-Fuller test statistic		-4.610374	0.0046
Test critical values:	1% level	-4.284580	
	5% level	-3.562882	
	10% level	-3.215267	

图 10–36 EX 一阶差分的平稳性检验（带趋势项和常数项）

Series: K Workfile: UNTITLED::Untitled\

View | Proc | Object | Properties | Print | Name | Freeze | Sample | Genr | Sheet | Graph | Stats | Ident

Augmented Dickey-Fuller Unit Root Test on D(K)

Null Hypothesis: D(K) has a unit root
Exogenous: Constant, Linear Trend
Lag Length: 0 (Automatic - based on SIC, maxlag=8)

		t-Statistic	Prob.*
Augmented Dickey-Fuller test statistic		-3.487557	0.0584
Test critical values:	1% level	-4.284580	
	5% level	-3.562882	
	10% level	-3.215267	

图 10–37 K 一阶差分的平稳性检验（带趋势项和常数项）

进一步做协整回归，保留残差为 E1，检验 E1 的平稳性，结果显示，E1 是平稳的，说明 EX 和 K 之间存在长期协整关系。我们只给出了最后的检验结果，如图 10–38 所示。

Series: E1 Workfile: UNTITLED::Untitled\

View | Proc | Object | Properties | Print | Name | Freeze | Sample | Genr | Sheet | Graph | Stats | Ident

Augmented Dickey-Fuller Unit Root Test on E1

Null Hypothesis: E1 has a unit root
Exogenous: None
Lag Length: 0 (Automatic - based on SIC, maxlag=8)

		t-Statistic	Prob.*
Augmented Dickey-Fuller test statistic		-1.938569	0.0514
Test critical values:	1% level	-2.639210	
	5% level	-1.951687	
	10% level	-1.610579	

图 10–38 E1 的平稳性检验（不带趋势项和常数项）

（二）Granger 检验

打开序列组，执行【View】→【Grange Causality】命令，如图 10–39 所示。

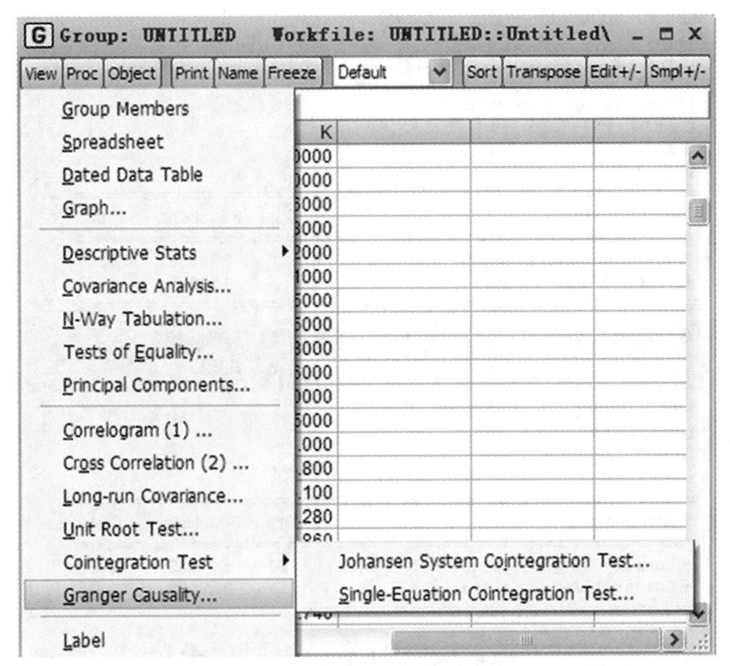

图 10-39 格兰杰因果检验操作

点选后出现图 10-40 的对话框，在“Lags to include”中选择滞后期，默认从 2 开始，依次增加。本例中，我们分别给出了滞后期分别为 2、3、4 的检验结果。

当滞后期为 2 时，K 是 EX 的格兰杰原因，但 EX 不是 K 的格兰杰原因；当滞后期为 3、4 时，两者互为因果关系如图 10-41 所示。

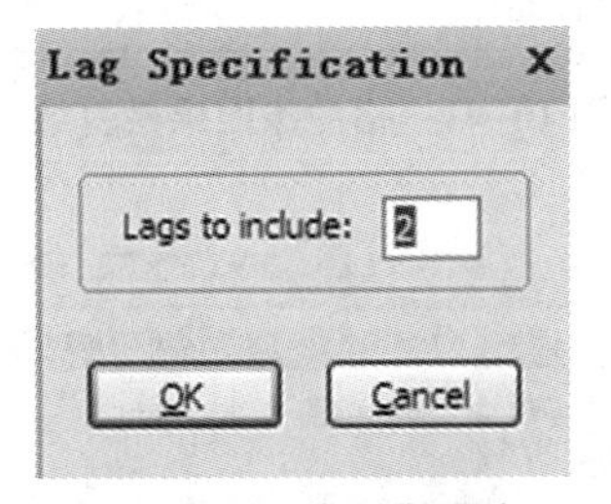

图 10-40 滞后期设定

如果已经估计了 VAR 模型，也可以在 VAR 窗口方便地进行格兰杰因果检验，执行【View】→【Lag Structure】→【Grange Causality/Block Exogeneity Tests】命令，检验结果如图 10-42 所示。

检验结果给出了每个内生变量相对于其他内生变量的格兰杰检验结果。第一部分显示，EX 作为被解释变量，对解释变量 K 和 All（所有变量联合）的格兰杰因果检验，包括统计量、自由度和 *P* 值，由 *P* 值 =0.0012 可以看出，K 构成对 EX 的格兰杰因果关系。第二部分给出了 K 作为被解释变量的格兰杰因果检验，对应的 *P* 值为 0.0198，说明 EX 与 GDP 之间存在格兰杰因果关系。这与前面的分析结论一致。

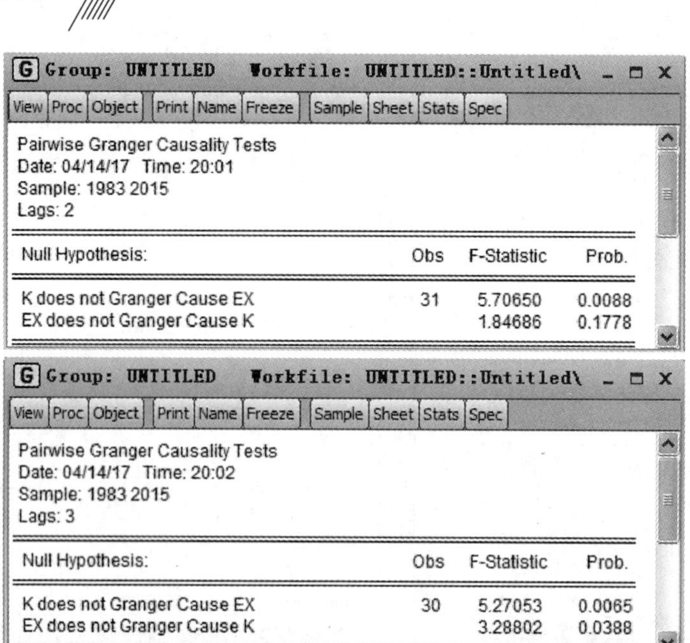

Group: UNTITLED Workfile: UNTITLED::Untitled\

Pairwise Granger Causality Tests
Date: 04/14/17 Time: 20:01
Sample: 1983 2015
Lags: 2

Null Hypothesis:	Obs	F-Statistic	Prob.
K does not Granger Cause EX	31	5.70650	0.0088
EX does not Granger Cause K		1.84686	0.1778

Group: UNTITLED Workfile: UNTITLED::Untitled\

Pairwise Granger Causality Tests
Date: 04/14/17 Time: 20:02
Sample: 1983 2015
Lags: 3

Null Hypothesis:	Obs	F-Statistic	Prob.
K does not Granger Cause EX	30	5.27053	0.0065
EX does not Granger Cause K		3.28802	0.0388

Group: UNTITLED Workfile: UNTITLED::Untitled\

Pairwise Granger Causality Tests
Date: 04/14/17 Time: 20:02
Sample: 1983 2015
Lags: 4

Null Hypothesis:	Obs	F-Statistic	Prob.
K does not Granger Cause EX	29	3.97253	0.0157
EX does not Granger Cause K		7.03738	0.0010

图 10-41 格兰杰因果检验结果

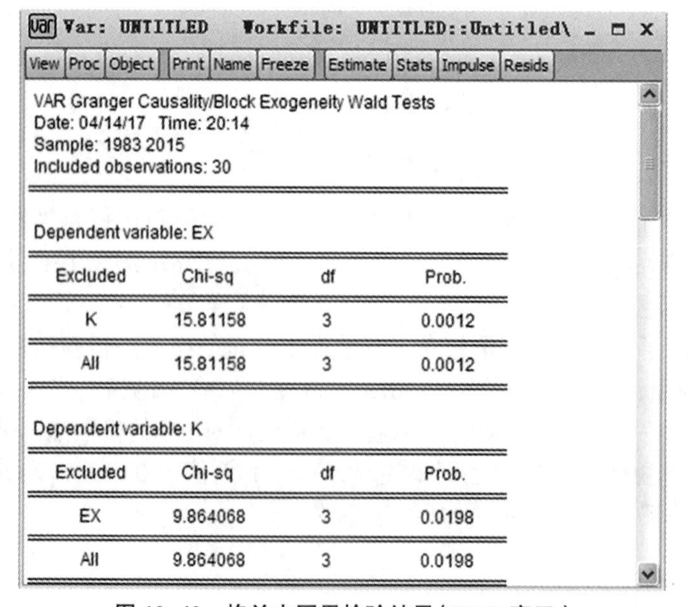

Var: UNTITLED Workfile: UNTITLED::Untitled\

VAR Granger Causality/Block Exogeneity Wald Tests
Date: 04/14/17 Time: 20:14
Sample: 1983 2015
Included observations: 30

Dependent variable: EX

Excluded	Chi-sq	df	Prob.
K	15.81158	3	0.0012
All	15.81158	3	0.0012

Dependent variable: K

Excluded	Chi-sq	df	Prob.
EX	9.864068	3	0.0198
All	9.864068	3	0.0198

图 10-42 格兰杰因果检验结果（VAR 窗口）

（三）稳定性检验

首先估计 VAR 模型，然后进行稳定性检验。

1. VAR 模型估计

VAR 估计与 VEC 非常相似，在主菜单上执行【Quick】→【Estimate VAR】命令，弹出 VAR Specification 对话框，如图 10–43 所示。

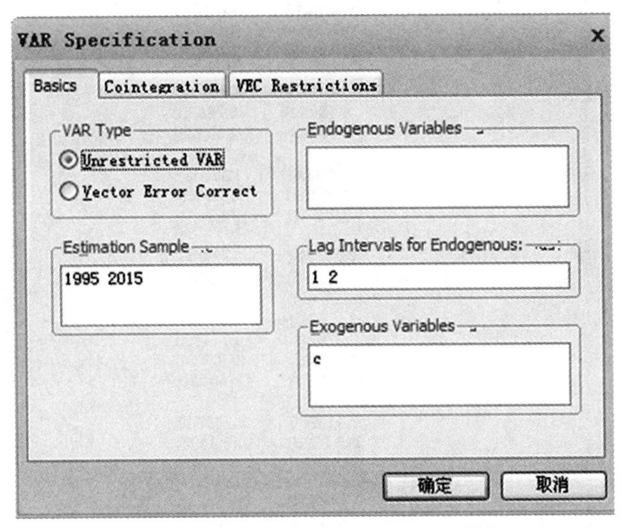

图 10–43　VAR Specification 对话框

该对话框在误差修正模型中已经详细介绍，这里不再赘述。本例中，在“Endogenous Variables”中输入内生变量名称 EX　K，滞后期分别选择 2、3、4，经比较，滞后期为 3 的 AIC、SC 最小，所以最终选择滞后期为 3，这里只给出了最终的 VAR 估计结果，如图 10–44 所示。

2. 稳定性检验

VAR 估计结果中的 View 菜单是 VAR 分析的主要界面。包括：Representations（VAR 表达式）、Estimation Output（VAR 估计结果）、Residuals（残差基本统计结果）、Endogenous Table、Endogenous Graph（内生变量图和表）、Lag Structure（滞后结构）、Residual Tests（残差检验）、Cointegration Tests（协整检验）、Impulse Response（脉冲响应函数）、Variance Decomposition（方差分解）等。

在 VAR 窗口中执行【View】→【Lag Structure】→【AR Roots Graph】命令（图 10–45），VAR 特征根的倒数的模（Inverse Roots of AR Characteristic）以图形展示（图 10–46）；如果执行【View】→【Lag Structure】→【AR Roots Table】命令，则以表格形式显示 VAR 模型特征根的倒数的模（图 10–47）。

本例中，有两个内生变量，滞后期为 3，则有六个特征根（2×3）。VAR 稳定性的条件是，所有的特征根的倒数的模小于 1，即位于单位圆内，任何一个特征根的倒数的模 $\geqslant 1$，说明 VAR 模型不稳定，需要重新设定。图 10–46 中，圆点表示 AR 特征根的倒数的模，都在单位圆之内，说明该模型稳定。

Var: UNTITLED Workfile: UNTITLED::Untitled\

View | Proc | Object | Print | Name | Freeze | Estimate | Stats | Impulse | Resids

Vector Autoregression Estimates

	EX	K
EX(-1)	0.849239	-1.355986
	(0.18961)	(0.82737)
	[4.47890]	[-1.63892]
EX(-2)	0.416810	3.254961
	(0.24217)	(1.05670)
	[1.72117]	[3.08030]
EX(-3)	-0.498424	-1.709027
	(0.18030)	(0.78676)
	[-2.76438]	[-2.17225]
K(-1)	0.203494	1.801687
	(0.05191)	(0.22649)
	[3.92047]	[7.95477]
K(-2)	-0.270377	-0.779948
	(0.08385)	(0.36586)
	[-3.22468]	[-2.13179]
K(-3)	0.074276	-0.044592
	(0.06361)	(0.27754)
	[1.16777]	[-0.16067]
C	7.446206	52.45780
	(10.7390)	(46.8598)
	[0.69338]	[1.11946]
R-squared	0.979983	0.997410
Adj. R-squared	0.974762	0.996734
Sum sq. resids	29648.61	564522.9
S.E. equation	35.90362	156.6668
F-statistic	187.6738	1476.206
Log likelihood	-146.0078	-190.2062
Akaike AIC	10.20052	13.14708
Schwarz SC	10.52746	13.47403
Mean dependent	247.9521	2934.569
S.D. dependent	225.9995	2741.512

Determinant resid covariance (dof adj.)	24989017
Determinant resid covariance	14687989
Log likelihood	-332.6744
Akaike information criterion	23.11163
Schwarz criterion	23.76552

图 10–44　VAR 估计结果

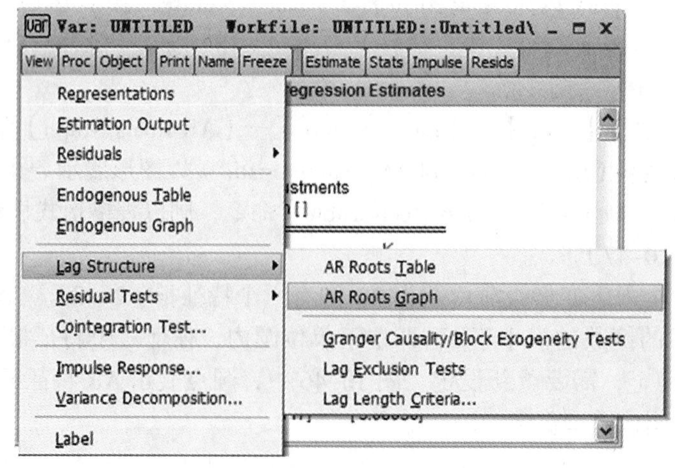

图 10–45　VAR 分析界面

根据图 10–47 中的数据也可以分析 VAR 模型的稳定性。该图中，上半部分是 AR 特征根的基本说明；下半部分报告了特征根（Root）和特征根倒数的模（Modulus）的具体数据。数据表明，该模型的所以特征根的模都小于 1，所以 VAR 模型通过稳定性检验。

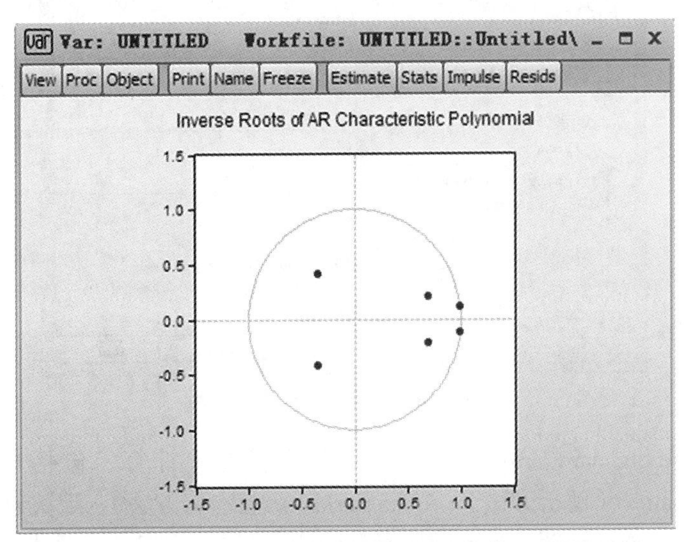

图 10–46 “AR 特征根的倒数的模”的单位圆图示

Var: UNTITLED Workfile: UNTITLED::Untitled\

View Proc Object Print Name Freeze Estimate Stats Impulse Resids

VAR Stability Condition Check

Roots of Characteristic Polynomial
Endogenous variables: EX K
Exogenous variables: C
Lag specification: 1 3
Date: 04/14/17 Time: 20:52

Root	Modulus
0.984335 - 0.117650i	0.991341
0.984335 + 0.117650i	0.991341
0.691653 - 0.210122i	0.722866
0.691653 + 0.210122i	0.722866
-0.350525 - 0.409397i	0.538956
-0.350525 + 0.409397i	0.538956

No root lies outside the unit circle.
VAR satisfies the stability condition.

图 10–47 VAR 稳定条件检验

（四）脉冲响应函数

在 VAR 窗口执行【View】→【Impulse Response】命令，出现脉冲响应函数对话框（图 10–48），其中包括“Display”“Impulse Definition”选项卡。默认为“Display”选项卡。

1.“Display”选项卡

（1）“Display Format”：脉冲响应函数输出形式设定，包括 Table（表格）、Multiple Graphs（多图）、Combined Graphs（组合图表）三种形式。

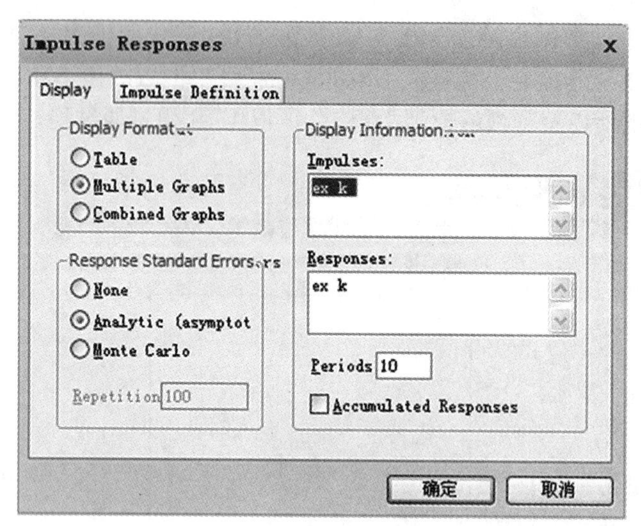

图 10-48　脉冲响应函数对话框

（2）"Response Standard Errors"：脉冲响应的标准差计算，包括 None（不计算）、Anlytic（asymptomatic）（解析方法）、Mone Carlo（蒙特卡洛方法）。默认为解析方法。

（3）"Display Information"：脉冲响应函数的冲击形式，包括三个文本框。"Impluses"中填写冲击变量名，"Responses"中填写被冲击变量名，变量之间以空格隔开，"Periods"中填写冲击期数。

2. "Impulse Definition" 选项卡

单击"Impulse Definition"，该选项卡被激活，用于设定残差协方差矩阵的分解方法和冲击排序。一般采用系统默认的形式。

（1）"Decomosition Method"：残差协方差矩阵的分解方法，包括 Residual-one unit（一个单位的残差冲击）、Residual-one std. deviation（残差一个标准差的冲击）、Cholesk-dof adjustde（残差正交分解后的一个标准差冲击且经过自由度调整）、Cholesk-no dof adjustde（残差正交分解后的一个标准差冲击没有经过自由度调整）、Generalized Impuses（广义正交冲击）、User Specifide（自定义冲击形式）。

（2）"Cholesky Ordering"：冲击顺序。本例中，我们选择以图形显示、采用解析方法〔Analytic（asymptomatic）〕、时期数选 15、按照"Impulse Definition"中的默认形式，具体脉冲响应函数分析如图 10-49 所示。

图 10-49 中共有四个脉冲响应函数图，"Response of EX to EX""Response of EX to K""Response of K to EX""Response of K to K"。如第二个图表示 K 对 EX 的冲击，即资本 K 变动一个标准差对出口 EX 的脉冲函数图，图中实线表示 EX 受冲击后的走势，两侧虚线表示走势的两倍标准差。由此可以看出，出口受到资本的一个正向冲击后，连续增加，到第 7、8 期达到最大，之后持续下降。

（五）方差分解

在 VAR 窗口中执行【View】→【Variance Decomposition】命令，出现方差分解对话框，如图 10-50 所示。

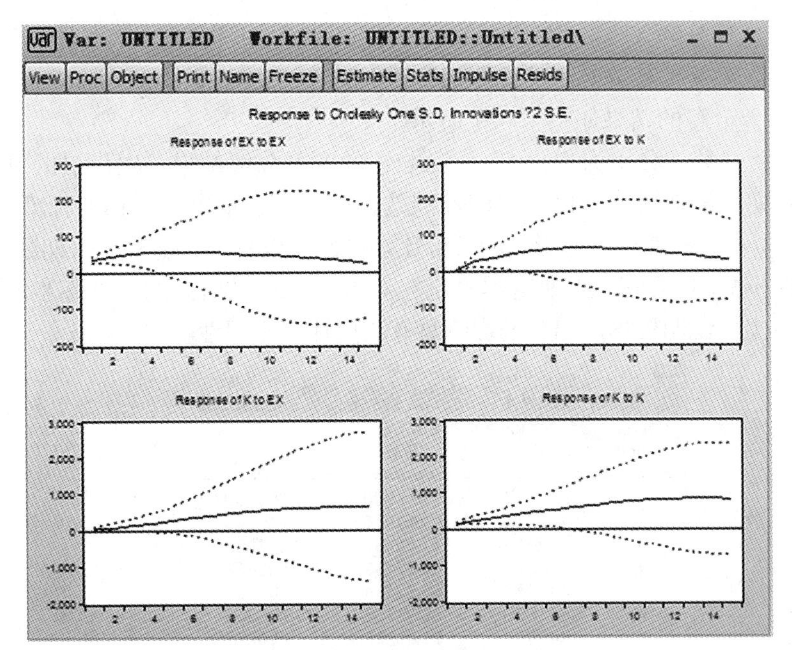

图 10-49 VAR 模型的脉冲响应函数图

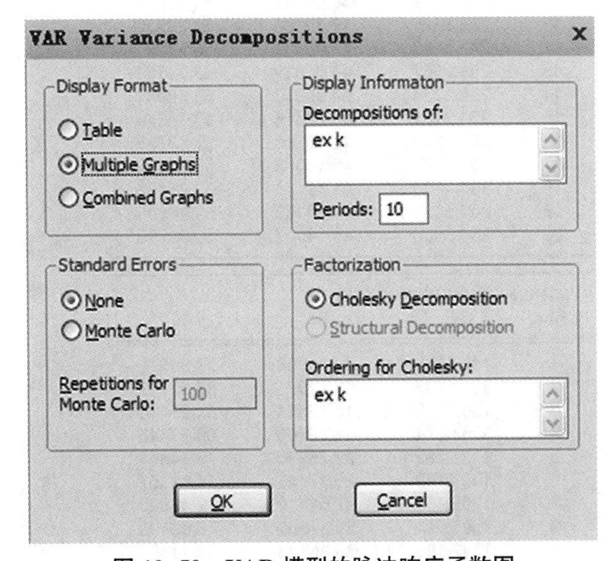

图 10-50 VAR 模型的脉冲响应函数图

该对话框内有以下几项。

（1）"Display Format"：方差分解输出形式设定，包括 Table（表格）、Multiple Graphs（多图）、Combined Graphs（组合图表）三种形式。

（2）"Standrd Errors"：标准差计算，包括 None（不计算）、Mone Carlo（蒙特卡洛方法）。默认为"None"。

（3）"Display Information"：方差分解形式设定。"Decompositions of"中填写方差分解的变量名，多个变量之间以空格隔开，"Periods"中填写方差分解的期数。

（4）"Factorization"：方差分解方法，包括 Cholesky Decomposition（残值方法）、Structural

Decomposition（结构分解方法）。在“Ordering for cholesky”中可以输入因子分解顺序。

本例中，是选择列表输出，不计算标准差，选用 Cholesky 方法，时期数选 15，分解顺序为 EX K，方差分解的结果如图 10-51 所示。

结果分为两部分，分别为出口 EX、资本 K 的方差分解结果。以出口的方差分解为例，第 1 列为滞后期，第 2 列为出口的预期标准差，第 3 列表示出口对预期标准差影响的百分比，第 4 列为资本对预期标准差影响的百分比。由此可以看出，随着冲击期数增加，出口对自身的影响逐步减小，到第 15 期基本稳定在 46%，资本对出口的影响逐步增加，第 13 期后达到 53% 以上。说明资本对出口的影响具有长期性和累积性。

Variance Decomposition

Variance Decomposition of EX:

Period	S.E.	EX	K
1	35.90362	100.0000	0.000000
2	64.23758	80.54656	19.45344
3	89.76562	72.62037	27.37963
4	116.5730	66.67193	33.32807
5	141.8754	60.92514	39.07486
6	164.5020	56.93756	43.06244
7	184.7706	53.89268	46.10732
8	202.3406	51.55953	48.44047
9	217.2542	49.85918	50.14082
10	229.6977	48.60789	51.39211
11	239.8126	47.70788	52.29212
12	247.8083	47.08101	52.91899
13	253.9057	46.65839	53.34161
14	258.3324	46.39053	53.60947
15	261.3351	46.23656	53.76344
16	263.1740	46.16265	53.83735
17	264.1247	46.14038	53.85962
18	264.4756	46.14445	53.85555
19	264.5221	46.15192	53.84808
20	264.5566	46.14207	53.85793

Variance Decomposition of K:

Period	S.E.	EX	K
1	156.6668	21.01968	78.98032
2	306.5735	12.42273	87.57727
3	456.1115	15.73554	84.26446
4	636.0274	19.26360	80.73640
5	832.0162	22.25936	77.74064
6	1043.719	25.17643	74.82357
7	1269.465	27.51110	72.48890
8	1503.574	29.37502	70.62498
9	1742.188	30.85343	69.14657
10	1980.804	31.99638	68.00362
11	2215.015	32.88702	67.11298
12	2441.022	33.58344	66.41656
13	2655.377	34.13155	65.86845
14	2855.185	34.56879	65.43121
15	3038.131	34.92189	65.07811
16	3202.459	35.21084	64.78916
17	3346.998	35.45025	64.54975
18	3471.156	35.65047	64.34953
19	3574.909	35.81886	64.18114
20	3658.795	35.96053	64.03947

图 10-51　VAR 模型的方差分解结果

小　　结

时间序列往往是非平稳的，如果直接进行估计会造成“伪回归”。通常对时间序列建立模型时常常要进行平稳性检验，然后进行协整检验。在时间序列分析中有时还进一步对存在协整关系的时间序列建立误差修正模型（VEC）以检验误差修正机制，来分析长期均衡与短期调整之间的关系。出于预测的需要，也可以对变量之间进行格兰杰因果关系检验，甚至建立动态关系即向量自回归模型（VAR）。

思　考　题

1. 在时间序列分析中，为什么要进行平稳性检验？
2. 什么是单位根？如何进行单位根检验？
3. 怎样判断变量之间存在协整关系？
4. 什么是误差修正机制？误差修正机制模型的特点是什么？

第十一章　联立方程模型

第一节　知识准备

一、联立方程概述

现实中，变量之间并不是单向的因果关系，往往相互影响、互为因果，因此单方程难以正确反映变量之间的这种关系，联立方程应运而生。

由一个以上的相互联系的单方程构成的方程组，称为联立方程。联立方程涉及多个内生变量，每个方程都描述了变量之间的一个因果关系，结构也较复杂，所以能全面反映经济系统的运行规律。式（11.1）为一个三部门的宏观经济模型，是宏观经济分析中最为常见的一个联立方程。

$$\begin{cases} C_t = \alpha_0 + \alpha_1 Y_t + \mu_{1t} \\ I_t = \beta_0 + \beta_1 Y_t + \beta_2 Y_{t-1} + \mu_{2t} \\ Y_t = C_t + I_t + G_t \end{cases} \tag{11.1}$$

式中，C,I,Y,G 分别代表消费、投资、收入、政府购买，下标 t 表示时期。第一个为消费方程，第二个为投资方程，第三个为国民收入恒等式。

在该联立方程中，前两个方程为行为方程，而第三个为恒等式。与单方程不同，恒等式可以出现在联立方程中，也就是说，恒等式不能单独作为一个模型出现在单方程中。

联立方程包括内生变量和前定变量两大类。内生变量是由模型内部所决定的，如 C_t,I_t,Y_t；前定变量意在模型回归之前就确定的变量，包括外生变量 G_t 和滞后内生变量 Y_{t-1}。

二、联立方程的类型

（一）结构式模型

根据经济理论建立的，描述变量之间直接行为关系的模型就是结构式模型。从形式上看，解释变量中含有内生变量。

由此可以看出，结构式模型具有明确的经济意义，但由于解释变量中含有内生变量，产生随机解释变量的问题，因此不能直接用 OLS 估计，所以没有计量意义。

（二）简化式模型

由于结构式模型不能直接用 OLS 估计，因此人们试图通过变换模型中变量的形式，如式（11.1）中，将方程 1、2 代入 3，进一步变换求解，可以得到：

$$\begin{cases} C_t = \pi_{10} + \pi_{11}Y_{t-1} + \pi_{12}G_t + \varepsilon_{1t} \\ I_t = \pi_{20} + \pi_{21}Y_{t-1} + \pi_{22}G_t + \varepsilon_{2t} \\ Y_t = \pi_{30} + \pi_{31}Y_{t-1} + \pi_{32}G_t + \varepsilon_{3t} \end{cases} \tag{11.2}$$

式（11.2）中，解释变量都是前定变量，不再包含内生变量，因此可以直接估计，其反映了前定变量通过各种传导路径对内生变量的最终影响，但很难反映变量间的直接联系，含义不明确。因而，简化式模型具有计量意义，缺乏经济意义。

两类模型存在一定的互补性，在完备条件下，结构式模型可以转化为简化式模型。

三、联立方程的识别

由供需规律可知，需求和供给受到均衡价格的影响，而供需相等时决定了均衡价格，由此可以构建一个简单的微观经济模型：

$$\begin{cases} Q_t^d = \alpha_0 + \alpha_1 P_t + \mu_{1t} \\ Q_t^s = \beta_0 + \beta_1 P_t + \mu_{2t} \\ Q_t^d = Q_t^s \end{cases} \tag{11.3}$$

式（11.3）是联立方程在微观研究中的应用，其中 Q^d, Q^s, P 分别代表商品的需求量、供给量、价格，下标 t 表示时期。第一个是需求方程，第二个为供给方程，第三个表示市场均衡条件的恒等式。

式（11.3）是一个简单的结构式方程，意义明确。当供给与需求在市场上达到平衡时，$Q_t^d = Q_t^s = Q_t$（Q_t 为产量），当用收集到 Q_t, P_t 样本值，而无其他信息估计回归参数时，则无法区别估计值是对 α_0, α_1 的估计还是对 β_0, β_1 的估计。从而引出联立方程模型的识别问题。

（一）识别的含义

1. 从参数关系看

如果结构式模型能转化为简化式模型（得到一组参数关系体系），估计出简化式模型参数，根据参数关系体系求出结构式模型参数，会出现以下三种情况。

（1）参数关系个数 < 结构式模型参数个数，无解，不可识别。

（2）参数关系个数 = 结构式模型参数个数，有唯一解，恰好识别。

（3）参数关系个数 > 结构式模型参数个数，有多个解，过度识别。

后两种都称为可识别。识别不是估计问题，但却是估计的前提。只有所有的行为方程可识别时，才能对联立方程进行估计。但是，恒等式不用识别。

2. 从统计形式看

如果某个方程的统计形式具有唯一性，则该方程是可识别的。统计形式的唯一性是指，该方程不能由其他方程的任意线性组合表示出。简单地说，该方程至少有一个变量是其他方程所没有的。

（二）识别的条件

如果模型中包含的变量个数较多时，用参数关系体系判断识别问题将非常烦琐，因此我们根据统计形式唯一性给出识别的阶条件和秩条件。

1. 阶条件

简便起见，我们用 m,k 分别表示内生变量和前定变量，下标 i 表示第 i 个方程，每个内生变量做一次被解释变量，共有 m 个方程。根据统计形式的唯一性可知，每个方程至少有一个独特的变量（其他方程不包含）。对于第 i 个方程而言，不应包括其他方程的独特变量，我们称为被斥变量，被斥变量个数至少应该 $\geqslant m-1$（其余方程即 $m-1$ 个方程，各有一个独特变量，共计 $m-1$ 个）。被斥变量个数等于联立方程变量总数减去该方程的变量总数（$m+k-\left(m_i+k_i\right)$），那么阶条件可以表示为：

$$m+k-\left(m_i+k_i\right)\geqslant m-1 \tag{11.4}$$

$$\left(m_i+k_i\right)\leqslant k+1 \tag{11.5}$$

根据式（11.5），给出了更简化的阶条件，我们只需根据某个方程的变量总数和整个联立方程的前定变量总数，就可以方便地判断联立方程的识别问题了。不过，阶条件只是一个必要条件，如果不满足，联立方程不可识别。如果满足，对其他所有行为方程进行识别，当所有的都满足时，还需根据秩条件判别。

2. 秩条件

秩条件是充要条件。具体为：在由 m 个方程构成的模型中，任何一个方程的被斥变量的参数矩阵的秩为 $m-1$，即满秩矩阵。表示为：

$$\operatorname{rank}(A_i)=m-1 \tag{11.6}$$

式（11.6）表示了识别的秩条件。其中 A_i 表示第 i 个方程的被斥变量系数矩阵。A_i 的求解过程如下。

（1）将模型中所有变量移到等号左边，右边只保留随机项。

（2）单独一行依次写出所有内生变量、前定变量名和常数项，作为表头。

（3）写参数矩阵。矩阵中第一行表示第一个方程，依此类推，每列对应表头写出具体参数，未包含的变量或常数项用 0 表示；需要强调的是，虽然恒等式不用识别，但在写参数矩阵时，必须包括恒等式。

（4）划线法求被斥变量系数矩阵。首先划去待识别的方程（即行），再划去该行非零元素所在的列。未画线的部分构成被斥变量系数矩阵 A_i。

求出 A_i 后，求出秩，根据秩条件判断：如果不满足秩条件，则不可识别，如果满足，再结合阶条件，如果 $\left(m_i+k_i\right)=k+1$，恰好识别；如果 $\left(m_i+k_i\right)<k+1$，过度识别。其他方程依此类推，当所有的行为方程满足秩条件时，联立方程才可识别。联立方程识别流程图如图 11-1 所示。

四、联立方程的估计

由于简化式模型可以直接用 OLS 进行估计，所以联立方程的估计问题主要是针对结构式模型而言的，具体来说有以下几种方法。

（一）间接最小二乘法（ILS）

基本思路：如果可能，将结构式模型转化成简化式模型，然后通过参数关系体系，得到相关参数。它适用于恰好识别的模型。其步骤如下。

（1）判断结构方程识别状态，如恰好识别才可进行下一步。

（2）结构式模型转化为简化式模型，求得参数关系体系。

（3）用 OLS 估计简化式模型。

（4）根据前面的参数关系体系，解出结构式参数。

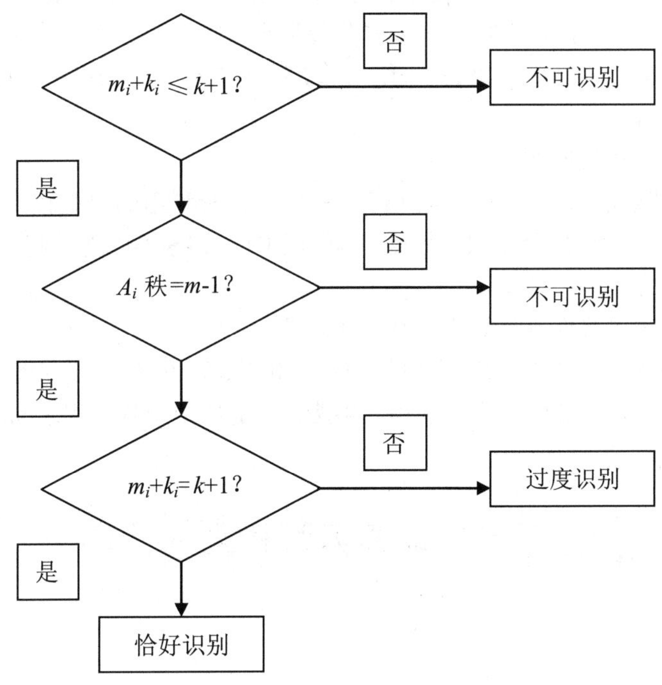

图 11–1　联立方程识别流程图

（二）工具变量法

基本思想是利用适当的工具变量（Instrument Variable，IV）去代替结构方程中作为解释变量的内生变量，以减少解释变量与随机项的相关性。既可以估计恰好识别模型，也可以估计过度识别模型，但更适合后者，因为使用工具变量后，回归误差比 OLS 要大。其步骤如下。

（1）选择适当的工具变量。选择适当的工具变量代替结构方程中作解释变量的内生变量。工具变量应满足以下条件：与代替的内生变量高度相关；工具变量必须是外生变量，与特定结构方程的随机项无关；与结构方程原有外生变量的线性相关程度很低；如果一个结构方程中使用两个以上的工具变量，这些工具变量之间也不能存在高度线性相关。

（2）对变量替换后的结构方程两端分别用解释变量相乘，并对 n 次观察求和，得到方程个数与未知结构参数个数相同的一组线性方程组。

（3）再将这些线性方程组联立求解，求得该特定方程结构参数的估计量。

（三）二阶段最小二乘法

二阶段最小二乘法（2SLS）的基本思想是通过回归，用内生变量的估计值作为工具变量，然后再回归。二阶段最小二乘法，既适用于恰好识别的方程，也适用于过度识别的方程，但更适合后者。其步骤如下。

（1）用 OLS 估计简化式方程，得到内生变量的估计值。

（2）内生变量估计值作为工具变量，替代所有内生变量，再用 OLS 估计得到相应的参数。

（四）三阶段最小二乘法

在 2SLS 的基础上，再进行广义最小二乘估计，以克服各个结构方程随机误差项同期相关等问题。三阶段最小二乘法（3SLS）是二阶段最小二乘法的推广，将参数估计分为三个阶段。其中：第一、第二阶段采用 2SLS，第三阶段采用广义最小二乘法（GLS）。

3SLS 的优点如下。

1. 充分利用模型结构信息

2SLS 只能对模型的一个结构方程进行参数估计，所利用的只是模型参数的部分信息。事实上总体结构对每个结构参数都有程度不同的影响，3SLS 可以充分利用模型的全部信息，所以又称系统估计方法。

2. 克服各方程之间随机项相关造成的估计偏误

2SLS 假定各结构方程之间的随机项是序列不相关的。但在联立方程模型中，各方程之间随机项可能相关，这时应引入广义最小二乘法，以克服由于各方程之间随机项相关造成的估计偏误。

第二节　联立方程模型的估计

一、实验要求

理解联立方程的含义即类型，学会构建联立方程。能够利用阶条件和秩条件对联立方程进行识别，掌握三阶段最小二乘法对联立方程模型进行系统估计。

二、实验数据

1978—2015 年中国消费、投资、政府购买与国民收入见表 11-1。

表 11-1　1978—2015 年中国消费、投资、政府购买与国民收入　　单位：亿元

年份	CS	I	G	Y	年份	CS	I	G	CS
1978	1759	1413	474	3646	1997	36626	28966	10882	76474
1979	2014	1520	564	4098	1998	38822	30396	12639	81857
1980	2337	1623	630	4590	1999	41915	31665	14707	88287
1981	2628	1663	650	4941	2000	46988	34526	16680	98194
1982	2867	1785	708	5360	2001	50709	40379	17838	108926
1983	3221	2111	839	6171	2002	55076	45130	18992	119198
1984	3690	2978	1095	7763	2003	59344	55836	20169	135349
1985	4627	3546	1290	9463	2004	66587	69421	22499	158507
1986	5294	4123	1433	10850	2005	75232	77534	26215	178981
1987	6048	5039	1591	12678	2006	84119	89823	30609	204551
1988	7532	6060	1891	15483	2007	99793	112047	36436	248276
1989	8778	6512	2255	17545	2008	115338	138243	42128	295709

续表

年份	CS	I	G	Y	年份	CS	I	G	CS
1990	9435	6555	2566	18556	2009	126661	162118	46067	334846
1991	10544	7893	3070	21507	2010	146058	196653	52940	395651
1992	12312	10834	3913	27059	2011	176532	233327	64990	474849
1993	15696	15783	5101	36580	2012	198537	255240	72576	526353
1994	21446	19916	6826	48188	2013	219763	282073	80575	582411
1995	28073	24342	8125	60540	2014	242540	302717	85773	631030
1996	33660	27557	9426	70643	2015	264758	313071	94759	672588

资料来源：《中国统计年鉴》。CS、I、G、Y 分别表示消费、投资、政府购买和国民收入。

三、实验内容

□ 建立联立方程

□ 联立方程识别

□ 联立方程估计

四、实验步骤

（一）建立联立方程

根据宏观经济理论和表 11-1 的数据，建立以下联立方程：

$$\begin{cases} CS_t = \alpha_0 + \alpha_1 Y_t + \alpha_2 CS_{t-1} + \mu_{1t} \\ I_t = \beta_0 + \beta_1 Y_t + \beta_2 Y_{t-1} + \mu_{2t} \\ Y_t = CS_t + I_t + G_t \end{cases} \tag{11.7}$$

（二）联立方程识别

1. 阶条件

模型中：内生变量为 CS_t, I_t, Y_t，即 $m=3$；前定变量有 CS_{t-1}, Y_{t-1}, G_t，即 $k=3$。根据阶条件有：

$$m_1 + k_1 = 3 < k+1 = 4$$

$$m_2 + k_2 = 3 < k+1 = 4$$

由此可知，消费方程和投资方程都满足阶条件，第三个方程为恒等式，不用识别。继续进行秩条件判别。

2. 秩条件

写出参数系数矩阵如下（C 表示常数项）：

$$\begin{pmatrix} CS_t & I_t & Y_t & CS_{t-1} & Y_{t-1} & G_t & C \\ 1 & 0 & -\alpha_1 & -\alpha_2 & 0 & 0 & -\alpha_0 \\ 0 & 1 & -\beta_1 & 0 & -\beta_2 & 0 & -\beta_0 \\ -1 & -1 & 1 & 0 & 0 & -1 & 0 \end{pmatrix} \tag{11.8}$$

利用划线法分别求出消费方程和投资方程的被斥变量系数矩阵：

$$\boldsymbol{A}_1=\begin{pmatrix}1 & -\beta_2 & 0\\ -1 & 0 & -1\end{pmatrix},\boldsymbol{A}_2=\begin{pmatrix}1 & -\alpha_2 & 0\\ -1 & 0 & -1\end{pmatrix} \tag{11.9}$$

由此可知：$\operatorname{ran}k\left(A_1\right)=\operatorname{ran}k\left(A_2\right)=2=m-1$，满足秩条件；再由阶条件可知；消费方程、投资方程均为过度识别。

（三）联立方程估计

由于系统估计方法利用了所有方程的信息，而且可以在同一个界面全部显示所有方程的估计结果，所以下面重点介绍常用的系统估计方法 3SLS。

1. 基础准备

与单方程分析类似，首先建立工作文件，定义变量并输入数据。本例中，是建立一个从 1978—2015 年的工作文件（create a 1978 2015），定义变量序列组（data cs i g y），将所用数据复制到序列组中。

2. 模型估计

在主菜单或工作文件菜单执行【Object】→【New Object】命令，如图 11–2 所示。选择 “System”，单击 OK 按钮，弹出“System”窗口，在窗口中输入方程表达式（图 11–3）。

表达式输入时应该规范，参数一律用“c（ ）”表示，括号内填写数字表示参数编号，没有特别要求，只要不同参数的编号不重复即可，一般从 1，2，3 连续编号。滞后变量用变量名后加括号表示，数字表示滞后期，如 cs(−1) 表示 cs_{t-1}。每行写出一个方程表达式，依此类推，无次序要求，只是决定了回归结果显示次序。最后一行一般写出联立方程中所有的前定变量，格式为：inst 前定变量名 1 前定变量名 2 …，如本例中为 inst cs(−1)y(−1)g。由于第三个方程为恒等式，无估计的参数，不用写出表达式。

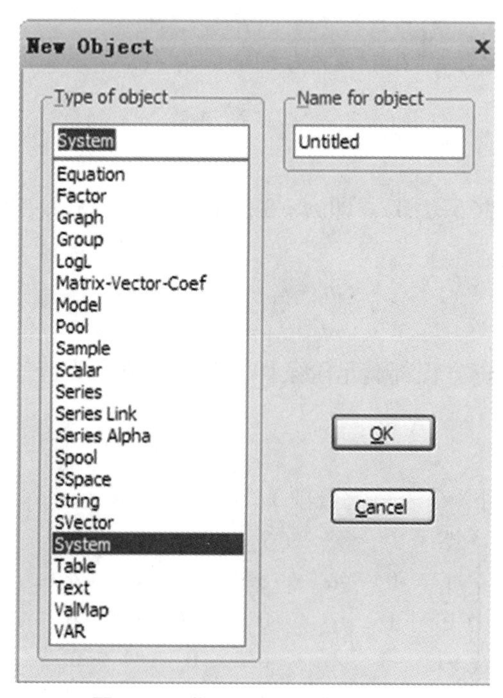

图 11–2 “New Object”对话框

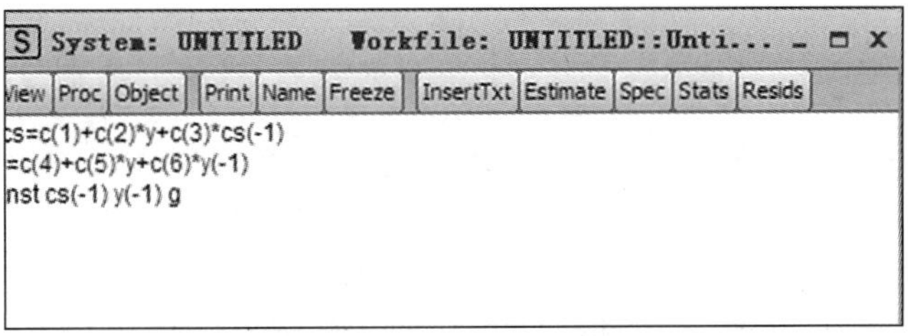

图 11–3　“System” 窗口

方程表达式输入好后，单击 “System” 窗口的 Estimate 按钮，弹出系统估计窗口，包括 Estimation Method（估计方法）和 Option（迭代）两个选项卡。刚打开时估计方法选项为活动状态，单击 “Estimation Method” 下拉选项，如图 11–4 所示。

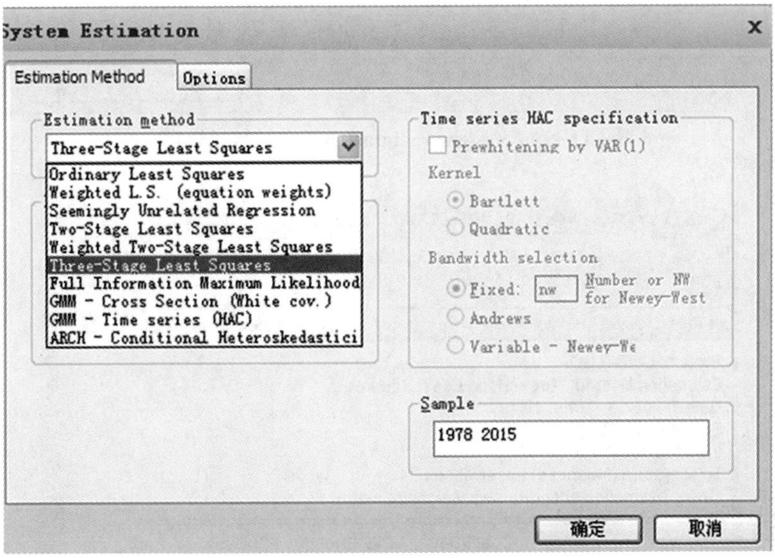

图 11–4　“System Estimation” 窗口

EViews 一共提供了 10 种估计方法：分别为 Ordinary Least Squares（最小二乘法估计）、Weighted L.S.（equation weights）（加权最小二乘法估计）、Semingly Unrelated Regression（似不相关回归估计）、Two–Stage Least Squares（两阶段最小二乘法估计）、Weighted Two–Stage Least Squares（加权两阶段最小二乘法估计）、Three–Stage Least Squares（三阶段最小二乘法估计）、Full Information Maximum Likelihood（完全信息最大似然估计）、GMM–Cross Section（White cov.）（用怀特协方差矩阵的广义矩阵估计）、用 HACGMM–Time series（HAC）（协方差矩阵的时间序列的广义矩阵估计）、条件异方差的 ARCHARCH–Conditional Heteroskedastici（模型估计）。

迭代选项界面如图 11–5 所示，主要是迭代与更新设置，包括四种：Simultaneous updating（迭代权数同时更新）、Sequential updating（迭代权数顺序更新）、Iterate coefs to convers（权数更新后迭代参数转换）、Update coefs once（权数更新后更新参数一次），系统默认第三种。

本例中，是选择三阶段最小二乘法，迭代项采用默认设定估计联立方程，单击 “确定” 按钮后，回归结果如图 11–6 所示。

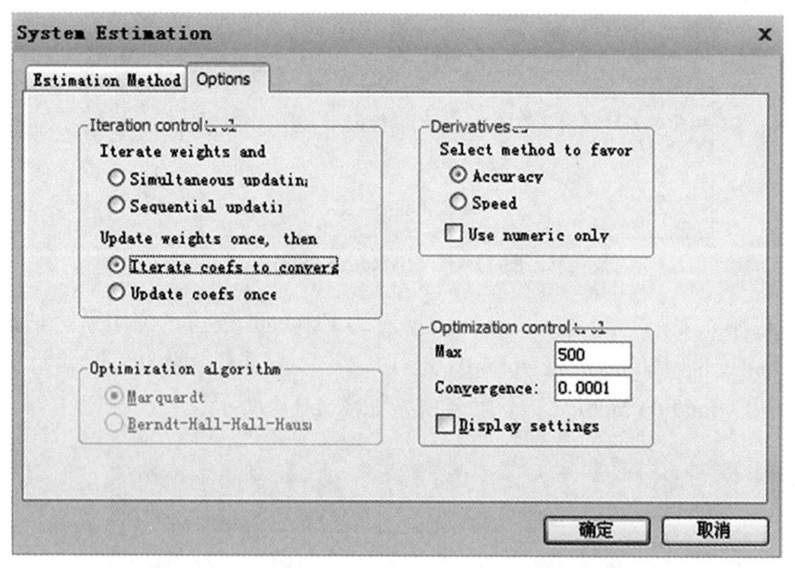

图 11–5 “System Estimation”中的迭代选项

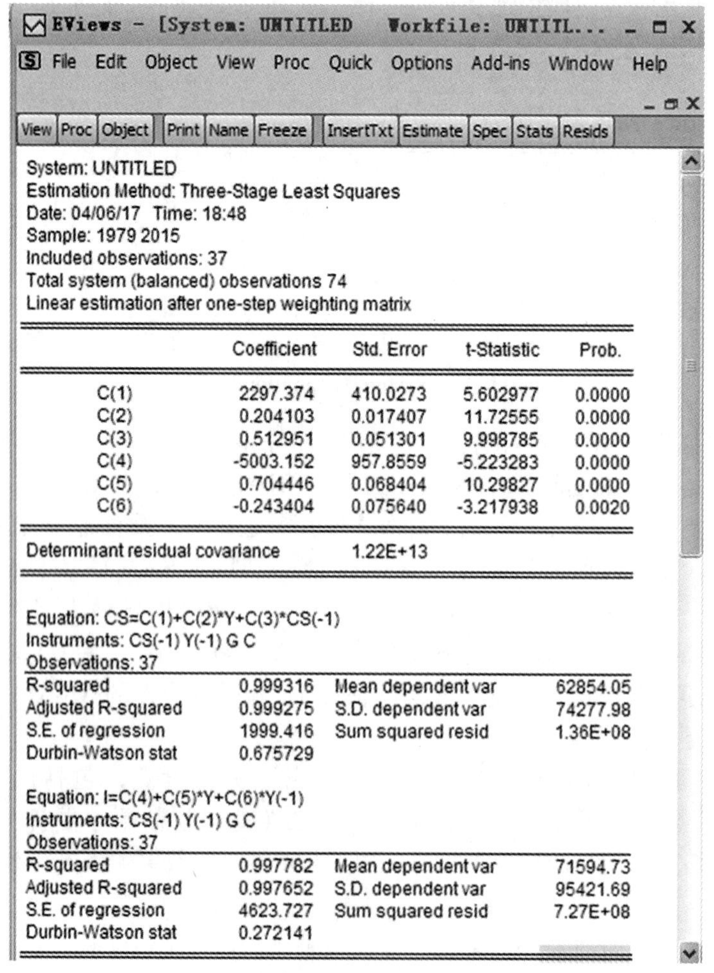

EViews - [System: UNTITLED Workfile: UNTITL...

File Edit Object View Proc Quick Options Add-ins Window Help

View Proc Object Print Name Freeze InsertTxt Estimate Spec Stats Resids

System: UNTITLED
Estimation Method: Three-Stage Least Squares
Date: 04/06/17 Time: 18:48
Sample: 1979 2015
Included observations: 37
Total system (balanced) observations 74
Linear estimation after one-step weighting matrix

	Coefficient	Std. Error	t-Statistic	Prob.
C(1)	2297.374	410.0273	5.602977	0.0000
C(2)	0.204103	0.017407	11.72555	0.0000
C(3)	0.512951	0.051301	9.998785	0.0000
C(4)	-5003.152	957.8559	-5.223283	0.0000
C(5)	0.704446	0.068404	10.29827	0.0000
C(6)	-0.243404	0.075640	-3.217938	0.0020

Determinant residual covariance 1.22E+13

Equation: CS=C(1)+C(2)*Y+C(3)*CS(-1)
Instruments: CS(-1) Y(-1) G C
Observations: 37

R-squared	0.999316	Mean dependent var	62854.05
Adjusted R-squared	0.999275	S.D. dependent var	74277.98
S.E. of regression	1999.416	Sum squared resid	1.36E+08
Durbin-Watson stat	0.675729		

Equation: I=C(4)+C(5)*Y+C(6)*Y(-1)
Instruments: CS(-1) Y(-1) G C
Observations: 37

R-squared	0.997782	Mean dependent var	71594.73
Adjusted R-squared	0.997652	S.D. dependent var	95421.69
S.E. of regression	4623.727	Sum squared resid	7.27E+08
Durbin-Watson stat	0.272141		

图 11–6 联立方程的 3SLS 估计结果

根据图 11-6 中的估计结果，可以写出回归方程：

$$
\begin{aligned}
&C\hat{S}_t = 2297.374 + 0.204103Y_t + 0.512951CS_{t-1} \\
&\hat{I}_t = -5003.15 + 0.704446Y_t - 0.2434Y_{t-1} \\
&Y_t = CS_t + I_t + G_t
\end{aligned}
\qquad (11.10)
$$

小　　结

为了表示多个变量之间的互为因果关系，往往通过建立联立方程进行分析。联立方程的解释变量中往往含有内生变量，所以不能直接用 OLS 进行估计。除此之外，联立方程还有识别问题，在模型估计之前应对行为方程进行识别，通过阶条件和秩条件进行识别，只有全部的行为方程可识别时，才可对该联立方程进行估计。联立方程的估计方法有单方程估计方法和系统估计方法，前者包括间接最小二乘法（ILS）、估计变量法（IV）、二阶段最小二乘法（2SLS），后者包括三阶段最小二乘法（3SLS）等。

思　考　题

1. 联立方程有哪些种类？各类联立方程的特点是什么？
2. 为什么要对联立方程进行识别？如何识别？
3. 联立方程的主要估计方法有哪些？各方法的特点和应用范围是什么？

第十二章　面板数据 *

第一节　知识准备

一、面板数据概述

在实证分析中，有时采用面板数据构建模型。面板数据综合了时间序列和截面数据两方面的信息，在时间序列上取多个截面，在这些截面上选取指标构成样本数据，是近几十年来计量经济学理论方法的重要发展之一，具有很好的应用价值。面板数据又可以分为静态面板数据和动态面板数据。下面以静态面板数据为主进行介绍。模型的一般形式为：

$$y_{it}=\alpha_{it}+x_{it}\beta'_{it}+\mu_{it}\quad i=1,2,\cdots,n,\ t=1,2,\cdots,T \tag{12.1}$$

其中：y_{it}为被解释变量；x_{it}为解释变量（$1\times k$向量，k为解释变量个数）；i表示不同的截面；t表示不同的时间；μ_{it}为随机扰动项。由于模型（4.1）中有$nT\left(k+1\right)$个系数和nT个方程，无法从模型中直接识别所有参数，所以实际应用中需要对模型附加一定的约束条件。假定时间序列参数齐性，即参数满足时间一致性，也就是参数值不随时间的不同而变化，则模型（12.1）可以表示为：

$$y_{it}=\alpha_{i}+x_{it}\beta'_{i}+\mu_{it} \tag{12.2}$$

二、面板数据模型的类型

模型（12.2）又可分为以下三种情形：

情形 1：$\alpha_i\neq\alpha_j$，$\beta_i\neq\beta_j$

情形 2：$\alpha_i\neq\alpha_j$，$\beta_i=\beta_j$

情形 3：$\alpha_i=\alpha_j$，$\beta_i=\beta_j$

对于情形 1，模型中截距和斜率参数随着个体的不同都在改变，称模型为“变系数模型”，结构参数在不同截面单位上是不同的，相当于i个方程；对于情形 3，回归斜率系数和截距都相同，称模型为“混合估计模型”，则普通最小二乘估计可以给出情形α和β的一致有效估计；对于情形 2，回归斜率系数相同但截距不同，称为变截距模型。

三、面板数据模型的检验

判断样本数据究竟属于哪种模型形式，在实际应用中可以采用F检验来识别模型，此时对α_i和β_i有以下两种假设：

假设 1：斜率在不同的截面样本点上相同，但截距不同，模型为：

$$y_{it}=\alpha_{i}+x_{it}\beta'+\mu_{it} \tag{12.3}$$

假设 2：斜率和截距在不同的截面样本点上都相同，模型为：

$$y_{it} = \alpha + x_{it}\beta' + \mu_{it} \tag{12.4}$$

然后对模型的设定进行检验，方法为协方差分析法，通过两个 F 检验来完成。分别构造假设 1 和假设 2 的检验统计量。两个 F 检验的公式如下：

$$F_1 = \frac{(S_2 - S_1)/(N-1)K}{S_1/\left[NT - N(K+1)\right]} \sim F\left[(N-1)K，NT - N(K+1)\right]$$

$$F_2 = \frac{(S_3 - S_1)/\left[(N-1)(K+1)\right]}{S_1/\left[NT - N(K+1)\right]} \sim F\left[(N-1)(K+1)，NT - N(K+1)\right]$$

式中，S_1、S_2、S_3 分别代表模型（12.2）、（12.3）、（12.4）（即变系数、变截距、混合模型）的残差平方和，N 代表截面样本点的个数，T 代表时期数，K 代表自变量的个数。

首先检验假设 2，若 $F_2 < F_\alpha$，则不能拒绝假设 2，用模型（12.4）（即混合模型）拟合样本；否则拒绝假设 2，继续检验假设 1，找出非齐次的来源。若 $F_1 < F_\alpha$，则不能拒绝假设 1，用模型（12.3）（即变截距模型）拟合样本；否则拒绝假设 1，用模型（12.2）（变系数模型）拟合样本。

对于变截距模型，即模型（12.3），α_i 概括了影响着 y_{it} 的全部观测不到的、在时间上恒定的因素，称为非观测效应，如果 α_i 与 x_{itk} 相关，即 $\mathrm{cov}(\alpha_i, x_{itk}) \neq 0$，为固定效应模型；如果 α_i 与 x_{itk} 不相关，即 $\mathrm{cov}(\alpha_i, x_{itk}) = 0$，为随机效应模型。判别固定效应和随机效应主要根据有：一是如果不能确定样本随机来自于总体时，或截面来自全部成员时，用固定效应模型；二是根据 Hausman（豪斯曼）检验值来判别。

第二节　静态面板数据

一、实验要求

学习面板数据的处理，掌握面板数据模型，构建变系数模型、变截距模型和混合模型，能够对变截距模型的随机效应和固定效应进行检验，学会面板模型的估计。

二、实验数据

2008—2015 年全国部分地区规模以上工业企业技术创新数据见表 12–1。

表 12–1　2008—2015 年全国地区规模以上工业企业技术创新数据

地区	年份	专利申请	R&D 人员	R&D 经费	OFDI	地区	年份	专利申请	R&D 人员	R&D 经费	OFDI
北京[①]	2008	8.87	10.67	3.81	10.76	河南[②]	2008	8.56	10.87	5.02	9.48
	2009	8.86	10.63	4.73	10.72		2009	8.93	11.15	4.89	9.40
	2010	9.10	10.71	4.81	11.25		2010	8.83	11.28	5.02	9.38

① 接下页续表左栏第一行。

② 接下页续表右栏第一行。

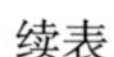

续表

地区	年份	专利申请	R&D人员	R&D经费	OFDI	地区	年份	专利申请	R&D人员	R&D经费	OFDI
北京	2011	9.48	10.82	5.11	11.67	河南	2011	9.23	11.45	5.36	10.25
	2012	9.91	10.89	5.28	12.04		2012	9.43	11.54	5.52	10.44
	2013	9.86	10.97	5.36	12.93		2013	9.57	11.74	5.69	10.98
	2014	9.90	10.96	5.45	13.50		2014	9.71	11.81	5.82	10.91
	2015	9.90	10.84	5.50	14.02		2015	9.71	11.78	5.91	11.79
天津	2008	8.56	10.25	4.75	9.01	湖北	2008	8.20	10.65	3.96	5.86
	2009	8.88	10.31	4.82	9.95		2009	8.97	10.83	4.79	8.32
	2010	8.95	10.51	5.01	10.44		2010	8.85	10.96	4.93	8.99
	2011	9.38	10.78	5.35	10.61		2011	9.20	11.17	5.35	11.17
	2012	9.49	11.01	5.54	11.12		2012	9.44	11.25	5.57	10.81
	2013	9.70	11.13	5.70	11.63		2013	9.70	11.36	5.74	10.86
	2014	9.73	11.28	5.78	12.94		2014	9.73	11.42	5.89	11.11
	2015	9.72	11.34	5.87	12.44		2015	9.76	11.37	6.01	11.06
河北	2008	7.53	10.21	5.19	8.59	湖南	2008	8.07	10.39	4.37	10.14
	2009	8.07	10.50	4.54	10.00		2009	8.96	10.55	4.70	11.52
	2010	8.05	10.64	4.68	10.88		2010	9.10	10.77	4.92	10.22
	2011	8.66	10.85	5.07	10.74		2011	9.46	10.96	5.20	11.68
	2012	8.97	10.93	5.29	10.96		2012	9.69	11.15	5.43	11.51
	2013	9.12	11.08	5.45	11.44		2013	9.77	11.21	5.60	10.95
	2014	9.20	11.23	5.56	11.71		2014	9.79	11.26	5.74	11.27
	2015	9.25	11.28	5.66	11.45		2015	9.81	11.34	5.87	11.63
山西	2008	7.12	10.35	3.41	7.90	广东	2008	10.57	12.19	6.09	11.73
	2009	7.49	10.39	4.10	10.41		2009	10.91	12.34	6.31	11.43
	2010	7.54	10.37	4.07	8.98		2010	10.81	12.59	6.57	11.98
	2011	7.95	10.39	4.50	9.82		2011	11.19	12.75	6.80	12.80
	2012	8.23	10.36	4.67	10.34		2012	11.38	12.96	6.98	13.18
	2013	8.53	10.43	4.82	10.94		2013	11.48	12.96	7.12	13.30
	2014	8.46	10.48	4.83	10.33		2014	11.65	12.96	7.23	13.90
	2015	8.18	10.27	4.61	9.83		2015	11.57	12.93	7.33	14.02
内蒙古	2008	6.51	9.37	3.77	8.73	广西	2008	6.98	9.14	3.61	8.25
	2009	6.96	9.42	3.67	9.65		2009	7.19	9.40	3.48	9.01
	2010	6.67	9.66	3.91	8.99		2010	7.27	9.60	3.69	9.84
	2011	7.13	9.78	4.25	9.46		2011	7.63	9.91	4.07	9.72
	2012	7.41	9.98	4.45	10.86		2012	8.01	9.94	4.25	10.21
	2013	7.63	10.20	4.61	10.62		2013	8.40	9.94	4.40	9.12
	2014	7.73	10.21	4.68	11.62		2014	8.48	10.03	4.44	10.04
	2015	7.86	10.28	4.78	10.61		2015	8.44	9.85	4.34	10.72

续表

地区	年份	专利申请	R&D人员	R&D经费	OFDI	地区	年份	专利申请	R&D人员	R&D经费	OFDI
辽宁	2008	8.21	10.73	4.29	9.27	海南	2008	5.05	6.32	1.68	4.41
	2009	8.76	10.78	5.11	11.24		2009	5.67	6.95	0.82	8.71
	2010	8.52	10.85	5.18	12.17		2010	5.85	7.44	1.30	10.01
	2011	9.03	10.77	5.62	11.65		2011	5.96	7.37	1.75	11.71
	2012	9.21	10.86	5.67	12.53		2012	6.43	7.93	2.06	10.37
	2013	9.36	10.99	5.81	11.77		2013	6.62	7.97	2.24	11.31
	2014	9.40	11.06	5.78	11.90		2014	6.56	8.16	2.41	11.39
	2015	9.13	10.80	5.49	12.27		2015	6.09	8.11	2.41	11.70
吉林	2008	6.77	9.16	3.89	9.28	重庆	2008	8.41	10.05	1.73	9.25
	2009	7.27	9.59	3.50	10.30		2009	8.62	10.05	4.03	8.47
	2010	7.10	9.98	3.88	9.97		2010	8.62	10.10	4.08	10.49
	2011	7.62	9.79	3.89	9.93		2011	9.00	10.23	4.55	10.60
	2012	7.69	10.10	4.10	10.30		2012	9.19	10.36	4.76	10.88
	2013	7.83	10.07	4.25	11.23		2013	9.41	10.51	4.93	10.45
	2014	7.77	10.10	4.37	10.41		2014	9.47	10.69	5.11	11.25
	2015	7.59	10.05	4.46	11.09		2015	9.92	10.72	5.30	11.92
黑龙江	2008	7.19	10.25	3.20	10.03	四川	2008	8.04	10.72	4.88	9.00
	2009	7.49	10.23	4.14	9.40		2009	8.51	10.70	4.40	9.28
	2010	7.48	10.49	4.40	10.08		2010	8.60	10.62	4.32	11.14
	2011	7.94	10.59	4.43	10.08		2011	8.69	10.51	4.65	10.94
	2012	8.21	10.50	4.51	11.19		2012	9.51	10.83	4.96	10.99
	2013	8.36	10.53	4.55	11.26		2013	9.66	10.97	5.13	10.98
	2014	8.36	10.53	4.56	11.09		2014	9.89	11.04	5.28	11.84
	2015	8.27	10.37	4.48	10.65		2015	9.99	10.95	5.41	11.68
上海	2008	9.02	10.69	5.05	10.43	贵州	2008	6.96	8.72	2.46	3.22
	2009	9.65	11.12	5.47	11.70		2009	7.30	8.89	2.93	6.26
	2010	9.47	11.18	5.52	11.97		2010	7.26	9.15	3.19	5.67
	2011	9.87	11.28	5.84	12.12		2011	7.62	9.17	3.31	7.62
	2012	10.12	11.32	5.92	12.71		2012	7.94	9.40	3.45	7.61
	2013	10.16	11.43	6.00	12.50		2013	8.14	9.68	3.53	9.94
	2014	10.20	11.45	6.11	13.12		2014	8.31	9.66	3.71	9.08
	2015	9.99	11.46	6.16	14.66		2015	8.24	9.61	3.82	8.79
江苏[①]	2008	9.99	11.96	6.28	10.81	云南[②]	2008	6.44	9.01	3.22	10.26
	2009	10.60	12.31	6.35	11.35		2009	6.96	8.82	2.72	10.20
	2010	10.66	12.52	6.56	11.83		2010	6.75	9.05	2.95	10.85

① 接下页续表左栏第一行。
② 接下页续表右栏第一行。

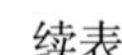
续表

地区	年份	专利申请	R&D人员	R&D经费	OFDI	地区	年份	专利申请	R&D人员	R&D经费	OFDI
江苏	2011	11.19	12.57	6.80	12.33	云南	2011	7.45	9.24	3.40	10.12
	2012	11.35	12.74	6.99	12.65		2012	7.78	9.42	3.65	11.55
	2013	11.45	12.88	7.12	12.62		2013	7.93	9.38	3.82	11.33
	2014	11.66	12.95	7.23	12.92		2014	8.05	9.47	3.94	11.75
	2015	11.69	13.00	7.32	13.49		2015	8.23	9.70	4.13	11.46
浙江	2008	10.42	11.75	5.63	10.57	陕西	2008	7.47	10.19	3.76	9.55
	2009	10.75	11.92	5.80	11.16		2009	7.88	10.16	4.06	10.02
	2010	10.55	12.18	6.06	12.50		2010	7.92	10.32	4.23	10.17
	2011	10.86	12.23	6.17	12.13		2011	8.39	10.34	4.57	10.71
	2012	11.13	12.34	6.38	12.37		2012	8.61	10.51	4.78	11.02
	2013	11.25	12.48	6.53	12.45		2013	8.89	10.73	4.94	10.33
	2014	11.25	12.58	6.64	12.86		2014	8.90	10.83	5.08	10.63
	2015	11.30	12.67	6.75	13.47		2015	8.93	10.72	5.15	11.04
安徽	2008	8.41	10.40	4.34	8.71	甘肃	2008	6.75	9.21	2.93	10.49
	2009	9.05	10.53	4.51	8.66		2009	6.54	9.23	2.94	7.52
	2010	9.18	10.67	4.64	11.31		2010	6.79	9.11	2.82	9.23
	2011	9.86	10.94	5.09	10.88		2011	6.96	9.14	3.25	11.08
	2012	10.19	11.20	5.34	11.17		2012	7.45	9.35	3.52	11.84
	2013	10.40	11.36	5.51	11.42		2013	7.80	9.43	3.69	10.67
	2014	10.60	11.46	5.65	10.55		2014	7.85	9.57	3.84	10.22
	2015	10.73	11.48	5.77	12.24		2015	7.71	9.44	3.88	9.42
福建	2008	8.09	10.64	4.49	9.69	青海	2008	4.39	6.68	0.74	5.31
	2009	9.00	10.74	4.74	10.51		2009	4.74	7.35	1.42	5.34
	2010	8.98	11.01	5.00	10.89		2010	4.74	7.62	1.69	4.93
	2011	9.33	11.23	5.27	10.88		2011	5.12	7.51	2.10	5.15
	2012	9.60	11.41	5.47	11.36		2012	5.37	7.61	2.13	7.15
	2013	9.85	11.51	5.63	11.46		2013	5.81	7.62	2.19	8.19
	2014	10.00	11.62	5.75	11.56		2014	5.95	7.63	2.22	7.38
	2015	10.12	11.50	5.85	12.53		2015	5.72	7.16	1.87	8.97
江西	2008	6.63	9.77	3.93	7.86	宁夏	2008	5.58	8.11	1.90	6.22
	2009	7.24	9.90	4.06	7.73		2009	5.88	8.18	2.05	7.32
	2010	7.26	9.98	4.15	9.16		2010	5.91	7.95	1.82	6.57
	2011	7.77	10.08	4.34	9.84		2011	6.40	8.29	2.48	7.17
	2012	8.01	10.08	4.53	10.53		2012	6.82	8.34	2.67	8.77
	2013	8.50	10.29	4.71	10.55		2013	7.03	8.48	2.82	9.06
	2014	8.83	10.27	4.86	11.21		2014	7.06	8.67	2.93	10.43
	2015	9.05	10.38	4.99	11.52		2015	7.26	8.61	3.00	11.60

续表

地区	年份	专利申请	R&D人员	R&D经费	OFDI	地区	年份	专利申请	R&D人员	R&D经费	OFDI
山东	2008	9.57	11.73	5.92	10.77	新疆	2008	6.13	8.41	2.40	8.84
	2009	9.82	11.77	6.12	11.16		2009	6.83	8.52	2.65	9.80
	2010	9.86	11.85	6.20	12.15		2010	6.41	8.80	2.92	8.47
	2011	10.22	12.11	6.61	12.42		2011	7.26	8.81	3.11	10.36
	2012	10.45	12.23	6.81	12.75		2012	7.48	8.73	3.31	10.67
	2013	10.60	12.33	6.96	12.96		2013	7.72	8.81	3.45	10.36
	2014	10.70	12.35	7.07	12.88		2014	7.81	8.81	3.58	10.91
	2015	10.65	12.39	7.16	13.47		2015	7.76	8.88	3.60	11.02

数据来源：根据《中国科技统计年鉴》《中国对外直接投资统计公报》整理。专利申请的单位为件；R&D 人员这一栏表示 R&D 人员全时当量，单位为人 / 年；R&D 经费的单位为亿元；OFDI 为流量，单位为万美元。表中数据为原来数据的自然对数。其中，2010 年的企业创新数据只有大中型工业企业口径，我们计算出 2010、2011 年大中型工业企业相关数据的环比发展速度，再利用 2011 年规模以上工业企业数据推算得出 2010 年的相关数据。由于西藏数据不全，所以表中未包括西藏的相关数据，共计 30 个截面。

三、实验内容

☐ 基础准备
☐ 创建 Pool 对象
☐ 模型检验
☐ 模型估计

四、实验步骤

（一）基础准备

1. 数据准备

面板模型的数据是三维的，而实际收集到的数据是二维的，所以对收集到的数据必须进行堆积，有两种堆积方式，一是按截面堆积，一是按时间堆积。通常情况下，一般是按年度收集各截面的数据，实际上是按时间堆积的。由于面板数据模型假定参数的时间齐性，所以应该按截面堆积，为简便起见，表 12–1 的数据是已经按截面堆积好的数据。

2. 创建工作文件

与一般时间序列一样，首先创建工作文件。本例中，是用命令方式创建 2008—2015 年的工作文件（create a 2008 2015）。

（二）创建 Pool 对象

工作文件创建好后，在工作文件窗口或 EViews 主菜单窗口中执行【Object】→【New Object】命令，弹出“New Object”对话框（图 12–1），在其中选择“Pool”，单击 OK 按钮，弹出“Pool”对话框（图 12–2）。

1. 定义截面

在“Pool”对话框中输入截面名称，截面之间用空格隔开或者另起一行，如本例中用各省的简拼作为截面名称(注意，几个简拼相同省份，应加以区别)。

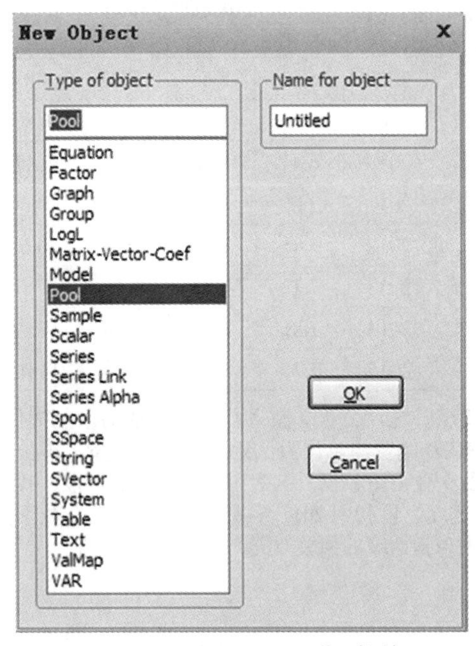

图 12-1 “New Object”对话框

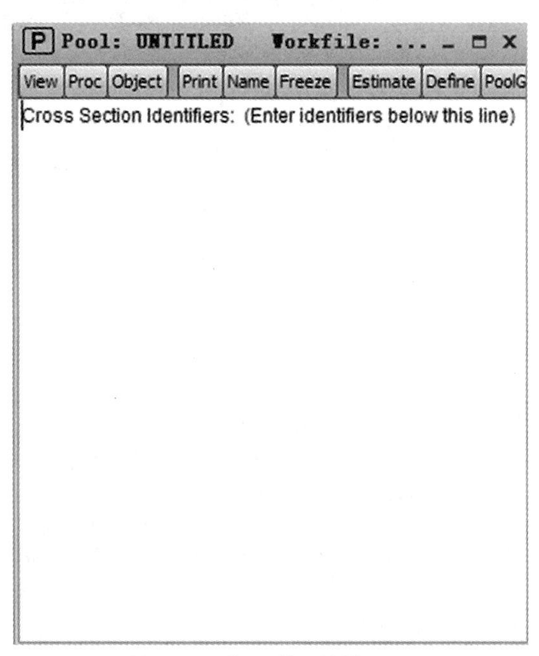

图 12-2 “Pool”对话框

2. 定义序列变量

截面名称输入好后，单击“Pool”对话框中的【View】→【Spreadsheet(stacked data)】命令(图 12-3)，弹出“Series List”对话框(图 12-4)。

图 12-3 序列输入操作

图 12-4 “Series List”对话框

与一般模型不同，面板数据的变量序列还对应于截面，即变量系数可能因截面不同而变化。EViews 规定了变量的形式，在变量名称后加一个半角的“?”。本例中，我们给专利申请、R&D 人员、R&D 经费、对外直接投资分别起名为：inv、rdl、rdk、ofdi。所以在“Series List”对话框中输入：inv? rdl? rdk? ofdi?。变量之间用空格隔开或者另起一行。

变量名输入完毕，单击 OK 按钮，弹出序列组(图 12-5)，在“Pool”的序列组中，数据单元格默认为不可操作状态，显示为灰色，单击组窗口的 Edit+/- 按钮，单元格变为可操作状态，核对序列组格式和原数据格式一致后，将原数据复制粘贴到序列组中，完成数据输入工作。

Pool: UNTITLED　Workfile: UNTITLED::Untitled\

View | Proc | Object | Print | Name | Freeze | Edit+/- | Order+/- | Smpl+/- | Format | Title | Estimate | Define | PoolGenr | Sample

obs	obs	INV?	RDL?	RDK?	OFDI?
obs	obs	INV?	RDL?	RDK?	OFDI?
DBJ-2008	DBJ-2008	NA	NA	NA	NA
DBJ-2009	DBJ-2009	NA	NA	NA	NA
DBJ-2010	DBJ-2010	NA	NA	NA	NA
DBJ-2011	DBJ-2011	NA	NA	NA	NA
DBJ-2012	DBJ-2012	NA	NA	NA	NA
DBJ-2013	DBJ-2013	NA	NA	NA	NA
DBJ-2014	DBJ-2014	NA	NA	NA	NA
DBJ-2015	DBJ-2015	NA	NA	NA	NA
DTJ-2008	DTJ-2008	NA	NA	NA	NA
DTJ-2009	DTJ-2009	NA	NA	NA	NA
DTJ-2010					

图 12–5　序列组窗口

（三）模型检验

模型形式检验

单击图 12–5 所示的序列组窗口上的 Estimate 按钮，弹出 Pool Estimation 对话框（图 12–6）。

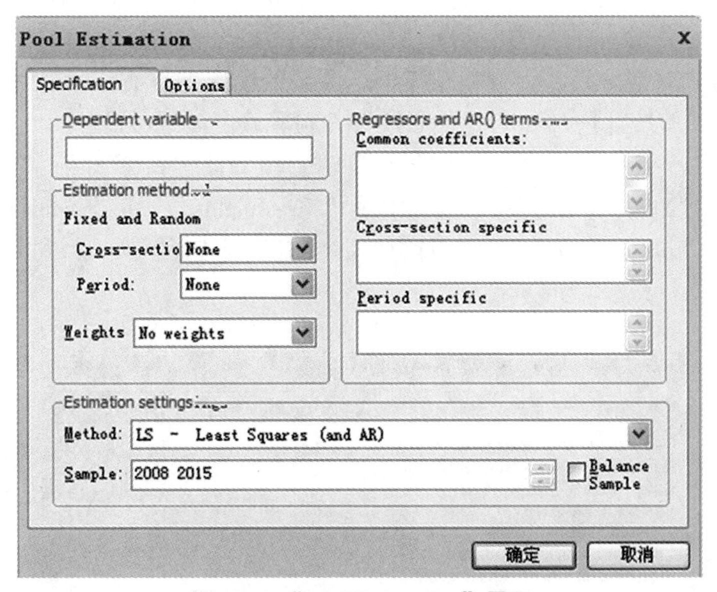

图 12–6　“Pool Estimation”界面

对话框主要包括以下几个部分。

（1）“Dependent variable”输入框。用于输入被解释变量。变量名后带“?”。

（2）“Estimation method”选项卡。估计方法设定，包括：固定效应、随机效应设定和权数设定两大部分。

“Fixed and Ranom”：固定效应与随机效应选择，包括 Cross-section（截面）和 Period（时间）两种方式。如果假定参数时间齐性（即参数不随时间变化，而随截面变化），则选择按截面；如果假定参数截面齐性，则选择按时间。一般假定参数的时间齐性，所以按截面，其下拉列表中有 None（无）、Fixed（固定效应）、Random（随机效应）三种选择。其中“None”用于估计混合模型，“Fixed”用于估计变截距模型和变系数模型，“Radom”只能

用于估计变系数模型。因为固定效应和随机效应是针对变截距模型而言的。

“Weights”：权数设定。包括以下几种选择：

“NO–weights”：不加权。

“Cross–section Weights”：截面加权 GLS 估计。参数时间齐性，存在截面异方差时用。

“Cross–section SUR”：截面加权 SUR 估计。参数时间齐性，存在截面异方差和同期相关时用；但选择此项，要求时期数≥截面数。

“Period Weights”：时期加权 GLS 估计。参数截面齐性，存在时期异方差时用。

“Period SUR”：时期加权 SUR 估计。参数截面齐性，存在时期异方差和同期相关时用；如选此项，要求截面数≥时期数。

（3）“Regressors and AR () terms”选项卡。设定模型中的解释变量，共有三个输入框：

“Common coefficients”：不同截面的系数相同，用于混合模型和变截距模型。

“Cross–section specifics”：不同截面的系数不同，用于变系数模型。

“Period specific”：不同时期的系数不同，用于截面齐性的变系数模型。

（4）“Estimation settings”选项卡。估计方法和样本范围选择。Method 下拉列表包括普通最小二乘法（OLS）和两阶段最小二乘法（TSLS）两种方法选择。样本范围一般为默认。

本例中，分别对混合模型、变截距模型、变系数模型进行估计，得到各自的残差平方和，计算出两个检验统计量 F_1 和 F_2，然后进行 F 检验确定模型形式。

首先，在“Dependent variable”中输入被解释变量名“inv?”；在“Cross–section”和“Period”中都选“None”；在“Weights”中选“NO–weights”；在“Common coefficients”中输入解释变量名“rdl? rdk? ofdi?”，估计方法和样本范围选择默认，得到混合模型估计结果（图 12–7）。

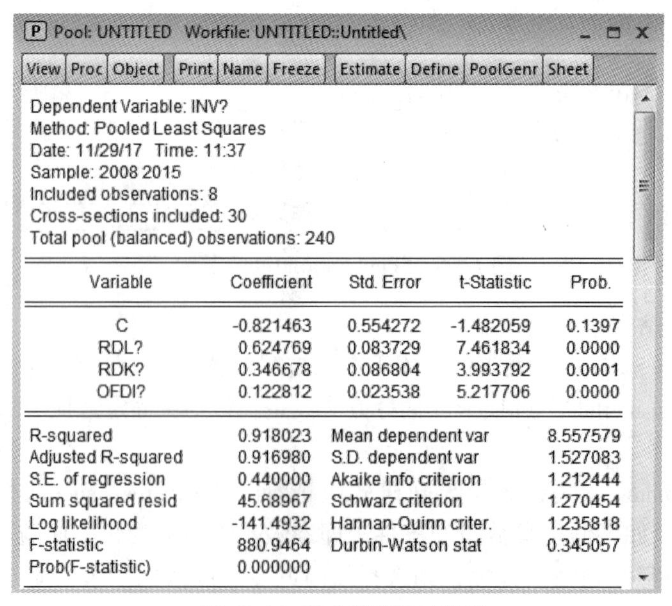

Pool: UNTITLED Workfile: UNTITLED::Untitled\

View | Proc | Object | Print | Name | Freeze | Estimate | Define | PoolGenr | Sheet

Dependent Variable: INV?
Method: Pooled Least Squares
Date: 11/29/17 Time: 11:37
Sample: 2008 2015
Included observations: 8
Cross-sections included: 30
Total pool (balanced) observations: 240

Variable	Coefficient	Std. Error	t-Statistic	Prob.
C	-0.821463	0.554272	-1.482059	0.1397
RDL?	0.624769	0.083729	7.461834	0.0000
RDK?	0.346678	0.086804	3.993792	0.0001
OFDI?	0.122812	0.023538	5.217706	0.0000

R-squared	0.918023	Mean dependent var	8.557579
Adjusted R-squared	0.916980	S.D. dependent var	1.527083
S.E. of regression	0.440000	Akaike info criterion	1.212444
Sum squared resid	45.68967	Schwarz criterion	1.270454
Log likelihood	-141.4932	Hannan-Quinn criter.	1.235818
F-statistic	880.9464	Durbin-Watson stat	0.345057
Prob(F-statistic)	0.000000		

图 12–7 混合模型估计结果

单击图 12-7 的估计结果中的【Estimate】，在弹出的“Pool Estimate”中改变部分设定，在“Cross-section”中选择“Fixed”，其他不变，得到变截距模型估计结果。由于估计结果较长，这里略去了中间部分(图 12-8)。

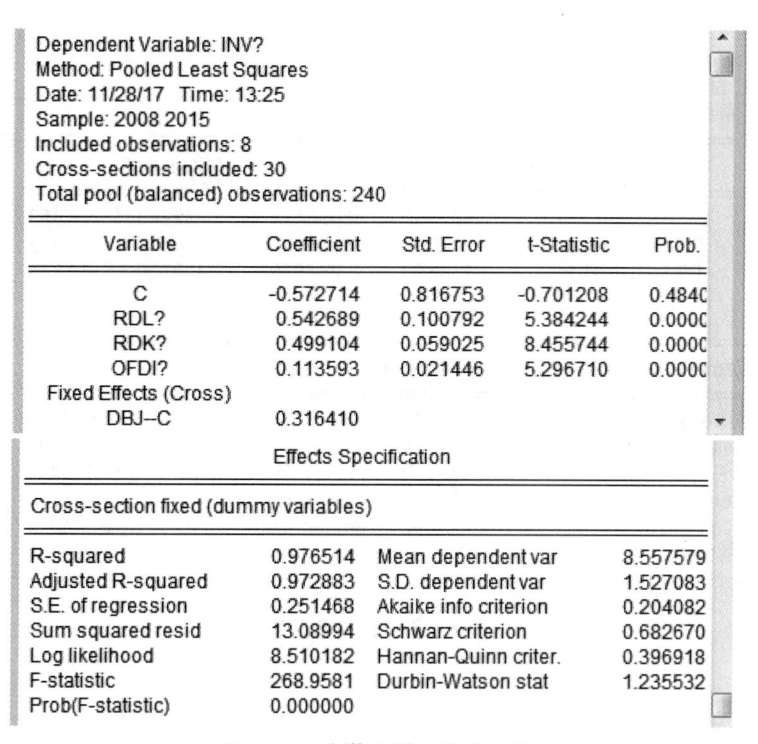
Dependent Variable: INV?
Method: Pooled Least Squares
Date: 11/28/17 Time: 13:25
Sample: 2008 2015
Included observations: 8
Cross-sections included: 30
Total pool (balanced) observations: 240

Variable	Coefficient	Std. Error	t-Statistic	Prob.
C	-0.572714	0.816753	-0.701208	0.4840
RDL?	0.542689	0.100792	5.384244	0.0000
RDK?	0.499104	0.059025	8.455744	0.0000
OFDI?	0.113593	0.021446	5.296710	0.0000
Fixed Effects (Cross)				
DBJ--C	0.316410			

Effects Specification

Cross-section fixed (dummy variables)

R-squared	0.976514	Mean dependent var	8.557579
Adjusted R-squared	0.972883	S.D. dependent var	1.527083
S.E. of regression	0.251468	Akaike info criterion	0.204082
Sum squared resid	13.08994	Schwarz criterion	0.682670
Log likelihood	8.510182	Hannan-Quinn criter.	0.396918
F-statistic	268.9581	Durbin-Watson stat	1.235532
Prob(F-statistic)	0.000000		

图 12-8 变截距模型估计结果

在变截距模型的基础上，继续打开“Pool Estimate”窗口，将“Common coefficients”中的解释变量名剪贴到“Cross-section specifics”中，单击确定，得到图 12-9 所示的变系数模型估计结果。

由三个模型的估计结果可知：$S_3 = 45.68967$、$S_2 = 13.08994$、$S_1 = 3.692678$，从而可以计算出两个检验统计量：

$$F_2 = \frac{(S_3 - S_1)/\left[(N-1)(K+1)\right]}{S_1/\left[NT - N(K+1)\right]} = 11.77$$

$$F_1 = \frac{(S_2 - S_1)/\left[(N-1)K\right]}{S_1/\left[NT - N(K+1)\right]} = 3.85$$

由于模型中截面个数较多，自由度较大，在一般 F 分布表中不能查到相应的临界值。不过 Excel 中利用函数命令可以求出相应的临界值，为了更方便观察，这里用表 12-2 显示检验结果。

View | Proc | Object | Print | Name | Freeze | Estimate | Define | PoolGenr | Sheet

Dependent Variable: INV?
Method: Pooled Least Squares
Date: 11/28/17 Time: 13:30
Sample: 2008 2015
Included observations: 8
Cross-sections included: 30
Total pool (balanced) observations: 240

Variable	Coefficient	Std. Error	t-Statistic	Prob.
C	0.572362	2.096771	0.272973	0.7853
DBJ--RDLDBJ	2.014118	0.924541	2.178505	0.0313
DTJ--RDLDTJ	-3.438658	3.244845	-1.059730	0.2914

Effects Specification

Cross-section fixed (dummy variables)

R-squared	0.993375	Mean dependent var	8.557579
Adjusted R-squared	0.986804	S.D. dependent var	1.527083
S.E. of regression	0.175420	Akaike info criterion	-0.336410
Sum squared resid	3.692678	Schwarz criterion	1.403909
Log likelihood	160.3692	Hannan-Quinn criter.	0.364812
F-statistic	151.1922	Durbin-Watson stat	2.625175
Prob(F-statistic)	0.000000		

图 12-9 变系数模型估计结果

表 12-2 面板模型选择的 F 检验

检验项	F 统计量	$F_{0.05}$ 临界值	结 论
F_2 检验	11.77	1.35（116,120）	$F > F_{0.05}$，拒绝混合模型
F_1 检验	3.85	1.38（87,120）	$F < F_{0.05}$，拒绝变截距模型

由 F 检验可知，应该选择变系数模型进行估计。为进一步分析，还应选择是固定效应还是随机效应。由于本例中所有年份的成员保持不变，所以应该选用固定效应。考虑到科技发展的地区差异，我们选择用截面加权法对变截距模型进行估计。

注：利用 EViews 中的命令，也可以进行 F 检验，具体类似于前面的匡特检验。

（四）模型估计

在估计结果界面中，点击【Estimate】在弹出的“Pool Estimate”中进行设定，与前面的变系数模型设定基本相同，只不过在权数设置“Weights”中选“Cross-section Weights”等。设定好后点击确定，输出结果如图 12-10（部分）所示。

View | Proc | Object | Print | Name | Freeze | Estimate | Define | PoolGenr | Sheet

Dependent Variable: INV?
Method: Pooled EGLS (Cross-section weights)
Date: 11/29/17 Time: 11:53
Sample: 2008 2015
Included observations: 8
Cross-sections included: 30
Total pool (balanced) observations: 240
Linear estimation after one-step weighting matrix

Variable	Coefficient	Std. Error	t-Statistic	Prob.
C	0.572362	1.753596	0.326393	0.7447
DBJ--RDLDBJ	2.014118	0.795070	2.533258	0.0126
DTJ--RDLDTJ	-3.438658	1.067905	-3.220003	0.0016
THB--RDLTHB	1.978766	1.093390	1.809753	0.0728
ZSX--RDLZSX	0.591387	0.940555	0.628763	0.5307
ZNM--RDLZNM	0.548601	1.053843	0.520572	0.6036
DLN--RDLDLN	0.245349	0.686061	0.357620	0.7213
ZJL--RDLZJL	0.620906	0.451357	1.375644	0.1715
ZHLJ--RDLZHLJ	-0.568860	0.852142	-0.667565	0.5057

Effects Specification

Cross-section fixed (dummy variables)

Weighted Statistics

R-squared	0.996251	Mean dependent var	11.57185
Adjusted R-squared	0.992532	S.D. dependent var	6.454738
S.E. of regression	0.175420	Sum squared resid	3.692678
F-statistic	267.9378	Durbin-Watson stat	2.646703
Prob(F-statistic)	0.000000		

Unweighted Statistics

R-squared	0.993375	Mean dependent var	8.557579
Sum squared resid	3.692678	Durbin-Watson stat	2.625175

图 12–10　截面加权的变系数模型估计结果

第三节　动态面板数据

一、实验要求

初步了解动态面板数据的形式，理解动态面板数据的估计方法和思想，学会用软件估计动态面板数据模型。

二、实验数据

2000—2005 年江苏农村居民人均收入等数据见表 12–3。

表 12-3　2000—2005 年江苏农村居民人均收入等数据

地区	年份	LNPI	LNPE	LNPK	LNURA
南京市	2000	8.31	9.42	4.85	3.28
	2001	8.32	9.36	5.05	3.34
	2002	8.32	9.42	5.10	3.44
	2003	8.40	9.42	5.16	3.52
	2004	8.49	9.49	5.20	3.60
	2005	8.54	9.64	5.32	3.63
苏州市	2000	8.61	9.64	5.19	3.81
	2001	8.62	9.81	5.34	3.85
	2002	8.62	9.89	5.73	3.88
	2003	8.71	10.09	5.77	3.92
	2004	8.79	10.25	5.96	4.01
	2005	8.84	10.55	6.05	4.02
无锡市	2000	8.57	9.58	5.02	3.74
	2001	8.57	9.54	5.17	3.74
	2002	8.57	9.58	5.44	3.81
	2003	8.65	9.72	5.51	3.88
	2004	8.74	9.85	5.71	3.93
	2005	8.79	10.06	5.77	3.95
常州市	2000	8.40	8.93	5.04	3.69
	2001	8.45	8.98	5.21	3.70
	2002	8.44	9.07	5.32	3.76
	2003	8.52	9.19	5.35	3.83
	2004	8.61	9.33	5.48	3.91
	2005	8.66	9.41	5.50	3.95
镇江市	2000	8.30	9.21	4.57	3.48
	2001	8.30	9.28	5.21	3.51
	2002	8.30	9.26	5.26	3.54
	2003	8.36	9.33	5.15	3.61
	2004	8.45	9.29	5.31	3.64
	2005	8.49	9.50	5.32	3.65
南通市	2000	8.22	8.26	4.53	3.47
	2001	8.23	8.26	4.68	3.50
	2002	8.22	8.25	4.72	3.53
	2003	8.29	8.35	4.68	3.59
	2004	8.37	8.35	4.85	3.64
	2005	8.42	8.48	4.85	3.75
扬州市	2000	8.15	8.91	4.73	3.28
	2001	8.17	8.91	4.88	3.32
	2002	8.17	8.79	4.92	3.39
扬州市	2003	8.24	8.85	4.80	3.48
	2004	8.32	8.86	4.95	3.54
	2005	8.36	8.83	5.06	3.57
泰州市	2000	8.18	7.98	4.81	3.26
	2001	8.16	7.99	4.95	3.25
	2002	8.15	7.86	5.04	3.32
	2003	8.22	8.15	4.93	3.47
	2004	8.30	8.13	5.14	3.52
	2005	8.34	8.25	5.15	3.56
徐州市	2000	8.08	7.80	4.46	2.74
	2001	8.08	7.74	4.55	2.82
	2002	8.08	7.80	4.55	2.93
	2003	8.09	7.86	4.44	3.02
	2004	8.17	7.82	4.60	3.11
	2005	8.20	8.03	4.75	3.17
淮安市	2000	8.01	7.56	4.35	2.90
	2001	8.02	7.70	4.59	2.93
	2002	8.02	7.74	4.62	3.00
	2003	8.03	7.73	4.48	3.14
	2004	8.08	7.69	4.52	3.23
	2005	8.11	7.96	4.81	3.28
盐城市	2000	8.14	7.56	4.69	2.83
	2001	8.15	7.49	4.80	2.86
	2002	8.16	7.54	4.92	2.94
	2003	8.21	7.68	4.86	3.04
	2004	8.27	7.57	5.01	3.21
	2005	8.30	7.72	5.09	3.28
连云港	2000	7.86	7.65	4.22	2.70
	2001	7.89	7.61	4.49	2.77
	2002	7.90	7.58	4.60	2.82
	2003	7.95	7.57	4.36	2.91
	2004	8.03	7.48	4.54	2.98
	2005	8.07	7.60	4.72	3.04
宿迁市	2000	7.97	6.40	4.39	2.99
	2001	7.98	6.55	4.48	3.09
	2002	7.98	6.66	4.70	3.21
	2003	7.94	6.81	4.48	3.30
	2004	8.02	6.40	4.59	3.38
	2005	8.06	6.72	4.86	3.44

资料来源：根据《江苏统计年鉴》整理。PI、PE、PK、URA 分别代表农村居民人均收入、人均教育支出、人均固定资本、城镇化程度（%），表中数据为自然对数。

三、实验内容

☐ 了解动态面板数据的形式
☐ 理解动态面板数据的估计方法
☐ 基础准备
☐ 估计模型

四、实验过程

（一）动态面板数据的形式

动态面板数据模型通过引入被解释变量的滞后项，从而揭示现象的动态变化。其一般形式为：

$$y_{it}=\alpha y_{it-1}+X_{it}\beta'+\mu_{it}+\nu_{it} \tag{12.5}$$

式中，y_{it} 为被解释变量，X 为解释变量向量，误差项包括个体效应 μ_{it} 和异质性冲击 ν_{it}。

（二）动态面板数据的估计方法

由于引入了滞后项，可能会引起内生性问题，造成 OLS 估计有偏和不一致，所以常常通过基于工具变量的广义矩估计方法。其基本思想为：如果模型设定正确，则存在一些为 0 的条件矩，利用矩条件可以估计模型参数。

（三）基础准备

与静态面板一样，回归前应该整理好数据，如将所用数据按截面堆积。表 12–3 中已经是整理好的数据，可以直接使用。

（四）模型估计

1. 建立工作文件

由于要同时输入时间和截面信息，所以用菜单方式创建工作文件更为方便，以表 12–3 的数据特征为例，执行工具栏中的【File】→【New】→【Workfile】命令，弹出工作文件创建对话框“Workfile Create”（图 12–11）。

设定数据类型：在“Workfie structure type”下拉选项中选择平衡面板“Balanced Panel”，在数据开始“Start date”中填入 2000，数据结束“End date”中填入 2005，截面数“Number of cross section”中填入 13，单击 OK 按钮。

2. 定义变量序列并输入数据

用 data 命令生成序列组（data lnpi lnpe lnpk ura），命令执行后弹出序列组窗口（图 12–12），格式核对后将所用数据复制粘贴到序列组中。

3. 建立模型

在主菜单或工作文件窗口中执行【Object】→【New Object】命令，在弹出的对话框中选择“Equation”，弹出“Equation Estimation”对话框（图 12–13）。

Workfile Create

Workfile structure type

Balanced Panel

Irregular Dated and Panel workfiles may be made from Unstructured workfiles by later specifying date and/or other identifier series.

Panel specification

Frequency: Annual

Start date:

End date:

Number of cross sections:

Workfile names (optional)

WF:

Page:

OK　Cancel

图 12-11 “Workfile Create”对话框

Group: UNTITLED　Workfile: UNTITLED::Untitled\

View | Proc | Object | Print | Name | Freeze | Default | Sort | Transpose | Edit+/- | Smpl+/-

obs	LNPI	LNPE	LNPK	URB
1-00	NA	NA	NA	NA
1-01	NA	NA	NA	NA
1-02	NA	NA	NA	NA
1-03	NA	NA	NA	NA
1-04	NA	NA	NA	NA
1-05	NA	NA	NA	NA
2-00	NA	NA	NA	NA
2-01	NA	NA	NA	NA
2-02				

图 12-12 “Group”窗口

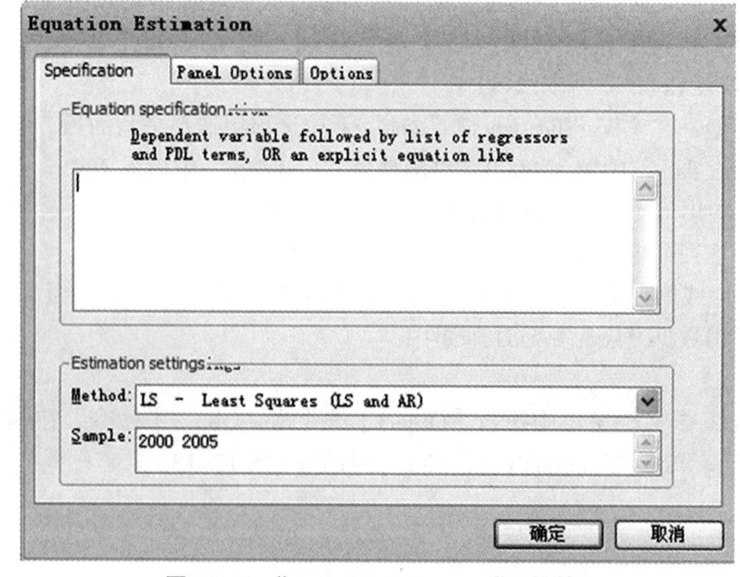

图 12-13 “Equation Estimation”对话框

单击“Method”下拉选项，选择“GMM/DPD-Generalized Method of Moment/Dynamic Panel Data”，出现图 12-14 所示的界面，其中最后一行的按钮为动态面板数据建立向导“Dynamic Panel Wizard”。单击该按钮，弹出欢迎界面（图略），单击“下一步”按钮，出现被解释变量输入对话框（图 12-15），本例中填入“lnpi”。然后再单击“下一步”按钮，弹出解释变量输入对话框（图 12-16），输入解释变量，本例为“lnpe lnpk ura”。

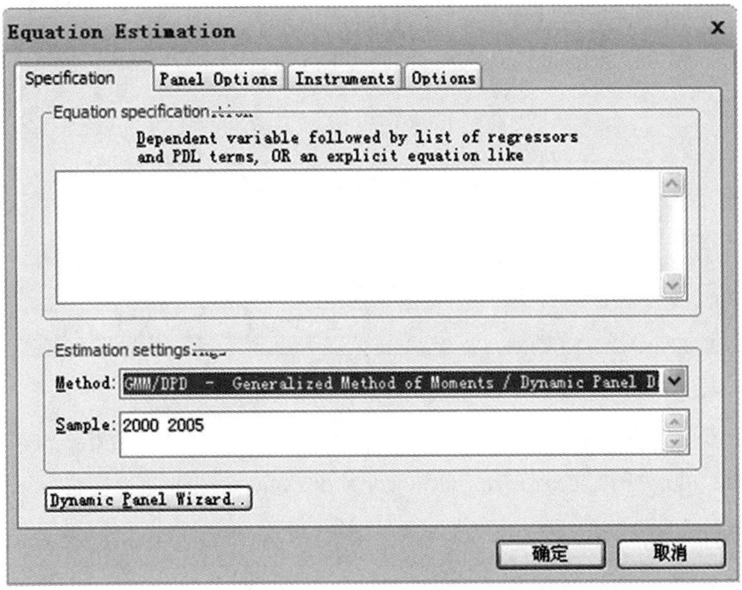

图 12-14　广义矩方法选择

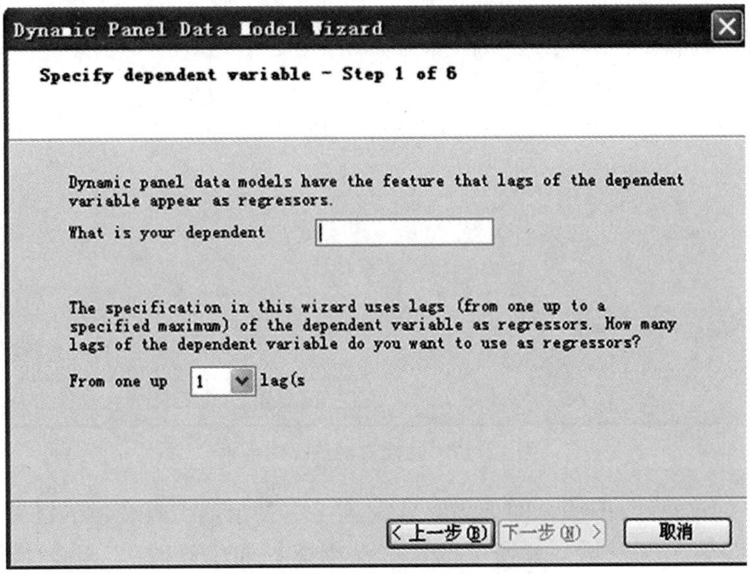

图 12-15　被解释变量输入对话框

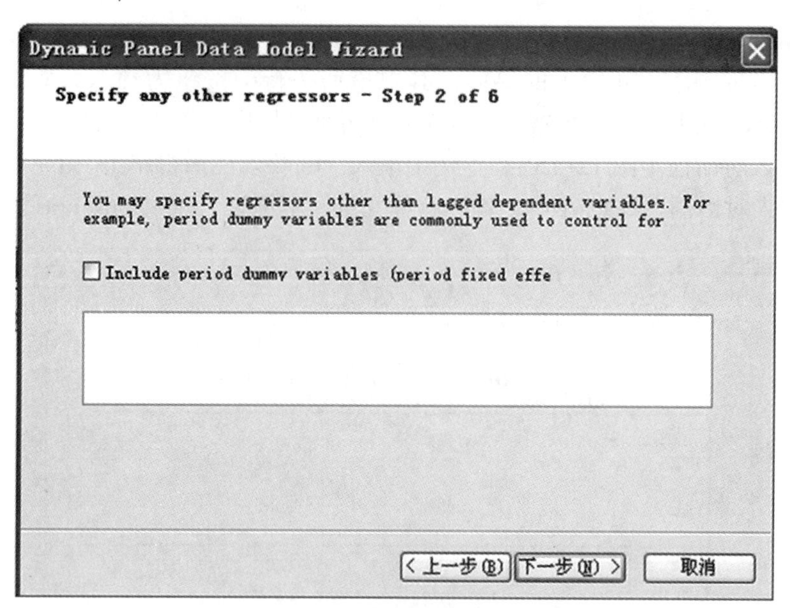

图 12-16 解释变量输入对话框

单击“下一步”按钮，弹出图 12-17 所示的对话框。默认为“Differences”（差分法）当数据缺少较多时，可选择正交变换法“Orthogonal deviations”。

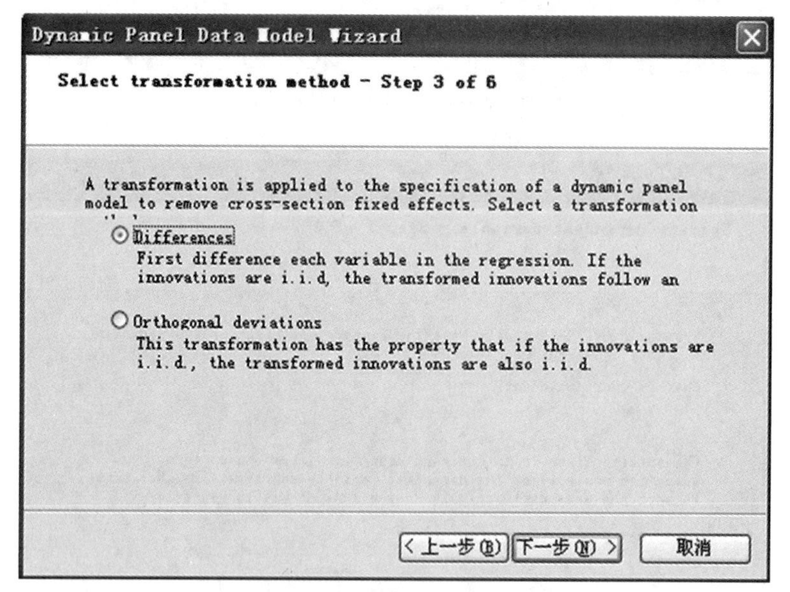

图 12-17 转换方法选择对话框

连续单击“下一步”按钮，即选择默认设置（主要包括工具变量的设置，系统默认为将高阶滞后项作为工具变量，如需更改，可在相应界面中修改），出现最后的估计形式（图 12-18），确认无误后，单击“确定”按钮，弹出回归结果（图 12-19）（如需更改，可单击最下方的“Dynamic Panel Wizrd”，按照前述步骤调整。）

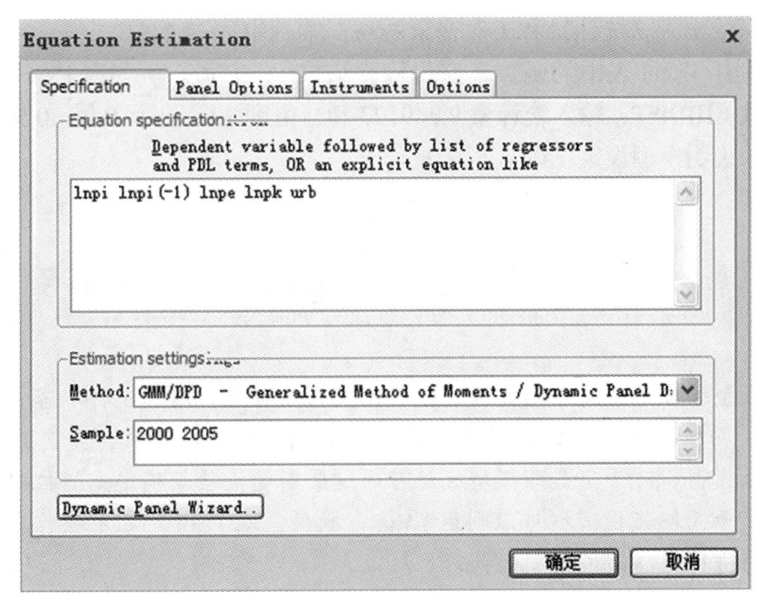

图 12–18　估计确认对话框

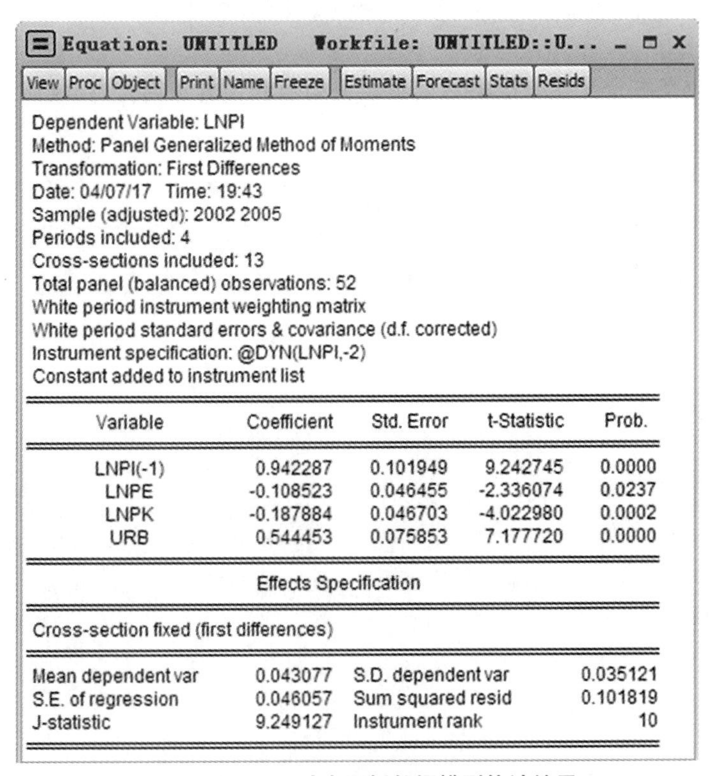

Dependent Variable: LNPI
Method: Panel Generalized Method of Moments
Transformation: First Differences
Date: 04/07/17 Time: 19:43
Sample (adjusted): 2002 2005
Periods included: 4
Cross-sections included: 13
Total panel (balanced) observations: 52
White period instrument weighting matrix
White period standard errors & covariance (d.f. corrected)
Instrument specification: @DYN(LNPI,-2)
Constant added to instrument list

Variable	Coefficient	Std. Error	t-Statistic	Prob.
LNPI(-1)	0.942287	0.101949	9.242745	0.0000
LNPE	-0.108523	0.046455	-2.336074	0.0237
LNPK	-0.187884	0.046703	-4.022980	0.0002
URB	0.544453	0.075853	7.177720	0.0000

Effects Specification

Cross-section fixed (first differences)

Mean dependent var	0.043077	S.D. dependent var	0.035121
S.E. of regression	0.046057	Sum squared resid	0.101819
J-statistic	9.249127	Instrument rank	10

图 12–19　动态面板数据模型估计结果

图 12–19 给出了最后的估计结果，由于不是用 OLS 方法估计，所以估计结果没有拟合优度和 F 统计量，而是采用 J 统计量进行 Sargan 检验。其检验思路为：原假设为模型过度约束正确，通过 J 统计量进行检验（J 服从自由度为 ir 的卡方分布，$J \sim \chi^2,(ir)$，ir 为工具变量的秩）。如果拒绝原假设，说明模型设定有误。

回归结果只给出了J统计量和工具变量的秩，本例中$J = 9.249127$，$ir = 10$，没有给出检验结果。可以利用 Excel 表中的函数来获得检验结果——P值。例如在 Excel 中任选一个单元格，插入函数 CHIDIST，输入统计量 9.249127 和自由度 10，显示P值 =0.508635，表明不能拒绝原假设，说明模型设定正确。

小　结

面板数据模型综合了时间序列数据和横截面数据的特点，增加了样本容量，在实践中有着很好的应用。面板数据模型需要通过两个F检验确定模型的形式，是变系数模型、变截距模型还是混合模型。对于变截距模型往往可通过豪斯曼检验等确定是随机效应模型还是固定效应模型。对于面板数据模型可以利用 EViews 软件，在 Pool 对象中操作完成。更进一步还可以利用软件进行动态面板模型的估计。

思　考　题

1. 面板数据模型在估计前一般要对数据按截面堆积，其原因是什么？这样处理暗含的假定是什么？
2. 面板数据模型包括哪些形式？如何进行检验？
3. 什么情况下采用固定效应模型？什么情况下采用随机效应模型？

第十三章　二元选择模型*

第一节　知识准备

如果回归模型的解释变量中含有定性变量，则可以用虚拟变量处理。在实际经济问题中，被解释变量也可能是定性变量。如通过一系列解释变量的观测值观察人们对某项活动的态度、某件事情的成功和失败等。当被解释变量为定性变量时怎样建立模型呢？这就需要建立二元选择模型或多元选择模型，统称离散选择模型。这里主要介绍二元选择模型 Tobit（线性概率）模型、Probit 模型和 Logit 模型。

一、线性概率（Tobit）模型

线性概率模型的形式如下：

$$y_i = \alpha + \beta x_i + \mu_i \tag{13.1}$$

式中 y_i 为二元选择变量，x_i 为定量解释变量，μ_i 为随机误差项。该模型由 James Tobin 1958 年提出，因此得名。例如利息税、机动车的费改税问题等。

设

$$y_i \begin{cases} 1\text{（若是第一种选择）} \\ 0\text{（若是第二种选择）} \end{cases}$$

，对 y_i 取期望有：

$$\mathrm{E}(y_i) = \alpha + \beta x_i \tag{13.2}$$

因为 y_i 只能取两个值，0 和 1，所以服从两点分布，则

$$\mathrm{E}(y_i) = 1 \times p_i + 0 \times (1 - p) = p_i \tag{13.3}$$

由式（12.2）和式（13.3）有：

$$\mathrm{E}(y_i) = \alpha + \beta x_i \tag{13.4}$$

y_i 的样本值是 0 或 1，而预测值是概率。

线性概率模型误差的分布为：

$$\mu_i = y_i - \alpha - \beta x_i = \begin{cases} 1 - \alpha - \beta x_i, & y_i = 1 \\ -\alpha - \beta x_i, & y_i = 0 \end{cases} \tag{13.5}$$

$$\mathrm{E}(\mu_i) = (1 - \alpha - \beta x_i) \times p_i + (-\alpha - \beta x_i) \times (1 - p_i) = p_i - \alpha - \beta x_i \tag{13.6}$$

由式（13.2）、式（13.3）、式（13.4），可得：

$$E(\mu_i) = p_i - \alpha - \beta x_i = 0 \tag{13.7}$$

$$\begin{aligned} E(\mu_i^2) &= (1 - \alpha - \beta x_i)^2 p_i + (-\alpha - \beta x_i)^2 (1 - p_i) \\ &= p_i (1 - p_i) = E(y_i)\left[1 - E(y_i)\right] \end{aligned} \tag{13.8}$$

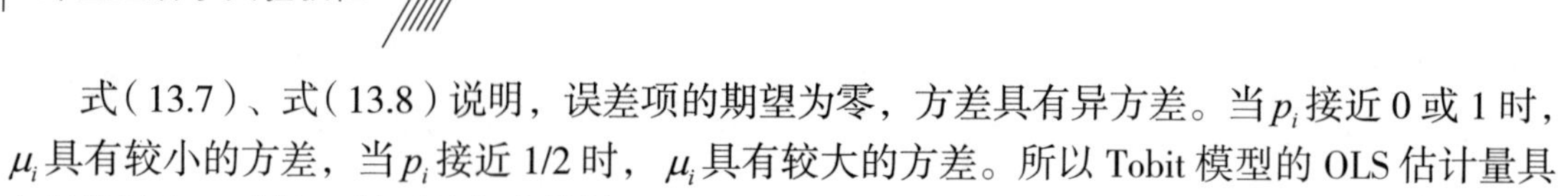

式（13.7）、式（13.8）说明，误差项的期望为零，方差具有异方差。当p_i接近 0 或 1 时，μ_i具有较小的方差，当p_i接近 1/2 时，μ_i具有较大的方差。所以 Tobit 模型的 OLS 估计量具有无偏性和一致性，但不具备有效性。

如果得到式（13.4）的估计参数，如$\mathrm{E}(y_i)=p_i=-0.2+0.05x_i$，说明$x_i$每增加一个单位，采用第一种选择的概率增加 0.05。当预测值落在 [0，1] 区间之内（即$x_i\in[4.24]$时，没有什么问题；但当预测值落在 [0，1] 区间之外时，则会暴露出该模型的严重缺点。因为概率的取值范围是 [0，1]，所以此时必须强令预测值（概率值）相应等于 0 或 1。线性概率模型常写成如下形式：

$$p_i=\begin{cases}1, & \alpha+\beta x_i\geqslant 1\\ \alpha+\beta x_i, & 0<\alpha+\beta x_i<1\\ 0, & \alpha+\beta x_i\leqslant 1\end{cases}\tag{13.9}$$

但这样做是有问题的。假设预测某个事件发生的概率等于 1，但是实际中该事件可能根本不会发生。反之，预测某个事件发生的概率等于 0，但是实际中该事件却可能发生了。虽然估计过程是无偏的，但是由估计过程得出的预测结果却是有偏差的。

由于线性概率模型的上述缺点，希望能找到一种变换方法，使解释变量x_i所对应的所有预测值（概率值）都落在（0，1）之间。同时对于所有的x_i，当x_i增加时，希望y_i也单调增加或单调减少。显然累积概率分布函数$F(Z_i)$能满足这样的要求。采用累积正态概率分布函数的模型称作 Probit 模型。用正态分布的累积概率作为 Probit 模型的预测概率（图 13–1）。另外 Logistic 函数也能满足这样的要求（图 13–2）。采用 Logistic 函数的模型称作 Logit 模型。

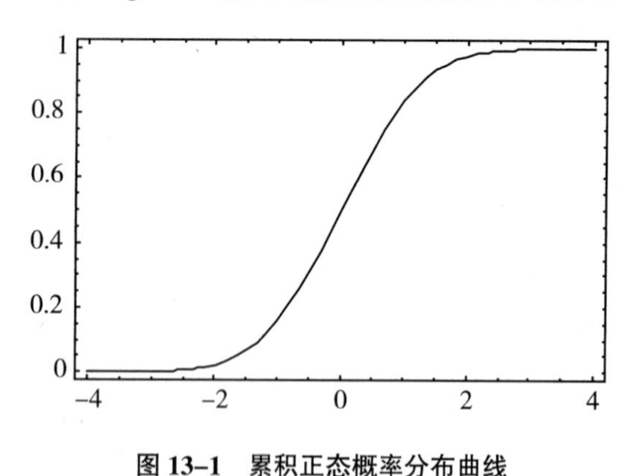

图 13–1　累积正态概率分布曲线

图 13–2　Logistic 曲线

二、Logit 模型

该模型是 McFadden 于 1973 年首次提出，采用的是 Logistic 概率分布函数。其形式是：

$$p_i=F(y_i)=F(\alpha+\beta x_i)=\frac{1}{1+\mathrm{e}^{-(\alpha+\beta x_i)}}\tag{13.10}$$

对于给定的x_i，p_i表示相应个体做出某种选择的概率。

对式（13.10）做如下变换：

$$p_i\left(1+\mathrm{e}^{-y_i}\right)=1\tag{13.11}$$

对式（13.11）除以p_i，并减 1 得：

$$e^{-y_i}=\frac{1-p_i}{p_i} \tag{13.12}$$

取倒数后，再取对数：

$$y_i=\log\left(\frac{p_i}{1-p_i}\right)=\alpha+\beta x_i \tag{13.13}$$

由式（13.13）知回归方程的因变量是某个选择机会比的对数。Logit 模型的一个重要优点是把在 [0，1] 区间上预测概率的问题转化为在实数轴上预测一个事件发生的机会比问题。Logit 累积概率分布函数的斜率在$p_i=0.5$时最大，在累积分布两个尾端的斜率逐渐减小。说明相对于$p_i=0.5$附近，解释变量x_i的变化对概率的变化影响较大，而相对于p_i接近 0 和 1 附近，x_i对概率的变化影响较小。

对于 Logit 模型使用极大似然法估计参数是一个很好的选择。以只有两个参数（α,β）的模型为例。假设被估计的模型如下：

$$p_i=\frac{1}{1+e^{-(\alpha+\beta x_i)}}=\frac{1}{1+e^{-y_i}} \tag{13.14}$$

在样本中，p_i是观测不到的。相对于x_i的值，只能得到因变量y_i取值为 0 或 1 的信息。极大似然估计的出发点就是寻找样本观测值最有可能发生条件下的α,β的估计值。从样本看，如果第一种选择发生了 n 次，第二种选择发生了 N–n 次。设采取第一种选择的概率是p_i，采取第二种选择的概率是（$1-p_i$）。重新将样本数据排列，使前 n 个观测值为第一种选择，后 N–n 个观测值为第二种选择（观测值是 0，1 的，但相应估计的概率却各不相同），则似然函数是：

$$\begin{aligned}L(\alpha,\beta)&=p(y_1,y_2,\cdots,y_N)=p(y_1)p(y_2)\cdots p(y_N)\\&=p_1p_2\cdots p_n(1-p_{n+1})\cdots(1-p_N)\\&=\prod_{i=1}^{n}p_i\prod_{i=n+1}^{N}(1-p_i)\end{aligned} \tag{13.15}$$

对数似然函数是：

$$\log L(\alpha,\beta)=\sum_{i=1}^{n}\log p_i+\sum_{i=n+1}^{N}\log(1-p_i) \tag{13.16}$$

分别求上式对α,β的偏导数，并令其为 0，便可求到α,β的极大似然估计值，具有一致性和渐近有效性，且都是渐近正态的。

三、Probit 模型

仍假定$y_i=\alpha+\beta x_i+\mu_i\ y_i=\alpha+\beta x_i$，而

$$p_i=F(y_i)=\frac{1}{\sqrt{2\pi}}\int_{-\infty}^{y_i}e^{-\frac{t^2}{2}}\,dt \tag{13.17}$$

累积概率分布函数曲线在$p_i=0.5$附近的斜率最大。对应y_i在实轴上的值，相应概率值永远大于 0、小于 1。显然 Probit 模型比 Tobit 模型更合理。Probit 模型需要假定y_i服从正态分布。Probit 曲线和 Logit 曲线很相似。两条曲线都是在$p_i=0.5$处有拐点，但 Logit 曲线在两个尾部要比 Probit 曲线厚（图 13–3）。其概率值见表 13–1。

表 13-1 Probit 模型和 Logit 模型概率值

y_i	正态分布函数 $p_i=\frac{1}{\sqrt{2\pi}}\int_{-\infty}^{y_i}e^{-\frac{t^2}{2}}dt$	逻辑概率分布 $p_i=\frac{1}{1+e^{-y_i}}$
-3.0	0.0013	0.0474
-2.0	0.0228	0.1192
-1.5	0.0668	0.1824
-1.0	0.1587	0.2689
-0.5	0.3085	0.3775
0.0	0.5000	0.5000
0.5	0.6915	0.6225
1.0	0.8413	0.7311
1.5	0.9332	0.8176
2.0	0.9772	0.8808
3.0	0.9987	0.9526

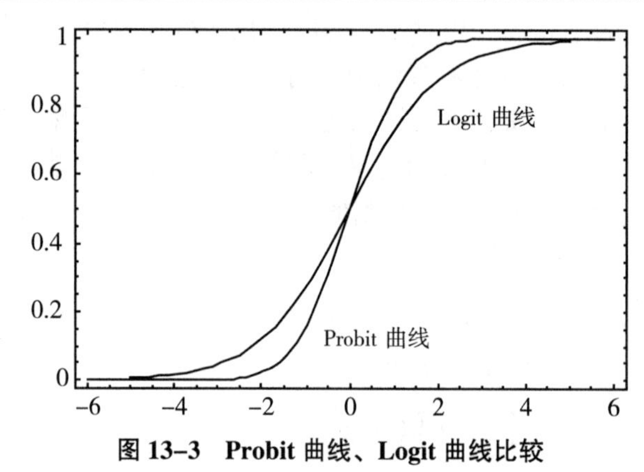

图 13-3 Probit 曲线、Logit 曲线比较

Logit 曲线计算上比较方便，所以 Logit 模型比 Probit 模型更常用。但是，Probit 的含义明确，能直接反映出解释变量对被解释变量的边际影响。

各自变量对 y 发生概率的边际影响为：

$$\frac{\partial \mathrm{pr}\left(y_i=1\right)}{\partial x}=\varphi\left(\beta_0+x\beta\right)\beta \tag{13.18}$$

式（13.18）中，φ为正态分布的概率密度。

第二节 二元选择模型的估计

一、实验要求

理解二元选择模型的概念和含义，学会构建 Logit 模型和 Probit 模型，掌握 Logit 模型和 Probit 模型的估计方法。

二、实验数据

某市 30 位选民的选举数据见表 13–2。

表 13–2　某市 30 位选民的选举数据

序号	Y	INCO	AGE	MALE	序号	Y	INCO	AGE	MALE
1	0	10	18	0	16	0	33	32	1
2	1	58	48	1	17	1	46	28	1
3	1	64	51	0	18	0	12	42	0
4	0	14	19	0	19	0	30	41	0
5	0	11	22	1	20	1	40	38	1
6	0	16	23	0	21	0	35	40	1
7	1	60	44	1	22	1	18	48	0
8	0	19	26	0	23	0	14	19	1
9	1	110	37	0	24	1	50	40	0
10	1	44	68	1	25	1	72	31	0
11	0	21	28	0	26	0	38	18	0
12	0	29	25	1	27	1	55	43	1
13	0	28	27	0	28	0	50	50	1
14	1	40	45	0	29	1	22	62	0
15	0	26	32	0	30	1	85	62	0

数据来源：孙敬水 . 计量经济学 [M]. 3 版 . 北京：清华大学出版社，2017（7）：234.

其中，Y=1 表示选候选人甲，Y=0 表示选候选人乙；INCO、AGE 分别为选民的收入和年龄，MALE 为性别，1 表示男性，0 表示女性。

三、实验内容

□ 基础准备
□ 构建和估计 Logit 模型
□ 构建和估计 Probit 模型
□ 结果分析

四、实验步骤

（一）基础准备

根据表 13–2 的数据特征，建立工作文件（create　u　30）。
定义变量序列（data　y　inco　age　male）。
输入数据：将所用数据复制粘贴到序列组中。

（二）构建和估计 logit 模型

为了研究选民收入、年龄和性别对甲候选人当选的影响，构建以下模型：

$$y_i = \log\left(\frac{p_i}{1-p_i}\right) = \beta_0 + \beta_1 \text{inco}_i + \beta_2 \text{age}_i + \beta_3 \text{male}_i + \mu_i \tag{13.19}$$

在主菜单窗口中执行【Quick】→【Estimate Equation】命令，弹出“Equation Estimation”对话框（图 13–4）。

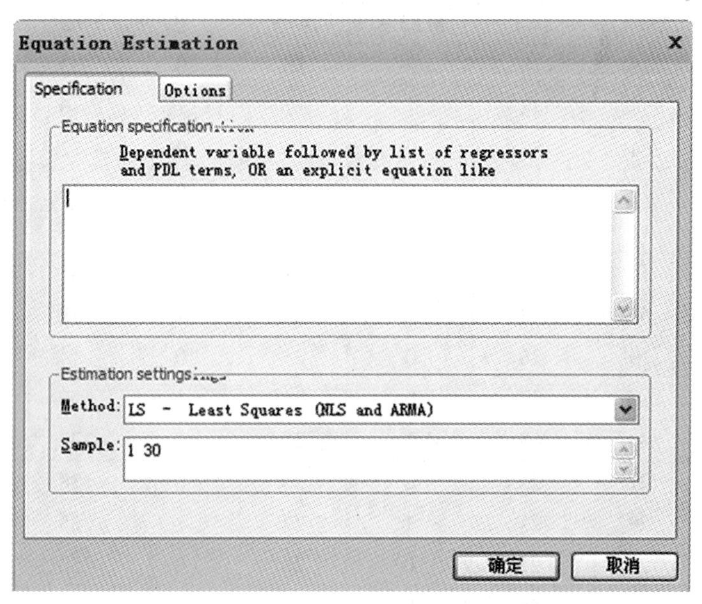

图 13–4 “Equation Estimation”对话框

在“Equation Estimate”对话框中，单击“Method”下拉列表，选择“BINARY–Binary Choice（Logit，Probit，Extreme Value）”，如图 13–5 所示，弹出“Binary estimation”对话框。在“Equation specification”对话框中输入方程表达式，本例为：y c inco age male；在“Binary estimation”中选择“Logit”（默认为“Probit”）。

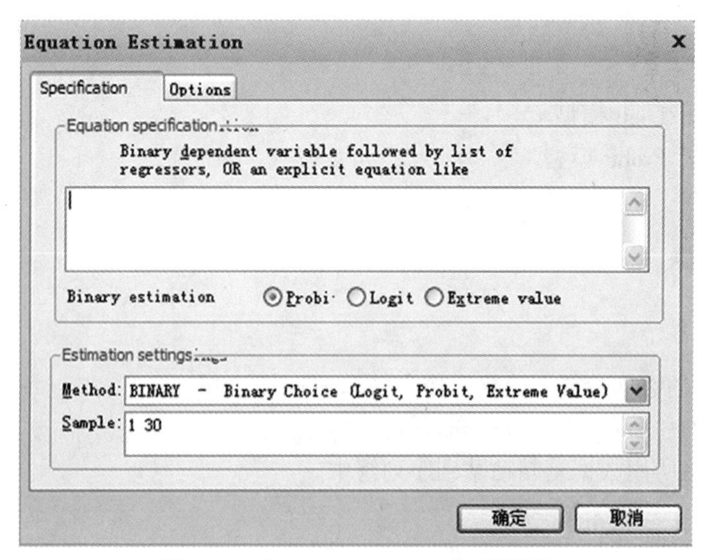

图 13–5 “Binary estimation”对话框

设置完毕，单击“确定”按钮，软件给出回归结果如图 13–6 所示。

Dependent Variable: Y
Method: ML - Binary Logit (Quadratic hill climbing)
Date: 04/07/17 Time: 21:43
Sample: 1 30
Included observations: 30
Convergence achieved after 5 iterations
Covariance matrix computed using second derivatives

Variable	Coefficient	Std. Error	z-Statistic	Prob.
C	-8.964652	3.232411	-2.773364	0.0055
INCO	0.122033	0.061625	1.980239	0.0477
AGE	0.127922	0.063107	2.027047	0.0427
MALE	-1.028054	1.542282	-0.666580	0.5050

McFadden R-squared	0.602044	Mean dependent var	0.466667
S.D. dependent var	0.507416	S.E. of regression	0.315650
Akaike info criterion	0.816580	Sum squared resid	2.590512
Schwarz criterion	1.003407	Log likelihood	-8.248706
Hannan-Quinn criter.	0.876348	Deviance	16.49741
Restr. deviance	41.45540	Restr. log likelihood	-20.72770
LR statistic	24.95799	Avg. log likelihood	-0.274957
Prob(LR statistic)	0.000016		

图 13–6　Logit 估计结果

回归结果给报告了 Logit 模型的估计结果。伪 R 方（McF adden R–squared）为 0.602044。结果显示，收入、年龄均在 5% 的水平上显著，对甲候选人当选产生正向影响，而性别的影响为负，但不显著。

（三）构建和估计 Probit 模型

$$\text{prob}\left(y_i=1\right)=\Phi\left(\beta_0+\beta_1\,\text{inco}_i+\beta_2\,\text{age}_i+\beta_3\,\text{male}_i+\mu_i\right) \tag{13.20}$$

式中，Φ 为标准正态分布累积函数，操作程序与 Logit 模型基本相同，只不过选择“Probit”而已。

本例中，可以单击 Logit 估计界面上的 Estimate 按钮，在弹出的估计方程窗口中，单击“Bnary estimation”中的“Probit”，单击“确定”按钮，回归结果如图 13–7 所示。

Dependent Variable: Y
Method: ML - Binary Probit (Quadratic hill climbing)
Date: 04/07/17 Time: 22:02
Sample: 1 30
Included observations: 30
Convergence achieved after 5 iterations
Covariance matrix computed using second derivatives

Variable	Coefficient	Std. Error	z-Statistic	Prob.
C	-5.185204	1.696596	-3.056239	0.0022
INCO	0.071281	0.033999	2.096530	0.0360
AGE	0.073116	0.033571	2.177965	0.0294
MALE	-0.697416	0.897759	-0.776840	0.4373

McFadden R-squared	0.605936	Mean dependent var	0.466667
S.D. dependent var	0.507416	S.E. of regression	0.317667
Akaike info criterion	0.811203	Sum squared resid	2.623725
Schwarz criterion	0.998030	Log likelihood	-8.168050
Hannan-Quinn criter.	0.870971	Deviance	16.33610
Restr. deviance	41.45540	Restr. log likelihood	-20.72770
LR statistic	25.11930	Avg. log likelihood	-0.272268
Prob(LR statistic)	0.000015		

图 13–7　Probit 估计结果

Probit 回归结果与 Logit 的估计结果比较相似。由于 EViews 不能给出边际影响，这里用 Stata 对 Probit 模型进行了估计，结果如图 13-8 所示。

```
Iteration 3:   log likelihood = -8.1680596
Iteration 4:   log likelihood = -8.1680498
Iteration 5:   log likelihood = -8.1680498

Probit regression                                 Number of obs   =         30
                                                  LR chi2(3)      =      25.12
                                                  Prob > chi2     =     0.0000
Log likelihood = -8.1680498                       Pseudo R2       =     0.6059

------------------------------------------------------------------------------
           y |      Coef.   Std. Err.      z    P>|z|     [95% Conf. Interval]
-------------+----------------------------------------------------------------
        inco |   .0712805   .0339993     2.10   0.036     .0046431    .1379179
         age |   .0731161   .0335709     2.18   0.029     .0073185    .1389138
        male |  -.6974156   .8977594    -0.78   0.437    -2.456992     1.06216
       _cons |  -5.185204   1.696597    -3.06   0.002    -8.510472   -1.859936
------------------------------------------------------------------------------

. mfx

Marginal effects after probit
      y  = Pr(y) (predict)
         =  .48653257
------------------------------------------------------------------------------
variable |      dy/dx    Std. Err.     z    P>|z|  [    95% C.I.   ]      X
---------+--------------------------------------------------------------------
    inco |   .0284206      .01368    2.08   0.038   .001611   .05523   38.3333
     age |   .0291525       .0133    2.19   0.028   .003076  .055229      36.9
   male* |  -.2712924      .33649   -0.81   0.420  -.930802  .388218        .4
------------------------------------------------------------------------------
(*) dy/dx is for discrete change of dummy variable from 0 to 1
```

图 13-8 Probit 估计结果（含边际影响）

小 结

如果某一现象或活动的决策存在两种选择，通常用二元选择模型，例如研究是否购买商品住房、是否参加财产保险、是否对某些活动支持等。这些问题的特征是被研究对象在受到多种因素的影响时，其取值只有两种状态："是"或"否"。最常用的是通过建立 Logist 模型和 Probit 模型进行研究，通过极大似然法进行估计。

思 考 题

1. 线性概率模型有什么特点，为什么在实证分析中不太常用？
2. 相对而言，Probit 模型在研究属性因素时更为常见，为什么？
3. 极大似然估计法的思想是什么？与最小二乘法有何区别？